JOURNAL D'UN VAMPIRE

L. J. SMITH

JOURNAL D'UN VAMPIRE

Traduit de l'anglais (États-Unis)
par Agnès Girard et Maud Godoc

hachette

L'édition originale de cet ouvrage a paru en langue anglaise chez HarperTeen,
an imprint of HarperCollins Publishers, sous le titre :

The Vampire Diaries : The Awakening and The Struggle

Une première édition française en deux volumes a paru chez J'ai lu en 2000.

Hachette Livre, 43 quai de Grenelle, 75015 Paris.

À ma chère sœur et amie, Judy.

Un grand merci à Anne Smith, Peggy Bokulic, Anne Mary Smith et Laura Penny pour tous les renseignements qu'elles m'ont donnés sur l'État de Virginie, ainsi qu'à Jack et Sue Check pour leur aide.

PARTIE 1

LE RÉVEIL

1.

4 septembre

~~Je sens qu'il va se passer quelque chose d'horrible aujourd'hui.~~

Mais pourquoi est-ce que j'ai écrit ça ? Je n'ai aucune raison d'être inquiète, après tout… même si je viens de me réveiller avec une trouille affreuse… Il est 5 h 30 du matin. Je ne sais absolument pas d'où me vient cette peur… C'est sans doute le décalage horaire avec la France qui m'a complètement chamboulée. Mais pourquoi est-ce que je me sens si angoissée, et surtout, comme une étrangère ici ?

Ça a commencé avant-hier, en rentrant de l'aéroport avec tante Judith et Margaret. Je me sentais déjà toute bizarre, et quand la voiture s'est engagée dans notre rue, j'étais persuadée que papa et maman nous attendaient à la maison, qu'ils étaient sur le perron, ou dans le salon, à nous guetter. Je devais leur avoir tellement manqué !

Je sais, ça paraît dingue. Même après avoir découvert le perron désert, je restais convaincue qu'ils étaient là. J'ai couru à la porte et frappé jusqu'à ce que tante Judith l'ouvre. Je me suis précipitée dans l'entrée, puis je me suis arrêtée pour guetter le bruit des pas de maman dans l'escalier et la voix de papa depuis son bureau.

Tout ce que j'ai entendu, c'est le bruit sourd de la valise de tante Judith, derrière moi. « Enfin à la maison ! » a-t-elle soupiré. Margaret s'est mise à rire alors que moi, je ne m'étais jamais sentie aussi mal de toute ma vie. J'avais l'impression d'être une étrangère dans ma propre maison, et c'était horrible.

Désormais, l'expression « être à la maison » ne veut plus rien dire pour moi, et le pire, c'est que j'ignore pourquoi. C'est ici que je suis née, à Fell's Church, et j'ai toujours habité dans cette maison. Il y a encore, sur le plancher de ma chambre, les traces de brûlure du jour où Caroline et moi avons essayé de fumer, à dix ans, et nous sommes à moitié étouffées. De ma fenêtre, j'aperçois le grand cognassier dans lequel, il y a deux ans, Matt et ses copains ont grimpé pour nous espionner, mes copines et moi, quand nous dormions toutes dans ma chambre, le soir de mon anniversaire. C'est bien mon lit, mon fauteuil, ma coiffeuse et pourtant, tous ces objets qui devraient m'être familiers me sont étrangers. J'ai l'impression que je n'ai rien à faire ici. Le plus angoissant, c'est que je ne sais absolument pas où je pourrais me sentir à ma place.

J'étais trop crevée hier pour aller au lycée, même si c'était la rentrée. Meredith a appelé à la maison pour me donner mon emploi du temps, mais je n'avais envie de parler à personne. Tante Judith a expliqué à tous ceux qui ont téléphoné pour prendre de mes nouvelles que je dormais à cause du décalage horaire. Pendant le dîner, j'ai surpris son regard inquiet.

Aujourd'hui, il faut que j'aille au lycée : on doit tous se retrouver sur le parking avant les cours. Peut-être que c'est ce qui m'angoisse... Peut-être que ce sont les autres qui me font peur...

Elena Gilbert posa son stylo et relut la dernière ligne. Soudain, elle balaya son bureau du revers de la main : le petit carnet à couverture de velours bleu ainsi que le stylo allèrent heurter la fenêtre. Toute cette histoire était complètement ridicule. Depuis quand, elle, Elena Gilbert, avait-elle peur de rencontrer des gens ? Ou de quoi que ce soit, d'ailleurs ?

Elle se leva et passa fébrilement un kimono de soie rouge, sans même se regarder dans le miroir de sa jolie coiffeuse en merisier. Elle ne savait que trop ce qu'elle y verrait : la fille de terminale, blonde, mince, à la pointe de la mode, avec qui tous les garçons rêvaient de sortir et que toutes les lycéennes essayaient de copier... et dont le visage reflétait à cet instant une expression inhabituelle de malaise.

« Après un bon bain et un café, ça ira mieux », se dit-elle. Elle se trouva effectivement un peu calmée une fois sa toilette achevée. Elle prit même un certain plaisir à passer en revue les vêtements achetés à Paris. Son choix s'arrêta sur un haut rose et un short blanc cassé qui lui donnaient l'air d'un appétissant *sundae* à la fraise. Cette idée parvint à la faire sourire. Ses craintes semblaient définitivement envolées.

— Elena, qu'est-ce que tu fais ? Tu vas être en retard !

La voix, étouffée, montait de la cuisine. Elena brossa une dernière fois ses cheveux soyeux et les attacha avec un ruban rose. Puis elle attrapa son sac et descendit.

Dans la cuisine, sa sœur Margaret, âgée de quatre ans, mangeait des céréales, tandis que tante Judith faisait brûler une casserole. Celle-ci était toujours nerveuse. Elle avait un visage fin, des traits doux et des cheveux vaporeux souvent attachés à la va-vite. Elena lui colla un baiser sur la joue.

— Bonjour tout le monde ! Désolée, j'ai pas le temps de déjeuner.

— Mais, Elena, tu ne peux pas partir sans rien avaler…

— J'achèterai un beignet en route, répondit-elle en embrassant sa sœur.

— Mais enfin…

— Et j'irai sans doute chez Bonnie ou Meredith après les cours. Ne m'attendez pas pour dîner. Salut !

— Elena…

Elle avait déjà refermé la porte, sourde aux protestations de tante Judith.

Dehors, elle s'arrêta net. Le malaise du matin la submergeait de nouveau : elle avait la certitude que quelque chose de terrible était sur le point de se produire. La rue était déserte. Les grandes maisons bordant Maple Street avaient l'air étrangement vides, abandonnées. Le plus étrange était qu'en dépit du calme, Elena se sentait épiée. Quelque chose l'observait, elle en était sûre. Peut-être que cette impression lui venait simplement du ciel bas et de l'air étouffant…

Dans les branches du vieux cognassier, devant la maison, elle aperçut une forme. C'était un corbeau, posé tranquillement au milieu des feuilles jaunes. Il la regardait ! Elle tenta de se raisonner, de se dire que c'était ridicule. Pourtant, elle ne parvint pas à se débarrasser de cette idée. Elle n'en avait jamais vu de si gros. Il avait un plumage noir aux reflets irisés, des serres ainsi qu'un bec acérés, et un œil noir étincelant. Il était immobile au point qu'on aurait pu le croire empaillé. En l'examinant, Elena sentit le feu lui monter au visage : il l'observait, effectivement, d'un regard qui lui rappelait celui des garçons lorsqu'elle portait un maillot de bain ou un chemisier transparent…

Sans réfléchir, elle lâcha son sac et ramassa un caillou.

— Va-t'en de là ! dit-elle d'une voix que la colère faisait trembler. Fous le camp !

Elle lança son projectile. Des feuilles volèrent, mais le corbeau s'éleva dans les airs sans que la pierre l'ait atteint. Ses ailes immenses se déployèrent si bruyamment qu'on l'aurait cru accompagné de plusieurs oiseaux. Il passa juste au-dessus d'Elena, qui se baissa, paniquée. Ses cheveux blonds se soulevèrent sous l'effet du mouvement. L'oiseau prit de l'altitude et s'éloigna avec un croassement sinistre en direction de la forêt.

Se redressant avec précaution, Elena lança un coup d'œil à la ronde, gênée à l'idée que quelqu'un ait pu la voir. Tout semblait normal : elle se rendit compte à quel point son geste de défense avait été démesuré. Une petite brise vint agiter les feuilles, et elle respira de nouveau. Un peu plus loin dans la rue, une porte s'ouvrit et des enfants sortirent en riant. Elle leur sourit, inspira une nouvelle fois profondément. Un grand soulagement l'envahit. Pourquoi avait-elle réagi aussi bêtement ? C'était le début d'une belle journée, rien de désagréable ne pouvait survenir.

Elle avait simplement réussi à se mettre en retard au lycée, avec cette histoire ! Tout le monde lui demanderait pourquoi elle avait tant tardé. Elle leur dirait qu'un voyeur l'avait importunée et qu'elle s'était arrêtée pour lui lancer un caillou… Ça leur ferait un sujet de discussion ! Oubliant le volatile, elle s'éloigna d'un pas vif.

Le corbeau se posa bruyamment au sommet d'un chêne, et Stefan leva la tête. Il fut soulagé de constater que ce n'était qu'un oiseau. Son regard se concentra à nouveau sur la petite forme inerte qu'il tenait dans les mains. Il regrettait d'avoir été obligé de tuer ce lapin, malgré sa faim tenace. C'était ce paradoxe qui l'effrayait. Il ne savait pas jusqu'où il était capable d'aller pour se rassasier. Finalement, il était soulagé de n'avoir tué qu'un rongeur.

Les minces rayons de soleil qui filtraient jusqu'à lui faisaient briller ses cheveux bruns. Vêtu d'un jean et d'un tee-shirt, Stefan Salvatore ressemblait à n'importe quel lycéen. Mais la réalité était différente : c'était un prédateur venu se nourrir dans la forêt, à l'abri des regards. À présent, il se léchait les lèvres pour effacer toute trace de sang. Avoir l'air d'un banal lycéen était un projet ambitieux, il ne fallait pas qu'il éveille trop de soupçons… L'espace d'un instant, il sentit le découragement le gagner. Il ferait mieux de retourner se cacher en Italie. C'était une idée stupide que de vouloir vivre dans ce monde ! Mais la pensée de rejoindre les ténèbres l'insupportait et, surtout, il en avait assez d'être seul.

Il s'était finalement décidé pour Fell's Church, en Virginie, parce que, même si la ville lui semblait récente – les plus vieux édifices dataient de cent cinquante ans –, elle était encore hantée par les fantômes de la guerre de Sécession, qui côtoyaient supermarchés et fast-foods. Il s'était dit que les habitants devaient y respecter les choses du passé : pour cette raison, il serait capable de les aimer, et peut-être même de se faire une place parmi eux. Il savait pourtant que cet espoir était mince, car jamais il n'avait été totalement accepté. À cette pensée, un sourire amer incurva ses lèvres. De toute façon, ce n'était pas ce qu'il devait rechercher : il n'existait aucun endroit où il pourrait enfin être lui-même, du moins, dans ce monde… Mais il avait définitivement renoncé aux ténèbres pour laisser derrière lui toutes ces longues années. Il avait pris un nouveau départ.

Stefan réalisa soudain qu'il tenait toujours la dépouille du lapin et la posa délicatement sur un lit de feuilles. Il reconnut le pas d'un renard au loin – trop loin pour qu'un être humain puisse l'entendre. « Viens, frère chasseur, pensa-t-il tristement. Ton repas t'attend. » Jetant sa veste par-dessus l'épaule, il remarqua que le corbeau, toujours perché dans le chêne, semblait l'observer, ce qu'il trouva bizarre. Il s'apprêtait à sonder l'esprit de l'oiseau, mais il se ravisa aussitôt, se souvenant de la promesse qu'il s'était faite de n'utiliser ses pouvoirs qu'en cas de nécessité absolue.

Il atteignit l'orée du bois sans un bruit, malgré les brindilles sèches, pour rejoindre sa voiture. Il ne put s'empêcher de se retourner : le corbeau avait quitté le chêne pour se poser sur le lapin, les ailes déployées triomphalement au-dessus du corps inerte. Stefan trouva ce tableau sinistre et faillit revenir sur ses pas pour chasser l'oiseau. Pourtant, il se dit que le corbeau avait autant le droit de se nourrir que le renard… et que lui. S'il ren contrait l'oiseau une nouvelle fois, il fouillerait son esprit. Pour le moment, il devait se dépêcher pour ne pas arriver en retard au lycée Robert E. Lee.

2.

Lorsque Elena arriva, tous les amis qu'elle avait quittés au mois de juin se trouvaient là, de même que ceux qui essayaient de s'attirer ses bonnes grâces.

Caroline avait gagné au moins trois centimètres ; elle était plus longiligne que jamais et aurait pu faire la couverture de *Vogue*. Elle fixa Elena de ses yeux verts de chat, et la salua plutôt froidement.

Bonnie, quant à elle, n'avait pas grandi : sa tête rousse frisée arrivait toujours au menton d'Elena. Tiens, *frisée* ?

— Bonnie ! Qu'est-ce que t'as fait à tes cheveux ?

— T'en penses quoi ? Ça me grandit un peu, non ? dit Bonnie en jouant avec sa frange.

Ses petits yeux marron brillaient d'excitation, illuminant son visage en forme de cœur.

Elena se tourna vers Meredith.

— Salut, Meredith ! Toi, par contre, t'as pas changé !

Elles s'embrassèrent avec effusion : celle-ci lui avait manqué plus que toutes les autres. Avec son teint mat et ses longs cils bruns, elle se passait très bien de maquillage. Elle observa Elena avec attention.

— Où est passé ton bronzage ? Je pensais que tu t'étais doré la pilule tout l'été sur la Côte d'Azur !

— Tu sais bien que je ne bronze pas, dit Elena.

Son teint de porcelaine était presque aussi clair et diaphane que celui de Bonnie.

— Au fait, devinez ce que ma cousine m'a appris cet été ! intervint cette dernière en lui prenant la main.

Avant que quelqu'un ait le temps de répondre, elle annonça triomphalement :

— À lire dans les lignes de la main !

Il y eut des grognements dubitatifs et quelques rires.

— C'est ça ! Foutez-vous de moi ! D'après ma cousine, je suis médium... Alors, dit-elle en regardant la paume d'Elena, voyons voir...

— Dépêche, on va être en retard.

— O.K., d'accord. Alors ça, c'est ta ligne de vie... ou peut-être bien ta ligne d'amour, je sais plus...

Quelqu'un ricana.

— Chuuut ! Laissez-moi me concentrer. Je vois... je vois...

Soudain, son visage exprima une intense stupéfaction.

Ses yeux écarquillés ne paraissaient plus voir la main d'Elena : ils étaient fixés sur autre chose, au-delà, quelque chose d'effrayant.

Meredith, derrière Bonnie, murmura :

— Tu vas rencontrer un inconnu, grand, brun.

Des rires éclatèrent. Mais Bonnie continua d'une voix étrange, qui semblait ne pas lui appartenir :

— Brun, oui... et inconnu... Mais pas grand. Enfin, il l'était... autrefois, ajouta-t-elle, sans comprendre, visiblement, ce qu'elle disait. Comme c'est étrange...

Puis elle repoussa brusquement la main d'Elena.

— Bon, ça suffit, maintenant, conclut Bonnie.

— Allez, on y va, dit Elena, subitement énervée.

Ces histoires de voyantes, c'était n'importe quoi ! Elle n'y croyait pas du tout, et pourtant, elle se sentait mal à l'aise. Son angoisse du matin menaçait de resurgir.

Alors que le petit groupe se dirigeait vers le lycée, le vrombissement d'un puissant moteur leur fit tourner la tête.

— Waouh... La bagnole ! dit Caroline.

— C'est une Porsche, les informa Meredith.

La voiture noire, rutilante, se gara sur le parking, et la portière s'ouvrit, laissant apparaître le conducteur.

— Waaaouh ! s'émerveilla Caroline.

— Tout à fait d'accord, dit Bonnie dans un souffle.

Elena aperçut un garçon mince et musclé qui portait un jean et un T-shirt moulants ainsi qu'un blouson en cuir à la coupe originale. Il avait les cheveux ondulés – et bruns. Mais il n'était pas grand. De taille moyenne, tout au plus. Elena sentit les battements de son cœur s'accélérer.

— Qui peut bien être ce mystérieux garçon ?

Il portait en effet des lunettes noires qui lui cachaient une bonne partie du visage.

— Ce mystérieux *inconnu*, ajouta quelqu'un.

Les commentaires fusaient.

— Vous avez vu son blouson ? Il vient d'Italie. Peut-être même de Milan.

— À t'entendre, on dirait que c'est là-bas que tu fais ton shopping, alors que t'es jamais sortie de ce trou !

— Hé ! Regardez Elena ! Elle a son regard de chasseuse…

— Bel-inconnu-brun-mais-petit devrait se méfier…

— Il est pas petit, il est parfait !

La voix de Caroline s'éleva par-dessus le brouhaha :

— Dis donc, Elena, t'as déjà Matt, ça devrait te suffire, non ? Qu'est-ce que tu ferais de deux mecs ?

— La même chose, mais deux fois ! railla Meredith.

Elles éclatèrent de rire. Le beau garçon avait refermé la portière et se dirigeait vers le lycée. L'air de rien, Elena lui emboîta le pas, suivie des autres filles, en groupe compact. Ça l'agaçait : où qu'elle aille, elle avait toujours quelqu'un sur les talons. Meredith sourit en croisant son regard contrarié.

— C'est ce qu'on appelle le revers de la médaille.

— Quoi ?

— Si tu veux continuer à être la reine du lycée, il faut en accepter les conséquences.

Elles pénétrèrent dans le bâtiment principal, et aperçurent, à quelques mètres devant elles, la silhouette revêtue d'un blouson de cuir : elle s'engouffrait dans l'un des bureaux. Elena s'approcha en faisant mine de s'intéresser au tableau d'affichage, juste à côté de la porte vitrée du bureau. Les autres filles s'agglutinèrent immédiatement autour d'elle.

— Jolie vue !

— C'est un Armani, son blouson, j'en suis sûre.

— Tu crois qu'il est américain ?

Elena tendait l'oreille dans l'espoir de surprendre le nom de l'inconnu. Dans le bureau, Mme Clarke, la secrétaire chargée des inscriptions, regardait une liste tout en secouant la tête. Le garçon parla, et elle leva les yeux au ciel, l'air de dire : « Que voulez-vous que j'y fasse ? » Puis, elle scruta une nouvelle fois la liste et remua la tête, d'un air catégorique cette fois. Il s'apprêtait à faire demi-tour, mais se ravisa.

Elena vit l'expression de Mme Clarke se métamorphoser. L'inconnu avait ôté ses lunettes noires pour fixer la secrétaire, qui avait les yeux écarquillés ; sa bouche s'ouvrit, mais aucun mot ne parut en sortir. Le regard rivé à celui du garçon, elle se mit à farfouiller dans ses papiers et finit par trouver un formulaire sur lequel elle griffonna quelque chose avant de le lui tendre. Il le remplit hâtivement, le signa et le lui rendit. Mme Clarke jeta un bref coup d'œil à la feuille, mais elle semblait incapable de quitter l'inconnu des yeux très longtemps. Elle explora à tâtons une pile de documents et lui tendit ce qui ressemblait à un emploi du temps. Il la remercia d'un hochement de tête avant de quitter le bureau.

Elena brûlait de curiosité. Comment avait-il réussi à persuader la secrétaire ? Et surtout, à quoi ressemblait-il sans ses lunettes ? Elle fut très déçue de constater qu'il les avait remises sitôt sorti du bureau. Elle put néanmoins l'observer plus attentivement : les cheveux ondulés encadraient un visage aux traits si fins qu'il ressemblait aux profils de la Rome antique frappés sur certaines pièces de monnaie. Des pommettes saillantes, un nez droit… et une bouche irrésistible ; la lèvre supérieure était sculptée à la perfection, révélant à la fois sensibilité et sensualité.

Les autres filles restaient muettes d'admiration. La plupart détournèrent timidement les yeux. Elena, immobile jusqu'alors, défit le ruban qui retenait ses cheveux, les libérant d'un mouvement de tête.

L'inconnu s'engagea dans le couloir sans l'honorer d'un seul regard. Dès qu'il fut hors de vue, un concert de chuchotements s'éleva. Elena était trop interloquée pour y prêter attention : il était passé devant elle en l'ignorant ! Perdue dans ses pensées, elle entendit à peine la cloche sonner. Meredith la tirait par le bras.

— Quoi ?

— Voilà ton emploi du temps. On a maths au deuxième étage. Allez, grouille-toi !

Elle se laissa entraîner jusqu'à leur salle, s'installa à un bureau et fixa le professeur d'un air absent. Elle était encore sous le choc. Il ne lui avait même pas jeté un coup d'œil… Elle ne se souvenait pas avoir été traitée ainsi par un garçon. Tous la dévoraient des yeux, sans exception ! Certains sifflaient d'un air admiratif, d'autres osaient lui parler, d'autres encore ne faisaient que la contempler. Et elle avait toujours trouvé ça parfaitement normal.

Après tout, les garçons étaient son centre d'intérêt favori : leurs réactions lui donnaient une idée de sa beauté et de sa cote de popularité, sans compter toutes les autres choses auxquelles ils pouvaient servir... Parfois même, il s'en trouvait des passionnants, mais ça ne durait jamais très longtemps. Certains, en revanche, étaient carrément insupportables dès le départ. Elena comparait la plupart d'entre eux à de braves toutous : adorables au début, puis vraiment lassants. Seuls quelques-uns parvenaient à franchir ce cap, comme Matt.

Matt... L'an dernier, elle avait espéré qu'elle éprouverait pour lui un sentiment qui dépasserait le plaisir de la conquête et la fierté de s'afficher avec lui devant ses copines. Peu à peu, elle avait nourri une sincère affection à son égard. Mais pendant l'été, elle s'était rendu compte qu'elle l'aimait comme un frère.

Mme Halpern distribuait les manuels de géométrie. Elena prit le sien et écrivit machinalement son nom à l'intérieur.

C'était pour cette raison qu'elle avait décidé de lui annoncer que leur histoire était finie. Elle n'avait pas osé lui écrire, et elle ne savait toujours pas comment le lui dire. Elle ne craignait pas tant sa réaction à lui que de s'embrouiller, elle. Chaque fois qu'elle pensait avoir trouvé le bon, elle réalisait qu'elle s'était trompée, et qu'il manquait quelque chose à leur relation. Et il lui fallait recommencer. Heureusement, les candidats ne manquaient pas. Jamais aucun garçon ne lui avait résisté... jusqu'à aujourd'hui. Au souvenir de cet horrible moment, elle serra rageusement les doigts autour de son stylo. Comment avait-il pu la snober ainsi ?

La cloche sonna, libérant les élèves, qui se ruèrent dans le couloir. Elena s'arrêta sur le pas de la porte pour scruter les alentours. Elle aperçut enfin une des filles qui étaient avec elle sur le parking.

— Hé, Frances, viens voir !

La jeune fille approcha, tout sourire.

— Tu sais, le mec de ce matin...

— Le canon à la Porsche ? Je ne suis pas prête de l'oublier...

— Voilà : je veux son emploi du temps. Débrouille-toi, fouille dans les bureaux, demande-le-lui carrément, mais trouve-le-moi !

Frances eut d'abord l'air étonné, puis elle sourit en hochant la tête.

— O.K., je vais essayer. Je te rejoins à la cantine si j'ai quelque chose.

— Merci.

Elena regardait Frances s'éloigner quand une voix chuchota à son oreille :

— Tu sais quoi ? T'es complètement tarée !

— Meredith, c'est moi la reine du lycée, il faut bien que ça me serve à quelque chose de temps en temps... Bon, et maintenant, j'ai quoi comme cours ?

Son amie lui fourra un emploi du temps dans les mains.

— Toi, t'as éco, moi, chimie. J'y vais, je suis en retard. À plus !

L'économie et le reste de la matinée passèrent comme un rêve. Elena regretta de n'avoir aucun cours en commun avec le bel inconnu. En revanche, elle se retrouva dans la même salle que Matt ; elle eut un pincement au cœur en croisant ses beaux yeux bleus remplis de joie.

À l'heure du déjeuner, elle se dirigea vers la cantine, tout en saluant en chemin ceux qu'elle n'avait pas encore vus. Caroline, nonchalamment adossée à un mur, près de l'entrée, l'air fier et la taille cambrée, discutait avec deux garçons, qui se turent en se donnant des coups de coudes dès qu'ils virent Elena.

— Salut ! leur lança Elena, avant de s'adresser à Caroline. Tu viens déjeuner ?

Caroline se passa les doigts dans ses cheveux brillants, tournant à peine la tête.

— Quoi ! Tu veux qu'on aille manger ensemble ?

L'amertume dans la voix de Caroline surprit Elena. Elles étaient amies depuis la maternelle et leur compétition annuelle pour décrocher le titre de reine du lycée avait toujours été un jeu. Mais, dernièrement, Caroline prenait visiblement leur rivalité très au sérieux.

— T'es encore digne de partager la table royale avec moi..., répondit Elena sur le ton de la blague.

— J'espère bien ! reprit Caroline en la fixant droit dans les yeux.

Elena lut dans son regard une hostilité qui la déconcerta. Les deux garçons affichèrent un sourire gêné, et s'éloignèrent, ce que Caroline ne sembla même pas remarquer.

— Tu sais, les choses ont changé cet été, pendant ton absence. Il se pourrait bien que tes jours sur le trône soient comptés....

Elena sentit le feu lui monter aux joues. Elle dut faire un effort pour garder son calme.

— Peut-être. Mais si j'étais toi, j'attendrais un peu avant d'acheter mon sceptre.

Elle tourna les talons sans attendre la réplique de Caroline et entra dans la cantine, soulagée d'apercevoir Meredith, Bonnie et Frances assises à une table. Après avoir fait la queue au self-service, elle les rejoignit. Elle n'allait pas laisser Caroline lui saper le moral. Le mieux était de l'oublier.

— Je l'ai, annonça aussitôt Frances en agitant une feuille de papier.

— Et moi, j'ai récolté plein d'infos intéressantes, ajouta Bonnie. Il est en bio avec moi, et je suis assise juste en face de lui ! Il s'appelle Stefan Salvatore, il est italien, et il loue une chambre chez la vieille Mme Flowers, dans la pension à la sortie de la ville. Il est super galant... Caroline a fait tomber ses bouquins et il s'est empressé de les ramasser...

— Quelle maladroite, cette Caroline..., lança Elena d'un ton ironique. Et puis ? Quoi d'autre ?

— Ben, c'est tout. Il ne lui a pas dit grand-chose,

apparemment. Il est trrrrès mystérieux, comme mec. Mme Endicott, ma prof de bio, a essayé de lui faire enlever ses lunettes de soleil, mais il a refusé. Il a prétendu avoir un problème aux yeux.

— Quel genre ?

— J'en sais rien. Peut-être une maladie incurable et mortelle. Ce serait super romantique, non ?

— Très, répondit Meredith.

Elena s'absorba dans la lecture de son emploi du temps en se mordillant la lèvre.

— Je suis avec lui en dernière heure, en histoire de l'Europe. Et vous ?

— Moi, oui, dit Bonnie. Caroline aussi. Et même Matt, je crois, parce que je l'ai entendu dire un truc du genre : « Pas de pot, je me tape encore Tanner cette année. »

« Super ! » pensa Elena en plantant sa fourchette dans sa purée. Ce cours allait être tout à fait passionnant...

« Ouf, plus qu'une heure ! » se dit Stefan. Il avait hâte de s'extraire de cette foule où il captait, malgré lui, tant de pensées simultanément qu'il en avait mal à la tête. Ça ne lui était pas arrivé depuis des années. Une fille en particulier l'avait intrigué plus que toutes autres. Il ignorait à quoi elle ressemblait : il avait seulement senti son esprit, et il savait qu'elle l'avait suivi du regard dans le couloir. Il était certain de la reconnaître, car elle était dotée d'une rare personnalité.

Pour l'instant, il s'était plutôt bien sorti de cette première journée, malgré ses mensonges : il n'avait eu recours à ses pouvoirs que deux fois. Mais il était épuisé et, il devait bien l'admettre, le lapin n'avait pas suffi. Il s'assit dans la salle où devait avoir lieu son dernier cours en essayant d'oublier la faim qui le tenaillait.

Aussitôt, une sorte de lumière envahit sa conscience : il comprit que la fille qui l'intéressait se trouvait dans son champ de vision. Elle était assise juste devant lui. Au même moment, elle se retourna, et il découvrit son visage. Il retint un cri. Katherine ? Mais, non, c'était impossible. Katherine était morte. Pourtant, la ressemblance était confondante : les mêmes cheveux blond pâle, presque translucides, la même peau d'albâtre qui rosissait à hauteur des pommettes, et surtout, les mêmes yeux... Les yeux de Katherine étaient d'un bleu unique, plus foncé que celui du ciel, aussi brillant que le lapis-lazuli qui ornait son diadème. L'inconnue venait de plonger ces yeux-là dans les siens en souriant. Il détourna la tête, se refusant à penser à Katherine. Mais cette fille lui rappelait si violemment la femme qu'il avait aimée ! Il tenta de barricader son esprit du mieux qu'il pouvait en fixant son bureau. Enfin, lentement, elle se détourna, visiblement blessée, ce dont il était satisfait, espérant qu'elle garderait dorénavant ses distances. Pourtant, il avait beau se dire qu'il n'éprouvait rien pour elle, il ne pouvait rester insensible au parfum subtil – la violette, lui semblait-il – qui émanait de son long cou, dont il entraperçut la blancheur. À cette vue, il fut envahi par une sensation familière : la faim, qui recommençait à lui brûler les entrailles, et qu'il ne pourrait pas satisfaire de sitôt.

Pour oublier cette douleur, il concentra toute son attention sur le professeur, qui allait et venait dans la classe. Il fut d'abord surpris, car bien qu'aucun élève ne pût répondre à ses questions, M. Tanner s'acharnait sur eux, comme s'il tentait de leur faire honte en leur montrant l'étendue de leur ignorance. Il venait de trouver une nouvelle victime, une fille au visage en forme de cœur encadré par des cheveux roux frisés. Stefan écouta avec dégoût le professeur l'assaillir de questions. Lorsque enfin il se détourna d'elle pour s'adresser à l'ensemble de la classe, elle semblait épuisée.

— Laissez-moi vous dire une bonne chose. Vous êtes en terminale ; bientôt, vous irez à l'université, et cela vous fait croire que vous êtes des petits génies. Mais la vérité, c'est que certains d'entre vous n'ont même pas le niveau pour entrer à l'école primaire. Regardez-moi celle-là : elle ne sait pas ce que c'est que la Révolution française, et elle pense que Marie-Antoinette était une star du muet !

Les élèves se tortillaient sur leur chaise, mal à l'aise, visiblement humiliés. Stefan fut surtout étonné de percevoir leur peur : même les plus costauds craignaient ce petit homme malingre aux yeux de fouine !

— Bon, vous aurez peut-être plus de chance avec la Renaissance, dit le professeur en se tournant de nouveau vers la petite rousse. Pouvez-vous nous dire, à quoi… Vous savez évidemment de quoi je parle ? Il s'agit de la période qui s'étend sur les XVe et XVIe siècles, au cours de laquelle l'Europe a redécouvert les grandes idées de la

Grèce antique et de Rome, et qui a produit les plus illustres artistes et penseurs. Ça vous dit quelque chose ?

Comme sa victime opinait confusément du chef, il poursuivit :

— Pouvez-vous nous dire à quoi s'occupaient les gens de votre âge, à cette époque ?

L'élève déglutit péniblement et, avec un petit sourire gêné, répondit :

— Ils jouaient au foot ?

La classe entière éclata de rire, alors que le professeur prenait un air furieux.

— Taisez-vous, ordonna-t-il. Vous vous trouvez drôle ? Figurez-vous qu'en ce temps-là, les élèves de votre âge parlaient couramment plusieurs langues. Ils maîtrisaient parfaitement la logique, les mathématiques, l'astronomie, la philosophie et la grammaire. Ils avaient tous le niveau pour entrer à l'université, où les cours se faisaient en latin. Le football était la dernière chose...

— Excusez-moi.

Tous les élèves se tournèrent vers la voix calme qui avait interrompu le professeur en pleine harangue.

— Pardon ?

— Excusez-moi, répéta Stefan en se levant après avoir ôté ses lunettes. Vous vous trompez. Pendant la Renaissance, les étudiants étaient vivement encouragés à pratiquer divers jeux, surtout les sports collectifs, car on leur apprenait qu'il fallait un esprit sain dans un corps sain. Ils jouaient ainsi beaucoup au cricket, au tennis... et même au football.

Il se tourna en souriant vers la petite rousse, qui lui retourna un regard reconnaissant, avant d'ajouter, à l'adresse du professeur :

— Mais le cœur de leur enseignement était consacré à la courtoisie et aux bonnes manières. Je suis sûr que c'est écrit dans votre manuel.

Les élèves, ravis, virent leur professeur virer au rouge et se mettre à bafouiller tandis que Stefan le contraignait à détourner le regard du sien.

La cloche sonna. Le jeune homme remit ses lunettes et réunit hâtivement ses affaires : il avait suffisamment attiré l'attention sur lui et, surtout, il ne voulait pas croiser une nouvelle fois les yeux de la blonde. S'ajoutait à cela la sensation de brûlure familière qui parcourait tout son corps : il devait s'éclipser le plus vite possible.

Il s'apprêtait à passer la porte lorsque quelqu'un lança :

— C'est vrai qu'ils jouaient au foot à cette époque ?

Il se retourna avec un sourire.

— Parfaitement. Et parfois même avec la tête des prisonniers de guerre.

Il passa près d'Elena sans daigner lui accorder un regard. Pour achever le malheur de la jeune fille, Caroline se délectait de cette scène. Elena se sentit si humiliée que les larmes lui montèrent aux yeux. Mais elle avait encore assez de fierté pour les ravaler. Elle n'avait plus qu'une idée en tête : le conquérir coûte que coûte, quel que soit le prix à payer.

3.

Stefan, à la fenêtre de sa chambre, contemplait les premières lueurs de l'aube qui teintaient le ciel de nuances rosées. La trappe au-dessus de sa tête laissait entrer un vent frais et humide. C'était précisément à cause de cette trappe permettant d'accéder au belvédère, sur le toit, qu'il avait loué cette pièce. Et si, à cette heure matinale, il était habillé, ce n'était pas parce qu'il venait de se lever. En réalité, il ne s'était pas couché : il venait tout droit de la forêt, comme en témoignaient les débris de feuilles mortes encore collés à ses chaussures. Se souvenant de l'attention que les autres élèves avaient accordé à son apparence, il les ôta méticuleusement. Il portait toujours les vêtements les mieux coupés, non par coquetterie, mais pour suivre les conseils de son tuteur : « Chacun doit s'habiller selon son rang, en particulier un aristocrate : c'est faire preuve de courtoisie envers les autres que de s'attacher au respect de cette règle. » Il s'était évertué à rester digne de la place qu'il occupait autrefois dans la société.

Il se rappelait sa propre expérience d'écolier avec un sentiment étrange. Parmi les flots d'images qui surgissaient dans sa mémoire, l'une d'elles l'obsédait : l'expression de son père lorsque son frère Damon lui avait annoncé qu'il ne remettrait plus les pieds à l'université. La colère paternelle avait été telle que Stefan n'en avait oublié aucun détail.

— Comment ça, tu n'y retourneras pas ?

Giuseppe était un homme juste que les frasques de son fils aîné rendaient furieux, ce qui ne semblait pas affecter Damon, occupé à se tapoter tranquillement les lèvres avec un mouchoir de soie couleur safran.

— Je pensais que vous comprendriez une phrase aussi simple, père. Voulez-vous que je vous la répète en latin ?

— Damon…, intervint Stefan, profondément choqué par un tel manque de respect.

Son père l'interrompit :

— Et tu crois que moi, Giuseppe, comte de Salvatore, je pourrais affronter mes amis quand ils sauront que mon fils est un *scioparto* ? Un bon à rien, un oisif qui n'apporte aucune contribution à Florence ?

Tandis que les serviteurs s'éclipsaient, effrayés par la

rage de leur maître, Damon affrontait le plus calmement du monde son regard.

— Mais bien sûr, père. Si on peut appeler « amis » les gens qui font des courbettes dans l'espoir d'obtenir de l'argent.

— *Sporco parasito !* hurla Giuseppe en se levant d'un bond. Gaspiller ton temps et mon argent à jouer, à te battre et à courir les femmes ne te suffit plus ? C'est à peine si ton secrétaire et tes professeurs particuliers t'empêchent d'échouer dans toutes les matières ! Et tu pousses le vice jusqu'à m'humilier complètement ! Est-ce pour t'adonner à la chasse et à la fauconnerie ? demanda-t-il en attrapant le menton de Damon pour plonger ses yeux courroucés dans les siens.

Stefan était bien forcé de reconnaître que son frère ne manquait pas de cran. Même dans cette inconfortable posture, il ne perdait rien de sa noblesse ni de son élégance. Portant un manteau bordé d'hermine et des souliers de cuir souple, une somptueuse coiffe posée sur ses cheveux de jais, il affichait un air profondément arrogant.

« Tu es allé trop loin, cette fois, se dit Stefan en observant les deux hommes se toiser. Tu n'arriveras pas à le faire céder. »

Au même moment, un léger bruit lui fit tourner la tête. Katherine, la fille du baron von Schwartzschild, se tenait sur le seuil. Après une longue maladie, son père lui avait fait quitter les froides contrées des princes allemands dans l'espoir que les paysages italiens faciliteraient sa convalescence. Dès son arrivée, ses yeux couleur lapis-lazuli et ses longs cils blonds avaient bouleversé Stefan.

— Excusez-moi, je ne voulais pas vous déranger, dit-elle d'une voix douce et cristalline.

Elle fit mine de s'en aller.

— Non, non, reste, la retint Stefan.

Il aurait voulu s'approcher d'elle pour lui prendre la main, mais devant son père, il n'osa pas. Il se contenta de lui lancer un regard insistant.

— Oui, tu peux rester, confirma Giuseppe.

Il avait lâché Damon et semblait avoir retrouvé son calme. Après avoir remis en place les lourds plis de son manteau bordé de fourrure, il s'approcha de la jeune fille.

— Ton père devrait bientôt rentrer. Il sera ravi de te voir. Mais tu es bien pâle, ma petite. Tu n'es pas souffrante, j'espère ?

— Je suis toujours pâle, vous savez. Et je n'utilise pas de rouge à joues comme les audacieuses Italiennes !

— Tu n'en as pas besoin, intervint Stefan.

Katherine lui sourit, et le cœur du jeune homme se mit à battre la chamade. Elle était si belle !

— Quel dommage de ne pas te voir plus souvent, continua son père. Tu nous honores rarement de ta présence avant le crépuscule…

— C'est que je me consacre à l'étude et à la prière dans mes appartements, monsieur, répondit-elle en baissant les yeux.

Stefan savait bien qu'elle mentait. Il était le plus fidèle garant de son secret.

— Mais me voilà, maintenant.

— Oui, et c'est tout ce qui compte. Je vais donner des ordres pour fêter le retour de ton père. Damon… nous parlerons plus tard.

Giuseppe quitta la pièce, au grand plaisir de Stefan : il était rare qu'il puisse parler à Katherine hors de la présence de son père ou de Gudren, la robuste dame de compagnie allemande de la jeune fille. Il se tourna vers elle mais ce qu'il découvrit alors lui fit l'effet d'un coup de poing dans l'estomac. Katherine regardait Damon avec ce petit sourire complice qu'elle réservait à Stefan… La haine submergea aussitôt le jeune homme, jaloux de la beauté sombre de son frère : sa grâce et sa sensualité irrésistibles attiraient les femmes comme une flamme les papillons de nuit. Il aurait voulu se jeter sur lui pour le défigurer. Mais il dut se résoudre, impuissant, à voir Katherine, sa robe de brocard doré effleurant le sol carrelé dans un frou-frou, s'approcher lentement de Damon, qui lui tendait la main, un cruel sourire de victoire aux lèvres…

Stefan se détourna brusquement de la fenêtre. Ça ne servait à rien de rouvrir de vieilles blessures ! Machinalement, ses doigts partirent à la recherche de la chaîne dissimulée sous sa chemise. Il contempla à la lumière le petit anneau d'or qui y pendait. Cinq siècles s'étaient écoulés depuis sa fabrication mais il n'avait rien perdu de son éclat. Une seule pierre y était sertie, un lapis-lazuli de la taille d'un ongle. Puis les yeux de Stefan se posèrent sur la bague qu'il portait au doigt, ornée elle aussi d'un lapis. Son cœur se serra. Il avait beau essayer, il ne pouvait pas oublier le passé, ni Katherine. Il se refusait pourtant à se replonger dans les terribles événements qu'il avait affrontés : la souffrance pourrait le rendre aussi fou que le jour où il avait provoqué sa propre damnation.

Stefan regarda à nouveau par la fenêtre, posant son front contre la vitre pour en goûter la fraîcheur. Son tuteur lui répétait une autre expression : « La voie du mal permet parfois d'arriver à ses fins, mais pas de trouver la paix. » Il avait espéré trouver le repos à Fell's Church, mais, au souvenir de ces paroles, il comprit que c'était impossible, jamais il ne le connaîtrait, car le mal l'habitait.

Ce matin-là, Elena se leva plus tôt que d'habitude. Margaret dormait encore à poings fermés, recroquevillée dans son lit, tandis que tante Judith allait et venait dans sa chambre. Sans un bruit, elle se faufila dans le couloir et sortit.

L'air était frais et le cognassier abritait son habituel lot de geais et de moineaux. Elena regarda vers le ciel et prit une profonde inspiration : le mal de tête avec lequel elle s'était endormie avait disparu. Même si son appréhension ne s'était pas entièrement envolée, elle se sentait capable d'affronter Matt : ils devaient se retrouver avant les cours.

Le jeune homme habitait tout près du lycée, dans une rue aux habitations identiques. Sa petite maison se différenciait seulement des autres par la balancelle un peu plus délabrée et la peinture un peu plus écaillée de la façade. Lorsqu'elle le vit sur le perron, Elena sentit, l'espace d'un instant, son cœur tambouriner comme autrefois. C'est vrai qu'il était très beau, de cette beauté respirant la santé : comme tous les joueurs de football, ses cheveux blonds étaient coupés courts, son teint hâlé par l'été passé à la ferme de ses grands-parents, et ses yeux bleus pleins d'honnêteté et de franchise. Ce matin, pourtant, ils étaient assombris par la tristesse.

— Tu veux entrer ? demanda-t-il.

— Non, je préfère marcher, répondit Elena.

Ils s'avancèrent sous les arbres qui bordaient la route. L'assurance habituelle d'Elena l'avait abandonnée : elle fixait le bout de ses chaussures sans savoir par où commencer.

— Alors, comment s'est passé ton voyage en France ? demanda Matt, visiblement mal à l'aise, lui aussi.

— Oh, c'était super ! répondit-elle avec un enthousiasme exagéré. Vraiment super ! Les gens, la nourriture… Tout était…

— Ouais, j'ai compris. Super.

Matt s'arrêta, les yeux baissés sur ses vieilles baskets.

Ils se redressèrent en même temps, et leurs regards se rencontrèrent enfin.

— Tu sais, tu es vraiment belle, ce matin, murmura Matt.

Elle allait répondre par une pirouette, mais il reprit immédiatement :

— Je pense que tu as quelque chose à me dire, non ?

Il y eut un silence gêné, puis il sourit tristement en écartant les bras. Elle se serra contre lui avec un soupir.

— Matt… Tu es le mec le plus génial que j'aie jamais rencontré, tu sais et… je ne te mérite pas.

— Ah, bon ! Et c'est pour cette raison que tu me jettes ? Parce que je suis trop bien pour toi… Ça paraît évident.

— Non, dit Elena, ce n'est pas pour ça, et je ne te jette pas. On reste amis, d'accord ?

— Bien sûr.

— Parce que c'est ce que nous sommes. De bons amis. Sois honnête, Matt : entre nous, il n'y a que de l'amitié, pas vrai ?

Il détourna son regard.

— J'ai le droit de jouer mon joker ?

Lisant la déception sur le visage d'Elena, il ajouta :

— Ça n'aurait pas quelque chose à voir avec le nouveau, tout ça ?

— Non, dit-elle après une hésitation. Je ne le connais pas, on s'est même pas encore parlé.

— Mais tu en crèves d'envie… Non, ne dis rien, je ne veux pas le savoir.

Il lui passa doucement un bras autour des épaules.

— Allons-y. On a peut-être le temps d'acheter un beignet avant les cours.

Alors qu'ils s'éloignaient, un grand bruit retentit au-dessus de leur tête. Matt émit un sifflement.

— Waouh ! Regarde le corbeau ! J'en ai jamais vu d'aussi gros !

Quand Elena leva à son tour les yeux, l'oiseau s'était envolé.

Elena avait décidé de mettre son plan à exécution le jour même. Tous les détails étaient au point et elle n'avait plus qu'à réunir quelques informations sur Stefan Salvatore. La tâche s'avéra facile : les élèves ne parlaient que de lui. La nouvelle de son désaccord avec la secrétaire chargée des inscriptions, la veille, avait fait le tour de l'établissement, et le matin même, il avait été convoqué chez le directeur. Celui-ci l'avait renvoyé en classe (après, disait-on, un coup de fil de Rome – à moins que ce ne fût de Washington), et le problème semblait réglé. Officiellement, du moins.

Quand Elena arriva en cours d'histoire de l'Europe, l'après-midi, elle fut accueillie par les sifflements admiratifs de Dick Carter et Tyler Smallwood, qui se tenaient devant la porte. « Quels nazes, ces types ! se dit-elle en les ignorant royalement. S'ils croient que faire partie de l'équipe de foot suffit à les rendre irrésistibles… »

Au lieu d'entrer dans la salle, elle sortit son poudrier en feignant de se refaire une beauté : le miroir lui permettait d'observer à loisir le couloir derrière elle. Après avoir donné ses instructions à Bonnie, elle attendait en effet l'arrivée de Stefan. Pourtant, son stratagème fut inutile :

à son grand étonnement, elle le sentit près d'elle sans l'avoir aperçu. D'un mouvement brusque, elle referma son poudrier, s'apprêtant à l'arrêter. Mais il s'était raidi dans une attitude de défense : Dick et Tyler bloquaient l'entrée de la salle. « Les abrutis ! » pensa Elena en les fusillant du regard par-dessus l'épaule de Stefan. L'air très content de leur coup, ils faisaient semblant de ne pas remarquer que leur camarade cherchait à entrer.

— Excusez-moi, dit-il du ton calme avec lequel il s'était adressé au professeur, la veille.

Dick et Tyler se regardèrent, puis firent mine d'examiner les alentours, comme s'ils venaient d'entendre des voix.

— *Scousi* ? demanda Tyler d'une voix de fausset. *Scousi mi ? Mi scousi ?* Jacuzzi ?

Ils éclatèrent de rire. Elena vit la mâchoire de Stefan se contracter. S'ils se battaient, il n'avait aucune chance contre ses deux adversaires, bien plus grands et plus costauds que lui.

— Y a un problème ?

Elena se retourna, aussi surprise que Dick et Tyler de découvrir Matt. Son regard lançait des éclairs. Les deux fauteurs de troubles s'écartèrent lentement, à contrecœur, tandis qu'Elena laissait échapper un sourire. « Ce brave Matt... » pensa-t-elle. Il entra dans la salle avec Stefan et s'assit à côté de lui. Ah, mais non ! Ça changeait son plan ! Elle allait devoir attendre la fin du cours pour le mettre à exécution ! Déçue, elle se glissa derrière Stefan : elle pourrait l'observer sans être remarquée.

Matt faisait sonner des pièces de monnaie dans sa poche, comme à chaque fois qu'il cherchait un sujet de conversation.

— Heu, tu sais..., commença-t-il, mal à l'aise. Ces types...

Stefan eut un rire désabusé.

— Je n'ai pas à les juger. De toute façon, je n'ai aucune raison d'être le bienvenu ici.

Au-delà de l'amertume, Elena crut reconnaître dans sa voix un profond mal-être.

— Pourquoi est-ce que tu dis ça ? Écoute, tu parlais de foot hier, alors j'ai pensé que ça t'intéresserait : un de nos arrières s'est cassé un ligament et il nous faut un remplaçant. Les sélections se font tout à l'heure, après les cours. Ça te branche ?

— Moi ? Heu... J'ai peut-être pas le niveau.

— Tu sais courir ?

— Est-ce que je sais... ? Oui.

Elena distingua un léger sourire sur le profil de Stefan.

— Tu sais esquiver ?

— Oui.

— C'est tout ce qu'on te demande. Si tu arrives à garder le ballon, tu as le niveau.

— Je vois.

Cette fois, Stefan souriait franchement, ce qui fit briller de joie les yeux de Matt. Un lien s'était visiblement créé entre les deux garçons, et Elena, s'en sentant exclue, éprouvait une vive jalousie. Mais l'expression de Stefan changea brusquement.

— Merci, dit-il, distant. Je ne peux pas. J'ai d'autres engagements.

Le professeur commença son cours, durant lequel Elena ne cessa de se répéter sa petite phrase : « Salut, je m'appelle Elena Gilbert et j'appartiens au comité d'accueil. Je dois te faire visiter le lycée. » Au cas où elle sentirait de la résistance, elle avait l'intention d'ajouter un argument quasiment imparable, avec de grands yeux mélancoliques : « Tu sais, si tu refuses mon aide, je risque d'être mal vue… »

Au milieu du cours, on lui fit passer un mot sur lequel elle reconnut l'écriture ronde et enfantine de Bonnie : *J'ai retenu C. le plus longtemps possible. Qu'est-ce qui s'est passé de ton côté ? Ça a marché ???* Son amie, au premier rang, était tournée vers elle. Elena secoua la tête négativement en faisant en sorte que celle-ci lise ce message sur ses lèvres : « Après le cours. »

Il lui sembla qu'il s'était écoulé un siècle avant que M. Tanner ne les autorisât à sortir. Tous les élèves se levèrent en même temps. « C'est parti », se dit Elena. Le cœur battant, elle bloqua le chemin de Stefan, tout en pensant avec amusement qu'elle agissait exactement comme Dick et Tyler un instant plus tôt. Elle leva la tête, et ses yeux se retrouvèrent exactement à la hauteur des lèvres de Stefan.

Alors, ce fut le trou. Qu'est-ce qu'elle était censée

lui dire, déjà ? Elle ouvrit la bouche et, après un blanc, s'entendit réciter sa tirade en balbutiant :

— Salut, je m'appelle Elena Gilbert et j'appartiens au comité d'accueil, on m'a chargée de…

— Désolé, j'ai pas le temps.

Elle n'en crut pas ses oreilles. Il ne l'avait même pas laissé terminer ! Elle s'obstina pourtant à achever sa phrase :

— … te faire visiter le lycée.

— Je regrette, je ne peux pas. Il faut que j'aille… aux sélections de foot.

Il se tourna vers Matt, qui affichait un air surpris.

— Tu m'as bien dit que c'était juste après les cours ?

— Oui, mais…

— Alors je ferais mieux d'y aller. Tu peux me montrer où c'est ?

Matt regarda Elena d'un air hésitant avant de se résigner :

— Heu, oui, sans problème. Suis-moi !

Ils laissèrent Elena seule au milieu d'un cercle de spectateurs. Caroline n'avait pas perdu une miette du spectacle. Sentant sa gorge se serrer et une sorte de vertige la gagner, Elena quitta précipitamment la salle : ces regards lui étaient insupportables.

4.

Elle courut à son casier, au bord des larmes. Elle referma sa porte en s'efforçant de les retenir et se dirigea vers la sortie.

C'était la seconde fois qu'elle rentrait directement du lycée, et sans personne pour l'accompagner, contrairement à ses habitudes. Heureusement que tante Judith n'était pas à la maison pour s'en inquiéter. Elle avait dû aller se promener avec Margaret. Elena en fut soulagée : elle pourrait enfin laisser couler ses larmes tranquillement. Pourtant, à présent qu'elle était seule, ses yeux restaient secs. Elle laissa tomber son sac dans l'entrée pour se diriger vers le salon.

C'était une pièce magnifique, impressionnante, pourvue d'une ravissante cheminée encadrée de colonnes tournées, qui, tout comme la chambre d'Elena, datait d'avant 1861 – les deux seuls vestiges de l'incendie qui avait ravagé la maison pendant la guerre de Sécession. Le bâtiment avait été reconstruit par le grand-père d'Elena, et les Gilbert y avaient toujours vécu depuis.

La jeune fille contempla les hautes fenêtres dont les vitres anciennes, épaisses et irrégulières, déformaient légèrement ce qu'on voyait à travers. Elle se rappela le jour où son père lui avait fait observer ce phénomène. À cette époque, elle était encore plus jeune que Margaret.

Ce souvenir lui serra la gorge, mais ses larmes refusaient toujours de couler. Les sentiments les plus contradictoires l'envahissaient : elle se sentait abandonnée du monde entier tout en étant satisfaite de se retrouver seule. Elle avait beau essayer de réfléchir, ses pensées s'enfuyaient. Elle se trouvait dans un tel état de confusion qu'elle se représentait ses idées sous la forme de rongeurs cherchant à échapper aux serres d'un hibou… Une suite d'images incohérentes se bousculaient dans son esprit. Hibou… rapace… carnivore… corbeau… Elle se rappela alors les paroles de Matt : « Le plus gros que j'aie jamais vu. »

Ses yeux la piquaient. Pauvre Matt ! En dépit du mal qu'elle lui avait fait, il s'était montré aimable avec Stefan. *Stefan…* Elle sentit une boule se former dans sa gorge, et deux grosses larmes apparurent enfin au bord de ses yeux. Elle pleurait de colère, d'humiliation, et de frustration, et peut-être bien d'un autre sentiment encore dont elle ne connaissait pas la nature : ressentait-elle déjà quelque chose pour ce Stefan Salvatore, cet être si différent ? Il représentait à la fois l'inconnu et un défi, ce qui le rendait *irrésistible.* Curieusement, c'était cet adjectif que les garçons employaient le plus fréquemment pour la qualifier. Elle apprenait souvent par la suite combien sortir avec elle les rendait nerveux, à tel point qu'ils en avaient les mains moites et l'estomac noué. Elena trouvait ces récits très amusants, d'autant plus qu'aucun garçon ne l'avait jamais mise dans cet état.

Mais elle se rendit compte qu'en parlant à Stefan, elle avait eu le cœur battant, les genoux tremblants, les joues brûlantes, et si mal au ventre qu'elle avait manqué s'évanouir. Elle s'intéressait peut-être à lui parce qu'il l'intimidait… Non, ce n'était pas la seule raison… Sa bouche magnifique, à elle seule, la faisait frissonner de tout son corps. Sans compter ses cheveux de jais qu'elle rêvait de pouvoir caresser, son corps souple, élancé et musclé, ses longues jambes… et surtout, sa voix infiniment séduisante. Lorsqu'il s'était adressé à M. Tanner d'un ton détaché et méprisant, elle avait été subjuguée. Elle se demandait comment résonnerait son nom chuchoté par lui dans une note grave…

— Elena !

Elle sursauta, brusquement tirée de sa rêverie, non par Stefan, mais par Judith, qui l'appelait depuis l'entrée…

— Elena ? T'es là ? reprit Margaret de sa petite voix aiguë.

Elena ne voulait surtout pas apparaître devant sa tante les yeux mouillés et devoir lui fournir des explications en luttant contre de nouvelles larmes. Elle atteignit le jardin juste au moment où la porte d'entrée claqua, en réfléchissant à un endroit où personne ne pourrait la déranger. Mais bien sûr ! Elle irait voir ses parents…

À pied, ça faisait un bout de chemin, mais depuis trois ans qu'elle l'empruntait, elle connaissait tous les raccourcis. Elle traversa le pont Wickery, monta au sommet de la colline, longea l'église en ruine, puis redescendit dans le petit vallon, de l'autre côté de la ville. Cette partie du cimetière était bien entretenue, contrairement à l'autre, plus ou moins laissée à l'abandon. L'herbe y était tondue, et des gerbes de fleurs ajoutaient des touches colorées à l'ensemble. Elena s'assit à côté de la grande pierre tombale sur laquelle étaient gravés ces mots : *Famille Gilbert.*

— Bonjour maman, bonjour papa, murmura-t-elle en déposant des impatiens cueillies en route.

Elle venait régulièrement leur rendre visite depuis l'accident. À cette époque, Margaret n'avait qu'un an, si bien qu'elle ne se rappelait pas ses parents. Elena, elle, pleurait à l'évocation de ses innombrables souvenirs. Ils lui manquaient tant… Elle revoyait sa mère, si jeune et si belle, et son père, dont le coin des yeux se plissait lorsqu'il souriait…

Heureusement que tante Judith était là. Margaret et Elena avaient beaucoup de chance qu'elle eût quitté son travail pour venir s'occuper d'elles dans cette petite ville perdue. Son fiancé, Robert, serait même bientôt un quasi-beau-père pour sa petite sœur. Elena, quant à elle, se souvenait trop bien de ses parents : personne ne pouvait les remplacer. Peu après l'enterrement, elle était souvent venue déverser sa colère dans ce lieu. Comment avaient-ils été assez stupides pour se faire tuer dans un accident de voiture ? Elle ne s'était jamais sentie si seule au monde, plus encore qu'aujourd'hui, où elle avait trouvé sa place à Fell's Church. Pourtant, ces derniers temps, cette certitude avait été de plus en plus remise en question. Elle avait l'impression qu'un endroit où elle se sentirait immédiatement chez elle l'attendait…

Une ombre s'avança au-dessus d'elle. Elle leva les yeux, étonnée, et aperçut deux silhouettes vaguement menaçantes. Elle les fixa, pétrifiée.

— Elena, dit la plus petite, les mains sur les hanches. Tu m'inquiètes, tu sais !

Elena cligna des yeux et finit par laisser échapper un rire nerveux. C'était Bonnie et Meredith.

— Impossible d'être tranquille deux minutes…, bougonna-t-elle tandis qu'elles s'asseyaient à ses côtés.

— On peut partir, si tu veux, suggéra Meredith.

Elena haussa les épaules. Finalement, elle était plutôt contente de leur présence. Après l'accident, ses deux camarades étaient souvent venues la chercher à cet endroit : elle n'était pas gênée de leur montrer ses yeux mouillés, acceptant sans rien dire le mouchoir que lui tendait Bonnie. La réponse à ses interrogations lui apparut soudain : sa place était auprès des amies qui tenaient à elle, c'était aussi simple que ça ! Elles restèrent assises en silence à regarder le vent agiter les branches des chênes.

— C'est vraiment nul ce qui s'est passé tout à l'heure, dit enfin Bonnie à mi-voix. Ça a dû te faire un sacré choc.

— On devrait t'appeler Miss Tact, l'interrompit Meredith. Faut pas exagérer, y a pire…

— Tu peux pas savoir, t'étais pas là, répliqua Elena. J'ai vraiment eu la honte de ma vie. Mais je m'en fous maintenant. De toute façon, il ne m'intéresse plus.

— Arrête !

— C'est vrai, je te jure. Ce mec se croit trop bien pour nous. Alors ses lunettes de chez Armatruc, il peut se les mettre où je pense…

Les deux autres pouffèrent.

— Au fait, il avait l'air de meilleure humeur, Tanner, aujourd'hui. Hein, Bonnie ? ajouta-t-elle en cherchant à détourner la conversation.

Cette dernière prit un air de martyr.

— Tu parles ! Il m'a mise en premier pour les exposés. Mais bon, ça m'est égal parce que je vais faire un truc sur les druides et…

— Sur les quoi ?

— Les druides. Tu sais, les types qui sculptaient des menhirs et faisaient de la magie, il y a super longtemps en Angleterre. Je descends d'eux, c'est pour ça que je suis médium.

Meredith étouffa un rire, mais Elena fronça les sourcils.

— Bonnie, hier, t'as vraiment vu quelque chose dans les lignes de ma main ?

— Je... je sais pas. J'ai cru, en tout cas. Souvent, je me laisse entraîner par mon imagination...

— Tu sais, elle m'a dit qu'on te trouverait là, intervint Meredith. Moi, je pensais aller voir à la cafèt', mais Bonnie m'a affirmé que tu étais dans le cimetière.

— Ah, bon ? s'étonna Bonnie. C'est drôle, parce que ma grand-mère écossaise a des visions. Ça a dû sauter une génération.

— Sans compter que tu descends des druides, ajouta Meredith d'un ton ironique.

— C'est la pure vérité ! Ma grand-mère fait de ces trucs, vous le croiriez pas ! Elle tient ça d'eux... Elle peut te prédire avec qui tu vas te marier et quand tu vas mourir. Moi, elle m'a annoncé que je mourrais jeune.

— Arrête tes bêtises !

— Si, si. Je mourrai belle et jeune, c'est super romantique, non ?

— C'est surtout horrible, dit Elena.

Les ombres s'étaient allongées autour d'elles. Un petit vent frais était apparu.

— Et avec qui tu vas te marier, Bonnie ? demanda Meredith.

— Je sais pas. Ma grand-mère m'a expliqué comment l'apprendre, mais j'ai encore jamais essayé. Bien sûr, ajouta-t-elle d'un ton théâtral, il sera immensément riche, et beau comme un dieu, un peu dans le genre de Stefan, notre mystérieux inconnu... D'autant plus que, si personne n'en veut...

Elle jeta un regard malicieux à Elena, qui fit comme si de rien n'était.

— Je te verrais bien avec Tyler Swallwood, suggéra-t-elle d'un air innocent. Il paraît que son père est bourré de fric...

— Il est pas mal, renchérit Meredith. Mais, bon, faut aimer les grandes dents blanches de carnivore...

Les trois filles éclatèrent de rire. Bonnie arracha une poignée d'herbe pour la lancer sur Meredith, qui lui renvoya un pissenlit. Cette irruption de joie rendit sa bonne humeur à Elena : elle était redevenue elle-même, Elena Gilbert, la reine du lycée de Fell's Church. Elle défit le ruban abricot qui retenait ses cheveux.

— Je sais sur quoi je vais faire mon exposé, déclara-t-elle brusquement tandis que Bonnie ôtait les brins d'herbe de ses boucles.

— Sur quoi ?

Elena renversa la tête pour contempler le ciel embrasé de tons rouges et mauves, au-dessus de la colline. Elle inspira profondément, laissant planer le suspense, avant de répondre d'un ton désinvolte :

— Sur la Renaissance italienne.

Bonnie et Meredith la fixèrent, bouche bée, puis se regardèrent. Elles s'esclaffèrent.

— Ha, ha ! La tigresse est de retour, dit enfin Meredith.

Elena lui lança un sourire de prédateur. Elle ignorait comment elle avait retrouvé son assurance, mais ça lui était égal. Elle était obsédée par une pensée : ne faire qu'une bouchée de Stefan Salvatore...

— Bon, écoutez-moi, toutes les deux. Personne ne doit être au courant de ce que je vais vous dire, sinon, tout le lycée va se foutre de moi, y compris Caroline, qui pourrait profiter de la situation. Ce mec, je le veux toujours, et je l'aurai, comptez sur moi. Je ne sais pas encore comment je vais m'y prendre, pour l'instant, mais en attendant, on va l'ignorer.

— *On* ?

— Parfaitement, *on*. Mais il est à moi, t'as compris Bonnie ? Je dois pouvoir te faire entièrement confiance.

— Attends, dit Meredith en ôtant la broche qui ornait son chemisier.

Elle s'en piqua le pouce.

— Bonnie, donne-moi ta main, reprit-elle.

— Pour quoi faire ? s'inquiéta cette dernière.

— Parce que je veux t'épouser, andouille !

— Mais... Ah, d'accord ! Aïe !

— À toi, Elena.

Meredith piqua le doigt de son amie et le pressa pour en faire sortir une goutte de sang.

— Maintenant, on va serrer nos pouces les uns contre les autres en prêtant serment. Surtout toi, Bonnie. Jure de garder le secret et de faire tout ce qu'Elena te demandera au sujet de Stefan.

— Hé, mais c'est très dangereux de faire un pacte de sang, protesta très sérieusement Bonnie. Ça veut dire qu'il faut respecter sa promesse quoi qu'il arrive. Je dis bien quoi qu'il arrive !

— Je sais, répondit Meredith du même ton. C'est pour ça que je te le demande. Je n'ai pas oublié ce qui s'est passé avec Michael Martin.

Bonnie fit la grimace.

— Mais c'était y a longtemps, ça ne compte pas... Bon, allez, d'accord, je jure de garder le secret et de faire tout ce qu'Elena me demandera au sujet de Stefan.

Meredith répéta le serment. Puis Elena, après avoir contemplé leurs pouces réunis, prit la parole :

— Et je jure de ne pas renoncer à mon projet : Stefan m'appartiendra, quelles que soient les difficultés.

Le crépuscule avait noyé le paysage dans l'obscurité, apportant avec lui une bourrasque froide qui balaya les feuilles mortes du cimetière. Bonnie frissonna. Toutes les trois se mirent à rire nerveusement en prenant conscience du lieu où elles se trouvaient.

— Il fait nuit ! s'étonna Elena.

— On ferait mieux d'y aller, suggéra Meredith en remettant sa broche.

Bonnie se leva en léchant son pouce, aussitôt imitée par les deux autres.

— À bientôt, murmura Elena à l'adresse de la tombe en y déposant son ruban. Rentrons, dit-elle à ses amies.

Elles descendirent silencieusement jusqu'à l'église en ruine. Leur pacte les avait plongées dans une atmosphère un peu fantastique, à tel point que Bonnie ne put s'empêcher de trembler de nouveau. Était-ce le froid qui en était la cause ou bien le murmure du vent agitant sinistrement les feuilles des chênes ?

— Je gèle, dit Elena en s'arrêtant devant les vestiges de l'église.

En bas de la colline, les trois amies distinguaient à peine, dans la nuit sans lune, l'ancien cimetière où étaient enterrés les soldats de la guerre de Sécession. Les pierres tombales de granit y étaient envahies par les mauvaises herbes, et le lieu ne donnait pas envie d'y flâner trop longtemps. Elles devaient pourtant le traverser pour rentrer chez elles.

— Déjà que je n'aime pas m'y promener le jour… alors la nuit, n'en parlons pas, murmura Elena, qui avait perdu une bonne partie de son assurance.

Elle avait la sensation que les vivants n'avaient plus rien à faire dans cet endroit.

— On peut faire le tour, si vous voulez, proposa Meredith, mais ça va nous prendre vingt minutes de plus.

— Moi, ça m'est égal de passer par-là…, dit Bonnie en déglutissant. J'ai toujours voulu être enterrée dans le vieux cimetière…

— Arrête un peu de parler de ton enterrement ! lâcha Elena avec exaspération, avant de s'engager dans la descente.

À mi-chemin, prise de crainte, elle laissa Bonnie et Meredith la rattraper. Lorsqu'elles atteignirent ensemble la première tombe, son cœur se mit à battre à tout rompre. Elle avait beau essayer de se raisonner, elle ne pouvait s'empêcher d'avoir la chair de poule. En effet, elle entendait les moindres petits bruits résonner au centuple ; le crissement de leur pas sur le tapis de feuilles mortes était devenu assourdissant. L'église n'était plus qu'une sombre silhouette derrière elles. Elles continuaient leur progression sur l'étroit chemin bordé de pierres tombales, dont la plupart les surplombaient de quelques centimètres. Elena, scrutant chacune d'entre elles, constata qu'elles étaient assez hautes pour cacher quelqu'un. Soudain, son regard s'arrêta sur une statue qui gisait par terre. C'était un petit ange décapité, dont la tête était posée à côté du corps. Ses grands yeux contemplaient le vide.

— Pourquoi on s'arrête ? demanda Meredith devant l'air fasciné d'Elena.

— Je ne sais pas... je voulais juste..., murmura Elena.

Enfin, elle parvint à détourner les yeux de la statue, mais ce qu'elle vit alors la pétrifia.

— Bonnie ? Bonnie ? Qu'est-ce qui se passe ?

Son amie, toute raide, la bouche entrouverte et le regard perdu dans le vague, semblait elle-même changée en statue.

— Bonnie ! Arrête, c'est pas drôle ! se plaignit Elena

Mais Bonnie ne répondit pas.

— Bonnie ! intervint Meredith.

Elena, comprenant qu'il se passait quelque chose d'anormal, se mit à courir droit devant elle. Mais une exclamation monta derrière elle, l'obligeant à faire volte-face.

— Elena !

Bonnie, pâle comme la mort, toujours figée, et les yeux scrutant le vide, laissait échapper une voix qui n'était pas la sienne.

— Elena ! Quelqu'un est là qui t'attend, proclama Bonnie qui se tourna enfin vers elle.

Elena crut apercevoir quelque chose remuer derrière les pierres tombales. Elle hurla, aussitôt imitée par Meredith, et, sans réfléchir, toutes deux se mirent à courir, bientôt suivies de Bonnie, criant à son tour. Elena dévala à toute allure l'étroit sentier, malgré les cailloux et les racines qui la faisaient trébucher. Elle entendait le halètement de Bonnie derrière elles, et le souffle court de Meredith, d'ordinaire si calme et si cynique… Tout à coup, un bruit dans le feuillage, accompagné d'un cri lugubre, leur fit accélérer la course.

— Y a quelque chose qui nous suit ! hurla Bonnie.

— Il faut arriver au pont, cria Elena, malgré le feu qui lui brûlait les poumons.

Elle avait l'intuition qu'après le pont, elles seraient en sécurité.

— Mais cours, Bonnie ! Cours ! Ne regarde pas derrière toi ! dit-elle en attrapant son amie par la manche.

— J'en peux plus, gémit Bonnie, pliée en deux par un point de côté.

— Mais si, tu peux ! Allez cours !

Elena distingua la première les reflets argentés du cours d'eau éclairé par la lune, enfin levée : le pont n'était plus très loin. Il ne fallait pas fléchir, se disait-elle, en luttant contre l'impression que ses jambes ne la soutiendraient pas jusqu'au bout. Elle voyait distinctement le pont maintenant, il n'était plus qu'à quelques mètres.

— Ça y est, haleta Meredith, on est arrivées.

— T'arrête pas, surtout ! Traverse ! reprit Elena.

Elles atteignirent l'autre berge en faisant craquer les vieilles planches sous leur pas. Alors seulement, Elena lâcha la manche de Bonnie.

Meredith, recroquevillée, les mains sur les cuisses, essayait de reprendre sa respiration. Bonnie pleurait.

— Qu'est-ce que c'était ? Hein, qu'est-ce que c'était ? demanda-t-elle.

— Je croyais que c'était toi le médium, répondit Meredith. Allons-nous en !

— C'est plus la peine, tout va bien, maintenant, murmura Elena.

Elle avait les larmes aux yeux et tremblait de tout son corps. Néanmoins, elle constata avec soulagement que le souffle chaud dans son cou – qui l'avait poursuivie jusqu'au pont – avait disparu. La rivière semblait former une barrière de protection contre le danger qui les guettait de l'autre côté.

— Ce truc ne peut pas nous suivre jusqu'ici, ajouta-t-elle.

Meredith la regarda, puis se tourna vers l'autre rive plantée de chênes, et enfin vers Bonnie. Elle laissa échapper un petit rire nerveux.

— C'est sûr, on risque plus rien. Mais bon, on va pas passer la nuit là, non ?

Elena eut alors un étrange pressentiment :

— Non, pas ce soir…, dit-elle.

Elle passa un bras autour des épaules de Bonnie, qui sanglotait toujours.

— Tout va bien, Bonnie, tu n'as plus rien à craindre, maintenant. Viens.

Meredith scrutait de nouveau l'autre côté.

— Le pire, c'est que tout a l'air calme, là-bas, dit-elle d'une voix plus posée. Peut-être qu'on s'est fait peur toutes seules… On a dû paniquer, c'est tout, et la transe de Bonnie n'a rien arrangé… Y avait sûrement rien…

Elena ne répondit pas, et les amies reprirent silencieusement leur chemin. Pourtant, elle n'avait pas fini de se torturer l'esprit.

5.

La pleine lune se détachait haut dans le ciel lorsque Stefan se décida à rentrer. Il se sentait tout groggy, non seulement parce qu'il était fatigué, mais aussi parce qu'il avait absorbé trop de sang d'un coup.

S'il s'était ainsi gavé – ce qui ne lui était pas arrivé depuis longtemps – c'était sans doute à cause de cette force étrangère qu'il avait sentie près du cimetière : elle lui avait fait perdre tout contrôle de lui-même. Elle avait brusquement surgi derrière lui, obligeant à fuir les trois jeunes filles qu'il observait dans l'ombre. Il avait été partagé entre la crainte de les voir se jeter dans la rivière et le désir de sonder cette énergie pour en trouver l'origine. Finalement, il avait décidé de la suivre, *elle*. Au moment où les amies atteignaient le pont, il avait eu le temps d'apercevoir une silhouette noire s'envoler en direction des bois. C'est seulement lorsque toutes les trois s'étaient éloignées qu'il était retourné au cimetière.

L'endroit, vidé de toute présence, avait retrouvé son calme. Les yeux de nyctalope de Stefan furent attirés par un fin ruban de soie orange, qu'il ramassa. Quand il l'approcha de son visage, il reconnut *son* parfum.

Il se souvint de sa lutte pour résister à la fragrance enivrante de sa peau, lorsqu'elle était assise derrière lui. Même absente, il avait du mal à ignorer le puissant rayonnement de son esprit, qu'il captait constamment ; et quand elle se trouvait dans la même pièce, il percevait chaque souffle de sa respiration, chaque battement de son cœur, et la chaleur de son corps.

Pendant le cours, il s'était abandonné malgré lui au plaisir de cette proximité. Le souvenir de cet instant lui revint avec horreur. Il s'était délibérément imprégné de son odeur, l'eau à la bouche, s'imaginant poser doucement les lèvres sur la peau tendre de son cou, puis y planter d'innombrables petits baisers. Alors, il avait rêvé qu'il avait blotti son visage dans le creux de sa gorge, juste à l'endroit où son pouls battait. Sa bouche s'était entrouverte, découvrant ses canines aiguisées comme de petites dagues, et…

Au prix d'un violent effort qui l'avait laissé le cœur battant et les membres tremblants, il s'était arraché à cette transe. Le cours s'était terminé et, autour de lui, il avait vu les élèves se lever, avec l'espoir que personne n'avait remarqué son comportement. C'est à ce moment qu'elle lui avait adressé la parole, lui infligeant un terrible supplice : ses mâchoires rendues douloureuses par la faim lui avaient fait craindre, l'espace d'un instant, de perdre son sang-froid ; il avait failli la saisir par les épaules pour lui planter ses dents dans le cou, devant tous les autres. Il se souvenait à peine de la façon dont il était arrivé à résister à cette pulsion.

Il se rappelait juste que, un peu plus tard, la course et les pompes qu'il avait faites étaient parvenues à le défouler. C'était tout ce qui comptait. Il avait d'ailleurs utilisé son pouvoir plus que de raison, sans s'en préoccuper. De toute façon, il était doté de bien des avantages par rapport aux concurrents qui voulaient entrer dans l'équipe de foot : il avait une bien meilleure vue, ses réflexes étaient plus rapides, et ses muscles plus développés. D'ailleurs, Matt l'avait vite gratifié d'une bonne tape dans le dos en s'exclamant : « Félicitations ! Bienvenue dans l'équipe ! » Mais devant le visage franc et souriant de celui-ci, Stefan avait été submergé par la honte. « Si tu savais qui je suis, avait-il pensé, tu ne sourirais pas comme ça. J'ai été sélectionné grâce à une supercherie, c'est tout. Et la fille que tu aimes – tu l'aimes, pas vrai ? – occupe toutes mes pensées. »

Malgré ses efforts, en effet, elle n'avait cessé de l'obséder. Plus tard, une intuition l'avait tiré des bois pour le mener au cimetière. Lorsqu'il l'avait vue, il avait dû de nouveau combattre la violente envie de se jeter sur elle, jusqu'à ce que la force inconnue les fasse fuir, elle et ses amies. Puis il était rentré chez lui – après s'être nourri, ayant perdu tout contrôle de lui-même. La présence de cette force avait réveillé en lui un besoin qu'il tâchait depuis toujours d'étouffer : la soif de chasser, de sentir la peur et de savourer la victoire de la mise à mort. Depuis des siècles, il ressentait ce besoin avec toujours plus d'intensité. Privé trop souvent de sang, il avait constamment les veines en feu, et son esprit était obsédé par le goût du fer et la couleur rouge.

Sous l'emprise de cette pulsion, il avait suivi les trois filles jusqu'au pont. Mais là, ses narines avaient capté par miracle l'odeur d'un autre humain, un vagabond. Ça avait suffit à détourner son attention des proies qu'il traquait. Il n'avait plus la force de lutter contre la tentation du sang humain – l'élixir par excellence, ce vin interdit, plus enivrant que n'importe quel alcool, l'essence même de la vie. Lorsqu'il avait vu, sous le pont, le tas de guenilles remuer, Stefan avait bondi vers lui sans hésiter, atterrissant aussi souplement qu'un chat à ses côtés. Il avait ensuite arraché ses oripeaux à sa victime. Un visage buriné, ahuri, au cou décharné, était apparu. Retroussant ses lèvres, Stefan s'était abreuvé.

En montant à sa chambre, Stefan essayait d'effacer de son esprit le visage qui l'obsédait. C'était elle qu'il désirait vraiment. Il avait envie de sa chaleur et de sa vie à elle. Mais pour son bien et pour le sien, il devait cesser d'y penser. Elle ne le savait pas, mais il était son pire ennemi.

— Qui est là ? C'est toi mon garçon ? fit une voix éraillée depuis le deuxième étage.

Par-dessus la rampe, une tête auréolée de cheveux gris se montra.

— Oui, madame Flowers, c'est moi. Je suis désolé de vous avoir dérangée.

— Oh, il faut plus qu'un plancher grinçant pour me déranger... Tu as bien verrouillé la porte derrière toi ?

— Oui, *signora*, vous êtes...

Il hésita, puis poursuivit dans un murmure :

— ... en sécurité.

— Parfait. On ne prend jamais assez de précautions. Qui sait ce qui pourrait sortir des bois ?

Il surprit l'œil perçant et malicieux de la vieille.

— Bonne nuit, *signora*.

— Bonne nuit, mon garçon.

Stefan se laissa tomber sur son lit et resta à observer le plafond. Dormir le soir venu ne lui était pas naturel. Mais il était épuisé. Très vite, cette contemplation le plongea dans ses souvenirs.

Katherine, les cheveux éclairés par le clair de lune, était si belle, près de la fontaine. Et il était tellement heureux d'être l'élu qui partageait son secret...

— Mais tu peux quand même t'exposer au soleil ?

— Oui, du moment que je porte ça.

Elle leva une main blanche et délicate sur laquelle brillait un lapis-lazuli.

— La lumière du jour me fatigue quand même beaucoup, ajouta-t-elle. Je n'ai jamais été très robuste.

Stefan admira la délicatesse de ses traits, et son corps étonnamment svelte, qui semblait aussi fragile que du verre.

— Enfant, j'étais souvent malade, dit-elle doucement. Et un jour, le médecin a dit que j'allais mourir. Mon père pleurait tandis que j'étais allongée dans mon lit, trop faible pour pouvoir bouger. Même respirer m'épuisait. J'étais triste de quitter ce monde, et surtout, j'avais si froid.

Elle frissonna, puis sourit.

— Qu'est-ce qui s'est passé ensuite ?

— Je me suis réveillée en pleine nuit, et j'ai vu Gudren, ma dame de compagnie, debout à côté de mon lit, accompagnée d'un homme. Je l'ai tout de suite reconnu, prise de panique. Il s'appelait Klaus et tout le monde dans le village avait peur de lui. J'ai supplié Gudren de me sauver. Elle n'a pas bougé. Quand il a posé sa bouche sur mon cou, j'ai cru qu'il allait me tuer.

Elle se tut. Puis, comme Stefan la regardait avec un mélange d'horreur et de pitié, elle ajouta d'un air détaché :

— Mais ça n'a pas été si terrible, finalement. J'ai eu un peu mal, au début, mais très vite, j'ai ressenti un certain plaisir. Après, il m'a fait boire son sang, qui m'a donné une force incroyable. Nous avons attendu l'aube ensemble, et lorsque le médecin est revenu, il n'en croyait pas ses yeux : j'étais assise à discuter tranquillement.

Papa pleurait de joie en criant au miracle... Mais je vais bientôt devoir le quitter, sinon il se rendra compte, un jour ou l'autre, que je ne vieillis pas.

Son visage s'était assombri à cette pensée.

— Jamais ça ne t'arrivera ? s'étonna Stefan.

— Non. C'est merveilleux, n'est-ce pas ? dit-elle avec une joie enfantine. Je vais rester jeune et je ne mourrai jamais !

De toute façon, il avait du mal à l'imaginer autrement que telle qu'il la voyait, adorable, innocente, parfaite.

— Mais... tu n'as pas trouvé ça effrayant, au début ?

— Au début, si, un peu. Gudren était là pour me rassurer : c'est elle qui m'a fait fabriquer cette bague dont la pierre me protège du soleil. Et puis, elle s'est occupée de moi quand j'étais en convalescence : elle m'a apporté de grands bols de lait caillé aux épices, et plus tard, de petits animaux capturés par son fils.

— Pas... d'êtres humains ?

— Bien sûr que non ! dit-elle en riant. Une colombe suffit à satisfaire tous mes besoins. Gudren dit que, pour être plus forte encore, je dois boire du sang humain, car c'est l'essence de vie la plus puissante. Klaus me poussait à le faire : il voulait que nous échangions notre sang une nouvelle fois. Mais le pouvoir ne m'intéresse pas. Quant à Klaus...

Elle se tut, les yeux baissés, puis reprit dans un murmure :

— Partager son sang n'est pas un acte anodin : je ne

le ferai dorénavant qu'avec celui que je choisirai pour partager mon existence.

Elle le regarda d'un air grave, et Stefan lui sourit, défaillant de bonheur.

Mais c'était avant que son frère Damon rentre de l'université et voie les yeux bleus de Katherine, semblables à des joyaux.

Stefan laissa échapper un gémissement. Puis le sommeil le gagna peu à peu, apportant avec lui de nouvelles images qui se précipitaient en désordre aux confins de son esprit : le visage de son frère, tordu par une effroyable colère ; les yeux bleus de Katherine, pétillants et vifs, tournant et retournant dans sa belle robe blanche ; une tache blanche derrière le citronnier ; le poids d'une épée dans sa main ; son père hurlant, au loin ; les traits de Damon, cette fois déformés par un rire horrible ; et le citronnier si proche…

— Damon… Katherine… Non !

Il se redressa en sursaut. Une main tremblante dans les cheveux, il essayait de reprendre son souffle. C'était un affreux cauchemar, comme il n'en avait pas eu depuis longtemps. Depuis combien de temps, d'ailleurs, n'avait-il pas rêvé ? L'image du citronnier n'avait pas quitté son esprit, et le rire de son frère continuait à lui résonner dans les oreilles aussi clairement que s'il s'était trouvé devant lui. Alors, encore envahi par les brouillards du sommeil, il se leva, pris d'un doute, et alla contempler l'obscurité à la fenêtre. *Damon ?* Ce fut un appel muet, qu'il transmit par la pensée. Il resta immobile, tous ses sens aux aguets.

Mais il ne perçut rien, pas la moindre onde de réponse. Le silence fut seulement rompu par l'envol de deux oiseaux, et il ne parvint qu'à capter les esprits endormis des habitants de Fell's Church, ainsi que la présence d'animaux nocturnes, dans la forêt toute proche. Il finit par tourner le dos à la fenêtre avec un soupir de soulagement. Il s'était sûrement trompé : il n'avait rien entendu. Et il s'était même peut-être fait des illusions sur la force obscure qu'il avait cru détecter dans le cimetière. Fell's Church était un endroit paisible, où il était en sécurité. Tout ce dont il avait besoin, maintenant, c'était de repos.

5 septembre
(enfin, plutôt le 6, parce qu'il est une heure du matin)

Je me suis encore réveillée en pleine nuit, mais cette fois, à cause d'un hurlement. Pourtant, après avoir tendu l'oreille, j'ai constaté que tout était calme dans la maison. Il s'est passé tellement de trucs bizarres ce soir que je dois être un peu sur les nerfs.

Au moins, un élément positif : la solution m'est venue d'un seul coup pour Stefan. Le plan B, phase 1, commence demain.

Lorsque Frances s'approcha de la table des filles, ses yeux lançaient des éclairs, et elle avait le feu aux joues.

— Elena, il faut absolument que je te raconte !

Mais, à sa grande surprise, Elena ne parut pas partager son enthousiasme.

— Je... peux m'asseoir avec vous ? reprit-elle d'une voix hésitante. Je viens d'apprendre un truc complètement dingue à propos de Stefan.

— Tu peux t'asseoir, dit Elena en beurrant un morceau de pain. Mais, tu sais, ce genre d'infos ne m'intéresse plus trop.

— Quoi ?

Frances regarda Meredith et Bonnie d'un air incrédule.

— Tu rigoles ?

— Pas du tout, dit Meredith, qui contemplait le haricot vert planté sur sa fourchette. On a autre chose en tête aujourd'hui.

— Exactement, renchérit Bonnie. Stefan, c'est du passé.

Puis elle se pencha pour se frotter la cheville.

Frances se tourna vers son dernier recours, Elena.

— Mais je croyais que tu voulais tout savoir sur lui ?

— Oh, c'était par simple curiosité ! Comme c'est un nouveau, je voulais juste lui souhaiter la bienvenue à Fell's Church. Mais je dois rester fidèle à Jean-Claude.

— Jean-Claude ?

— Jean-Claude, confirma Meredith en levant les yeux au ciel et en poussant un gros soupir.

— Jean-Claude, répéta Bonnie.

Délicatement, Elena sortit une photo de son sac à dos.

— Là, il est devant la maison qu'on louait. Juste après la photo, il a cueilli une fleur et me l'a donnée en disant… quelque chose que je ne peux pas te répéter, conclut-elle avec un sourire mystérieux.

Frances regarda le jeune homme bronzé de la photo, torse nu devant un buisson d'hibiscus, un sourire timide aux lèvres.

— Il est plus vieux que toi ? demanda-t-elle d'un air respectueux.

— Il a vingt et un ans. Évidemment, ma tante ne serait pas d'accord, alors on a décidé de garder le secret jusqu'à la fac. On s'écrit en cachette.

— C'est super romantique…, soupira Frances. J'en parlerai à personne, promis ! Mais, pour ce qui est de Stefan…

Elena prit une expression hautaine.

— De toute façon, je trouve la cuisine française bien supérieure à la cuisine italienne. Pas vrai, Meredith ?

— Ça, oui ! T'es pas d'accord, Frances ?

— Heu, si, si.

Elle quitta la table avec un sourire forcé. Bonnie, visiblement au supplice, se pencha vers ses amies.

— Écoutez les filles. Je tiens plus, moi. Il faut absolument que je sache ce qu'on dit sur Stefan !

— Tu parles du ragot qui court ? répondit calmement Elena. Je suis au courant : il paraîtrait que Stefan fait partie de la brigade des stups…

Après un instant de surprise, Bonnie éclata de rire.

— De quoi ?? Mais c'est complètement débile !

Habillé comme il est, avec des lunettes noires ? Il fait tout pour qu'on le remarque !

Elle se tut, les yeux soudain écarquillés.

— Mais peut-être que c'est fait exprès ? Qui soupçonnerait un frimeur pareil ? Et puis, il vit seul, il ne parle jamais de lui… Elena ! Peut-être que c'est vrai !

— Impossible, dit Meredith.

— Qu'est-ce que t'en sais ?

— C'est moi qui ai lancé la rumeur.

Devant l'air abasourdi de Bonnie, elle ajouta :

— C'est Elena qui m'a demandé de le faire.

— Ahhhhh… C'est trop fort ! Alors, je peux raconter à tout le monde qu'il est atteint d'une maladie incurable ?

— Non, ça tu ne peux pas. J'ai pas envie que toutes les bonnes âmes du coin viennent lui tenir la main. Par contre, tu peux dire ce que tu veux sur Jean-Claude.

— C'est qui, au fait, ce type sur la photo ?

— Le jardinier. Il était dingue de ses hibiscus… et il était marié.

— Dommage… Mais pourquoi t'as demandé à Frances de n'en parler à personne ?

Elena jeta un œil sur sa montre.

— Comme ça, je suis à peu près sûre que d'ici, disons deux heures, la nouvelle aura fait le tour du lycée.

Après les cours, les trois filles décidèrent d'aller chez Bonnie. Un jappement aigu les reçut : un très vieux et gros pékinois tenta de s'échapper. Il s'appelait Yang-Tsê, et personne ne pouvait le supporter, sauf la mère de

Bonnie. Alors qu'Elena entrait, il tenta de lui mordre la jambe.

Le séjour était assombri par de lourdes tentures et surchargé de meubles anciens. Mary, la sœur aînée de Bonnie, qui travaillait à l'hôpital de Fell's Church, les accueillit.

— Ah, Bonnie, je suis contente que tu sois là. Salut, Elena. Salut, Meredith.

— Qu'est-ce qui se passe ? demanda Bonnie. T'as l'air crevé.

— Dis-moi, hier soir, quand tu es revenue complètement paniquée, tu venais bien du pont Wickery ?

— Non, du cim... euh... enfin, oui, c'est ça, du pont Wickery.

— C'est bien ce qu'il me semblait.

Elle inspira profondément, puis reprit :

— Écoute-moi bien, Bonnie McCullough. Tu es priée de ne jamais y retourner, et encore moins seule, la nuit. Tu as bien compris ?

— Mais pourquoi ?

— Parce que quelqu'un a été attaqué là-bas. Et tu sais où on l'a retrouvé ? Sous le pont Wickery.

Meredith et Elena la regardèrent, incrédules ; Bonnie lui agrippa le bras.

— Quelqu'un a été attaqué sous le pont ? Qui ça ? Qu'est-ce qui s'est passé ?

— Je n'en sais rien. Ce matin, un des employés du cimetière l'a trouvé étendu sur la berge. C'est sans doute un sans-abri. Il était à demi-mort quand ils l'ont emmené, et peut-être qu'il ne reprendra jamais conscience.

Elena commençait à se sentir très mal à l'aise.

— Qu'est-ce que tu entends par « attaqué » ?

— En fait, il a été quasiment égorgé. Il a perdu énormément de sang. Au début, on a cru que c'était un animal qui lui avait sauté à la gorge, mais le Dr Lowen pense maintenant qu'il s'agit d'un homme. Et la police dit que cette personne se cache peut-être toujours dans le cimetière.

Mary les regarda l'une après l'autre, droit dans les yeux.

— Donc quand vous étiez près du pont, l'agresseur s'y trouvait sûrement aussi. Pigé ?

— C'est pas la peine de nous foutre encore plus la trouille. On a compris, balbutia Bonnie.

— Parfait. (Elle se massa le cou, visiblement fatiguée.) Il faut que j'aille m'allonger un moment. Désolée, je me serais bien passée de plomber l'ambiance…

Lorsqu'elle quitta la pièce, les trois filles se regardèrent.

— Ça aurait pu être l'une d'entre nous. Quand je pense, Elena, que tu étais partie toute seule…

Elena en avait des sueurs froides, rien que d'y penser. Elle revit les pierres tombales, balayées par le vent glacial, alignées devant elle.

— Bonnie, demanda-t-elle lentement, est-ce que tu as vu quelqu'un là-bas ? Pourquoi tu m'as dit qu'on m'attendait ?

Bonnie la fixa sans comprendre.

— Mais de quoi tu parles ? J'ai jamais dit ça !

— Mais si, c'est ce que tu as affirmé.

— Mais, non, j'ai jamais raconté un truc pareil.

— Bonnie, intervint Meredith, on t'a entendue toutes les deux. Tu t'es mise à regarder le vide et puis tu as crié à Elena…

— Mais n'importe quoi ! J'ai jamais rien dit ! Vous m'énervez à la fin !

Bonnie en pleurait de colère. Elena et Meredith se regardèrent, interdites, tandis que, dehors, un nuage vint cacher le soleil.

6.

26 septembre

Si j'ai laissé passer autant de temps avant d'écrire, c'est que le courage m'a manqué pour raconter les choses effrayantes qui se sont produites.

D'abord, il y a eu cet homme attaqué le soir où Meredith, Bonnie, et moi sommes passées par le cimetière. La police n'a toujours pas trouvé qui a fait ça. Tout le monde dit que le vieux n'avait déjà plus toute sa tête : quand il a repris connaissance, il s'est mis à dire des trucs qui n'avaient aucun sens comme « des yeux dans le noir », et il n'arrêtait pas de parler d'arbres... Mais, moi, je ne peux pas m'empêcher de penser constamment à ce qui nous est arrivé, ce soir-là. J'ai la frousse...

D'ailleurs, pendant un bout de temps, les gens n'osaient pas sortir, et on avait interdit aux enfants de traîner la nuit sans être accompagnés. Mais ça va faire trois semaines que ça s'est passé, et personne d'autre n'a été attaqué. Alors on se calme un peu. Tante Judith affirme que c'est un autre vagabond qui a fait le coup. Le père de Tyler Smallwood pense que c'est le vieux qui s'est infligé ça lui-même, mais, bon, j'aimerais bien savoir comment on peut se mordre la gorge.

En fait, j'ai surtout été occupée par le plan B. Jusqu'à présent, tout se passe à peu près comme je veux. J'ai reçu plusieurs lettres et un bouquet de roses rouges de la part de « Jean-Claude » (l'oncle de Meredith est fleuriste). Tout le monde a oublié que je me suis un jour intéressée à Stefan : mon image au lycée est restée intacte, et même Caroline n'a rien à dire. D'ailleurs, je l'ai quasiment pas vue ces temps-ci, ni à la cantine ni après les cours. J'ai l'impression qu'elle s'est éloignée de ses anciennes fréquentations. Mais je m'en fous complètement. Ce qui m'obsède, c'est Stefan. Même Bonnie et Meredith ne savent pas ce qu'il représente pour moi. J'ai trop peur qu'elles me croient folle si je leur en parle. À première vue, je suis un exemple de calme et de self-control. Mais, à l'intérieur, c'est la tempête... Et c'est pas prêt de s'arranger...

D'ailleurs, tante Judith se fait du souci pour moi. Elle a bien vu que je ne mangeais presque plus rien. En cours, je n'arrive plus à me concentrer, et même les trucs censés être marrants – comme la collecte de fonds pour la Maison Hantée – ne m'attirent plus. Je n'ai plus que lui en tête. Et je ne sais même pas pourquoi.

Il ne m'a toujours pas adressé la parole. Pourtant, il s'est passé quelque chose de bizarre : la semaine dernière, en cours d'histoire, j'ai vu qu'il me regardait. On était assis à quelques tables l'un de l'autre, et lui, complètement tourné vers moi, me fixait avec insistance. Ça m'a presque foutu la trouille : mon cœur battait super fort. On est restés comme ça quelques secondes, et puis il a finalement détourné les yeux. Mais c'est arrivé à deux autres reprises : à chaque fois, j'ai senti son regard sur moi avant même de lever la tête… C'est peut-être bizarre, mais c'est la pure vérité.

En fait, il n'a rien à voir avec les autres garçons. Il est très solitaire. Même s'il a pas mal de succès dans l'équipe de foot, il ne traîne jamais avec les autres joueurs en dehors des matchs, sauf un peu avec Matt. C'est d'ailleurs le seul à qui il parle. Apparemment, il ne discute avec aucune fille non plus, ce qui me laisse penser que la rumeur qu'on a fait courir a porté ses fruits… Mais je suis pratiquement sûre que c'est lui qui évite les gens, pas le contraire, parce qu'il disparaît toujours très vite après les cours, et, en plus, je ne l'ai jamais vu à la cantine, ni à la cafèt'… Et il n'a jamais invité personne chez lui, apparemment.

Tout ça m'empêche de me retrouver seule en sa compagnie sans qu'il trouve un prétexte pour s'enfuir. Bonnie me conseille de me laisser surprendre par un orage avec lui, comme ça, on serait obligés de se serrer l'un contre l'autre pour se tenir chaud... Meredith pense qu'il vaudrait mieux simuler une panne de voiture juste devant chez lui... Mais je ne trouve pas ces deux idées terribles. Et j'en ai assez de me torturer les méninges à essayer de trouver une meilleure option. J'ai vraiment l'impression d'être une Cocotte-Minute sur le point d'exploser... Et, si je ne trouve pas bientôt quelque chose, je crois que je vais... J'allais presque écrire « en crever ».

Pourtant, elle trouva la solution du jour au lendemain, et le plus simplement du monde. Tout arriva grâce à Matt.

C'est vrai qu'elle était navrée pour lui : la rumeur qu'elle avait lancée concernant ce Jean-Claude ne lui avait apparemment pas plu. La preuve, c'est qu'il ne lui avait pratiquement pas adressé la parole depuis, se contentant d'un bref « salut » dans les couloirs. Un jour, elle le heurta malencontreusement. Il évita son regard.

— Matt..., commença-t-elle.

Elle aurait voulu lui expliquer que toute cette histoire était fausse : elle ne serait jamais sortie avec quelqu'un d'autre sans avoir d'abord mis fin à leur relation. Elle comptait lui dire aussi qu'elle n'était pas fière de son mensonge. Mais elle n'arriva pas à trouver ses mots. Finalement, elle balbutia un « Je suis désolée », et se dirigea vers sa classe.

— Elena, dit-il enfin.

Elle se retourna. Cette fois, elle sentit ses yeux s'attarder sur ses cheveux, puis sur ses lèvres.

— Cette histoire de Français, c'est vrai ?

— Non, répondit-elle sans hésiter. Je l'ai inventée pour que tout le monde pense que je n'en ai rien à faire de…

— De Stefan, c'est ça ?

Il eut l'air plus triste encore, mais, quelque part, il commençait à comprendre.

— Écoute, Elena. Je sais qu'il a pas été très sympa avec toi, mais tu ne dois pas mal le prendre : il est comme ça avec tout le monde.

— Sauf avec toi.

— C'est faux. D'accord, il me parle parfois, mais c'est toujours de la pluie et du beau temps. Il ne m'a jamais rien dit sur sa famille, ou sur ce qu'il fait après les cours. C'est comme s'il mettait une barrière entre nous, et je trouve ça vraiment triste, parce que, à mon avis, c'est pour cacher qu'il est malheureux.

Elena était très étonnée de ce qu'elle entendait : elle avait du mal à croire qu'il s'agissait du Stefan, si calme et si sûr de lui, qu'elle connaissait. Mais, après tout, c'était aussi l'image que la plupart des élèves se faisaient d'elle-même. Peut-être bien que, derrière son masque, Stefan était aussi désorienté qu'elle ! C'est alors que lui vint l'idée. Il n'y avait rien de plus simple : pas besoin de plan compliqué, ni d'orage ou de voiture en panne.

— Matt ? Tu ne crois pas que quelqu'un devrait essayer de faire tomber cette barrière ? Ce serait bien, non ? Je veux dire… pour Stefan.

Elle lui lança un regard interrogateur, espérant qu'il

comprendrait le fond de sa pensée. Il la fixa un moment, puis ferma les yeux en secouant la tête.

— T'es vraiment incroyable, Elena. Je ne sais pas si tu te rends compte. Tu embobines les gens sans arrêt ! Je suis sûr que tu vas me demander de t'aider à avoir Stefan… et comme je suis trop gentil, je risque d'accepter.

— Tu n'es pas trop gentil, tu es un mec bien, c'est pas pareil ! Effectivement, je voudrais te demander un service. Mais je ne veux faire de mal à personne, ni à toi ni à Stefan.

— Ah, oui ?

— Je sais que c'est difficile à croire, après ce qui s'est passé, mais… c'est la vérité. Tout ce que je veux, c'est…

Elle s'interrompit. Comment expliquer à Matt ce qu'elle désirait, alors qu'elle-même n'en était pas très sûre ?

— Ce que tu veux, c'est que tout le monde tourne autour d'Elena Gilbert, dit Matt d'un ton amer. En fait, c'est tout simple : tu convoites ce que tu n'as pas encore.

Elle s'attendait tellement peu à cette réponse qu'elle eut un mouvement de recul. Sa gorge se serra.

— Arrête de me regarder comme ça, Elena… Bon, O.K., je veux bien t'aider. Qu'est-ce que tu veux que je fasse ? Le déposer à ta porte tout ligoté ?

— Non, dit Elena, qui avait du mal à retenir ses larmes. J'aimerais que tu le persuades de venir à la soirée du lycée, la semaine prochaine.

— C'est tout ? demanda-t-il d'un air indéfinissable.

Devant le signe de tête approbateur d'Elena, il reprit :

— O.K. ! Je suis sûr qu'il dira oui. Au fait, Elena, tu veux bien m'accompagner à ce bal ? Il n'y a qu'avec toi que j'ai envie d'y aller...

— D'accord. Et puis... merci !

— De rien... Tu sais... c'est vraiment pas grand-chose, murmura-t-il en arborant le même air impénétrable.

— Arrête de bouger, dit Meredith à Elena en lui tirant les cheveux de façon réprobatrice.

— Moi, je reste sur mon idée : ils sont aussi géniaux l'un que l'autre, dit Bonnie, assise sur le bord de la fenêtre.

— Qui ça ? demanda Elena d'un air absent.

— C'est ça, fait l'innocente ! Tes deux princes charmants qui ont réussi à remporter le match deux minutes avant la fin, alors que plus personne n'y croyait... Quand Stefan a récupéré cette dernière passe, j'ai cru que j'allais tomber dans les pommes... et même vomir...

— Arrête tes horreurs ! soupira Meredith.

— Quant à Matt... Ce mec, c'est la poésie à l'état pur...

— Et dire qu'aucun n'est à moi..., conclut Elena.

Entre les mains expertes de Meredith, ses cheveux étaient en train de devenir une véritable œuvre d'art, tout en volutes dorées. Et sa robe était magnifique. Le violet profond du tissu faisait ressortir celui de ses yeux. Mais, en se regardant dans le miroir, elle se trouva l'air déterminé et froid d'un soldat qu'on envoie au front, alors qu'elle aurait voulu y voir une jeune fille aux joues rosies par l'excitation.

La veille, à l'issue du match, elle avait reçu le titre de reine du lycée, comme elle s'y attendait. Le plus important, c'était que cette distinction lui donnait le droit de danser avec lui. Il ne pouvait pas se dérober.

— Ce soir, personne ne te résistera, déclara Bonnie. D'ailleurs, quand tu te débarrasseras de Matt pour de bon, je veux bien me charger de le réconforter...

Meredith étouffa un rire.

— Et Ray, alors ?

— Ray, ben... je te le laisse. Parce que tu sais, Elena, il me plaît vraiment, Matt. Et quand tu seras arrivée à tes fins avec Stefan, il risque de se sentir de trop, donc...

— Tu fais ce que tu veux. De toute façon, tu le traiteras toujours mieux que moi.

« Le pauvre ! pensa Elena. Il n'a pas de chance avec moi : il va être bien mal récompensé de sa gentillesse... » Mais ça ne servait à rien d'avoir des remords, maintenant : sa décision était prise depuis longtemps.

— Voilà ! dit enfin Meredith en plaçant la dernière épingle à cheveux dans son œuvre. La reine du lycée et sa cour sont prêtes. Nous sommes magnifiques !

— Tu utilises le « nous » royal pour te désigner, c'est ça ? se moqua Elena.

Mais c'était vrai. Elles étaient magnifiques – Meredith, dans son fourreau de satin lie-de-vin, et Bonnie, vêtue de taffetas noir. Quant à elle... Elle se regarda une nouvelle fois dans la glace. Sa robe était vraiment belle ; elle lui rappelait les violettes en sucre de sa grand-mère – des vraies fleurs cristallisées.

En descendant l'escalier, Elena réalisa que c'était la première fois que Caroline n'avait pas partagé ces préparatifs. Elle ne savait même pas qui serait son cavalier.

Tante Judith et Robert les attendaient dans le salon avec Margaret, déjà en pyjama.

— Vous êtes adorables, toutes les trois ! dit tante Judith, aussi excitée que si elle était elle-même de sortie.

Elle embrassa Elena, tandis que Margaret se jetait dans ses bras.

— T'es belle, lui déclara-t-elle avec la simplicité de ses quatre ans.

Robert observait Elena en clignant des yeux. Il ouvrit le bouche, puis la ferma.

— Qu'est-ce qu'il y a, Bob ?

— Heu..., dit-il en se tournant vers Judith, l'air embarrassé. En fait, je viens de réaliser qu'Elena était une forme du prénom Hélène. Et, je ne sais pas pourquoi, je me suis mis à penser à Hélène de Troie.

— Belle et condamnée à un sombre destin..., commenta Bonnie.

— Exactement, lâcha sinistrement Robert.

Elena ne répliqua pas.

On sonna à la porte. Matt était là, en blazer bleu, escorté d'Ed Goff et de Ray Hernandez, les cavaliers de Meredith et Bonnie. Elena chercha Stefan du regard.

— Il doit déjà être là-bas, dit Matt, devançant sa question. Écoute, Elena…

Il n'eut pas le temps de poursuivre : les deux autres couples les entraînaient déjà vers les voitures. Ensuite, Bonnie et Ray, qui s'étaient installés dans celle de Matt, bavardèrent pendant tout le voyage…

Lorsqu'elle descendit du véhicule, Elena, en entendant la musique depuis le parking, était persuadée que le dénouement tant attendu allait se produire ce soir-là. Et elle se sentait prête.

Dans la salle où elle entra, précédée de Matt, une foule de lycéens aux tenues éclatantes les inondèrent de compliments. Ils s'émerveillèrent de la robe et de la coiffure d'Elena, et félicitèrent Matt pour ses prouesses sportives. C'était le nouveau Ronaldo ! Il n'aurait aucun mal à faire carrière dans le foot !

Elena s'était immédiatement mise à la recherche, à travers ce tourbillon étourdissant, de la tête brune qui l'intéressait. Seulement, Tyler Smallwood la collait comme une sangsue en lui soufflant au visage des effluves d'alcool mêlés d'eau de toilette et de chewing-gum à la menthe. Sa cavalière avait visiblement des envies de meurtre. Pourtant, Elena affichait un air indifférent envers l'indésirable, espérant que cela suffirait à le décourager. Elle aperçut M. Tanner non loin d'elle, un gobelet à la main, à moitié étranglé par son nœud papillon. En tournant la tête, elle remarqua que Bonnie dansait déjà, étincelante sous les spots colorés. Mais nulle part elle ne vit

Stefan. Et cette odeur de menthe qui lui donnait envie de vomir !

Finalement, elle décida d'accompagner Matt vers le buffet, où ils retrouvèrent M. Lyman, l'entraîneur de foot. Ils l'écoutèrent se lancer dans un commentaire du fameux match. Elle constata ensuite, amusée, que la plupart des lycéens venaient les saluer comme un véritable couple royal… Elle se tourna vers Matt pour partager ses impressions. Il fixait un point sur sa gauche. En suivant son regard, elle découvrit, à moitié cachée par un mur de footballeurs, la tête brune qu'elle recherchait, reconnaissable entre toutes, malgré la lumière tamisée. Un frisson la parcourut.

— Et maintenant ? demanda Matt entre ses dents. On le ligote ?

— Non, je vais lui demander de danser avec moi, c'est tout. Mais je t'accorde la première danse, si tu veux.

Il fit un signe de tête négatif. Elle se dirigea alors vers Stefan, tout en l'étudiant dans les moindres détails. L'air posé, il se tenait légèrement à l'écart des autres ; sa veste noire, particulièrement élégante, laissait entrevoir un pull de cachemire blanc. Surtout, il avait ôté ses lunettes. Il ne les portait pas quand il jouait au foot, mais Elena n'avait jamais eu l'occasion de le voir de près dans ces moments-là. Elle avait l'impression de se retrouver dans un bal costumé, au moment où les masques sont baissés. Son regard glissa sur les épaules du jeune homme avant de remonter sur son profil. Il se tourna brusquement vers elle.

Elena se savait belle en toute circonstance, et sa robe de soirée ainsi que sa coiffure sophistiquée n'y étaient pour rien : elle était toujours jolie, mince, impériale. Partout où elle allait, les têtes se retournaient sur son passage. Les lèvres de Stefan s'entrouvrirent, et elle planta son regard dans le sien. Ses yeux étaient d'un vert profond.

— Salut, lança-t-elle d'un ton assuré dont elle fut elle-même étonnée. Tu t'amuses bien ?

Elle devina, à la façon dont il la regardait, que sa présence était loin de lui être désagréable. Elle n'avait jamais été aussi sûre de son pouvoir de séduction. Mais, curieusement, l'expression de plaisir de Stefan était accompagnée d'une souffrance qui durcissait ses traits.

L'orchestre attaquait justement un slow. Stefan la dévorait du regard, ses yeux verts s'assombrissant sous l'effet du désir : elle avait l'impression qu'il allait la saisir et l'embrasser brutalement, sans un mot.

— Tu veux danser ? demanda-t-elle doucement.

Tout en lui posant cette question, elle prit conscience que l'attitude du jeune homme lui échappait. Et elle eut peur, soudain, sans savoir pourquoi : ce regard fixé sur elle lui parut rempli de menace. Un puissant instinct lui ordonnait de fuir.

Elle ne bougea pas, clouée sur place. Alors, elle comprit que la situation ne lui appartenait plus. Ce qui était en train de se produire entre eux dépassait les limites de la normalité et il était impossible, à présent, de stopper le processus qui s'était enclenché. Sa peur était délicieuse, elle n'avait jamais vécu un moment aussi intense avec un garçon. Le temps semblait figé, et leurs regards hypnotisés l'un par l'autre. Les yeux de Stefan s'assombrirent encore, et Elena, le cœur bondissant, le vit tendre lentement la main vers elle.

Alors tout s'écroula.

— Ooooh, Elena, t'es trop jolie !

Caroline, toute bronzée dans sa robe de lamé audacieusement décolletée, passa le bras autour de Stefan avec un sourire lascif. Ils formaient un couple étonnant tous les deux : on aurait pu les prendre pour des top-modèles tombés dans une soirée de lycéens.

— Et cette petite robe est tellement mignonne ! continua Caroline.

Elena cogitait à toute vitesse : ce bras, désinvolte et possessif à la fois, était sans équivoque. Il expliquait où était passée Caroline ces dernières semaines.

— J'ai dit à Stefan qu'on devait absolument passer ici, mais on ne peut pas rester trop longtemps... Ça ne t'embête pas si je me le réserve pour danser ?

Curieusement, une fois l'effet de surprise passé, Elena avait retrouvé son calme.

— Non, pas du tout, dit-elle en regardant Caroline s'éloigner avec Stefan.

Tous les yeux étaient fixés sur elle. Faisant mine de les ignorer, elle alla retrouver Matt.

— Tu savais qu'il viendrait avec elle, hein ?

— J'ai juste compris qu'elle l'avait tanné pour l'accompagner. Elle n'a pas arrêté de le coller partout où il allait. Mais...

— O.K. J'ai compris.

En voyant Bonnie et Meredith approcher, elle devina qu'elles avaient assisté au spectacle. Comme la quasi-totalité de la salle, sans doute. Elle prit la direction des toilettes, certaine qu'elles allaient l'y rejoindre. Mais le lieu était bondé : Meredith et Bonnie se contentèrent d'abord de remarques anodines, sans pour autant parvenir à cacher leur air inquiet.

— Vous avez vu sa robe ? demanda Bonnie, en pressant discrètement la main d'Elena. On se demande comment elle l'a pas fait exploser, surtout devant. La prochaine fois, elle mettra un truc en cellophane !

— Ou pire ! renchérit Meredith. T'es sûre que ça va ? ajouta-t-elle à mi-voix à l'adresse d'Elena.

— Oui.

Le miroir lui renvoya l'image de ses pommettes en feu et de ses yeux humides. Elle se repoudra un peu et se donna un coup de brosse. En se retournant, elle constata que les toilettes s'étaient enfin vidées.

— C'est peut-être pas si mal, finalement, dit Bonnie. Ça fait presque un mois que ça t'obsède, cette histoire. Il est temps de passer à autre chose, non ?

« Traîtresse ! » pensa Elena, avant d'ajouter tout haut :

— Merci pour ton soutien !

— Arrête ! intervint Meredith. Elle veut juste...

— Alors, toi aussi, tu me lâches... Bon, il me reste plus qu'à revoir mon plan. Et trouver d'autres amies...

Elle quitta la pièce brusquement, laissant Bonnie et

Meredith bouche bée. Elle se lança alors à corps perdu dans le tourbillon de la fête, dansant avec tout le monde, riant fort et se pendant au cou de tous ceux qui se présentaient.

On l'appela sur scène pour lui remettre sa couronne. Elle regarda comme dans un songe les visages souriants à ses pieds, prit machinalement les fleurs qu'on lui tendait, s'inclina légèrement pour recevoir la tiare en strass, et entendit d'une oreille le tonnerre d'applaudissements lui rendant hommage.

Lorsqu'elle descendit de l'estrade, Tyler l'agrippa. Elle se colla aussitôt à lui en lui offrant une rose de son bouquet, car elle se souvint de ce que lui et Dick avaient fait à Stefan. Matt l'observait de loin, les lèvres pincées, tandis que la cavalière de Tyler sanglotait. Celui-ci, tout rouge, empestait l'alcool. Ses amis entouraient maintenant Elena, criant et riant pour capter son attention. À un moment, elle vit Dick verser quelque chose dans son verre de punch. Mais elle n'y prêta pas attention, trop occupée à s'amuser des plaisanteries stupides qui fusaient. Le bras de Tyler enlaça sa taille : elle rit encore plus fort. Elle aperçut le regard désapprobateur de Matt qui s'en allait. L'excitation des filles et l'indiscipline des garçons étaient à leur comble, et Tyler en profita pour déposer un baiser mouillé dans le cou d'Elena.

— J'ai une idée, annonça-t-il au groupe en la serrant contre lui. Si on allait s'éclater ailleurs ?

— Où ça, Tyler ? cria quelqu'un. On peut aller chez ton père !

— Non, je pensais à un endroit tranquille. Le cimetière, par exemple.

Les filles poussèrent des cris d'orfraie. Les garçons se regardèrent.

— Tyler, non, gémit sa cavalière. T'as oublié ce qui est arrivé à cet homme. J'ai trop peur d'y aller.

— Super. Alors, reste ici.

Tyler agita ses clés de voiture.

— Qui prend le risque ?

— Moi ! répondit Dick.

Un concert d'approbations suivit.

— Moi aussi, déclara Elena d'un ton décidé.

Elle sourit à Tyler, qui l'entraîna aussitôt vers la sortie. Un groupe bruyant les escorta sur le parking, où ils s'entassèrent dans les voitures. Tyler replia le toit de sa décapotable. Elena s'installa à l'avant tandis que Dick et une fille du nom de Vickie Bennett s'asseyaient à l'arrière.

— Elena ! cria une voix depuis la salle de danse.

— Démarre ! ordonna-t-elle à Tyler en ôtant sa tiare.

Le moteur vrombit, les pneus crissèrent sur le macadam du parking, et Elena sentit le vent lui balayer le visage.

7.

Bonnie, les yeux fermés, se laissait porter par le rythme de la musique. Lorsqu'elle entrouvrit les paupières, elle aperçut Meredith qui tentait d'attirer son attention. Devant ses gesticulations insistantes, elle finit par la rejoindre à contrecœur, suivie de Ray.

Derrière Meredith, Matt semblait furieux, et Ed, mal à l'aise.

— Elena vient de partir, dit Meredith.

— Et alors, elle fait ce qu'elle veut !

— Mais elle est partie avec Tyler. Matt, tu sais vraiment pas où ils sont allés ?

Le jeune homme secoua la tête, avant de répondre :

— De toute façon, ce sera de sa faute si elle a des

ennuis. Pourtant, j'y serai aussi pour quelque chose. Faut aller la chercher.

— Quoi ? Tu veux quitter la soirée ? s'indigna Bonnie.

Meredith lui rappela à mi-voix :

— Tu as promis…

Puis elle ajouta tout haut :

— Je n'ai aucune idée d'où ils sont allés… Bonnie, tu ne le saurais pas, par hasard ?

— Moi ? Comment veux-tu que je sois au courant ? Je dansais, figure-toi. C'est en général ce qu'on fait dans ce genre de soirées…

Matt se tourna vers Ed :

— Bon, toi et Ray, vous n'avez qu'à rester là. Si elle revient, vous lui direz qu'on la cherche.

— Puisque c'est comme ça, autant y aller tout de suite, dit Bonnie de mauvaise grâce.

Elle fit demi-tour et se heurta à une veste noire.

— Pardon ! fit-elle, d'autant plus exaspérée qu'il s'agissait de Stefan.

Meredith, Bonnie et Matt quittèrent la salle sous le regard de celui-ci, laissant Ray et Ed visiblement mécontents de leur sort.

Dans le ciel sans nuages, les étoiles brillaient tristement. Elena riait et hurlait avec Dick, Vickie et Tyler jusqu'à couvrir le bruit du moteur. En réalité, son cœur n'y était pas.

Tyler se gara à mi-chemin du pied de la colline et de

l'église en ruine, laissant ses phares allumés. En descendant de la voiture, ils constatèrent que les autres avaient renoncé à les suivre.

Tyler ouvrit le coffre et en sortit un pack de bières.

— Ça en fera plus pour nous ! s'exclama-t-il en tendant une bouteille à Elena.

Brusquement mal à l'aise, elle refusa. Elle se rendait compte qu'elle avait eu tort de venir, même si elle ne voulait pas l'avouer à ses camarades. Ils s'engagèrent sur le sentier, les deux filles s'accrochant aux bras de leurs cavaliers pour ne pas trébucher avec leurs talons hauts.

Lorsqu'ils arrivèrent au sommet de la colline, le spectacle qu'ils découvrirent leur fit un choc. Vickie laissa échapper un cri de surprise : une énorme boule rouge était suspendue juste au-dessus de l'horizon. Il fallut un moment à Elena pour réaliser qu'il s'agissait de la lune. Elle était gigantesque au point d'en paraître irréelle et brillait d'un éclat lugubre. Elena avait l'impression de se trouver dans un film fantastique.

— On dirait une grosse citrouille pourrie, dit Tyler en lançant une pierre en direction de l'astre.

Elena eut un sourire forcé en entendant la comparaison.

Vickie montra la porte de l'église, qui faisait un trou noir dans le clair de lune.

— Et si on entrait ?

La majeure partie du toit s'était écroulée, mais le clocher, intact, s'élevait comme une tour solitaire. Il ne restait que trois murs, et le quatrième ne leur arrivait pas aux genoux. Ils entrèrent.

Elena sursauta en voyant une flamme apparaître près de son visage. C'était Tyler qui avait allumé son briquet, dévoilant dans un sourire une rangée de dents blanches parfaitement alignées

— On n'y voit rien, ici. Tu veux mon Zippo ?

Elle se mit à rire nerveusement, prit l'objet qu'il lui tendait, et s'en servit pour éclairer la tombe juste à côté d'elle. C'était une large sépulture de marbre sur laquelle étaient sculptés deux gisants.

— Voici Thomas et Honoria Fell, annonça Tyler d'un ton grandiloquent. On dit que c'est lui le fondateur de Fell's Church. Mais, les Smallwood y ont aussi été pour quelque chose. L'arrière arrière-grand-père de mon arrière-grand-père habitait dans la vallée, près de Drowning Creek…

— … jusqu'à ce qu'il soit dévoré par les loups, l'interrompit Dick avant de renverser la tête pour imiter un hurlement animal.

Il rota en plein milieu de son cri, ce qui fit pouffer Vickie. Tyler rit jaune : cette remarque l'avait visiblement énervé.

— Je les trouve un peu pâles ces deux-là, dit celle-ci en désignant les gisants. Un peu de maquillage ne leur ferait pas de mal.

Elle tira de son sac un bâton de rouge pour en barbouiller les lèvres de marbre de Honoria. Elena était horrifiée. Depuis qu'elle était toute petite, cette dame pâle et cet homme grave, aux mains croisées sur la poitrine, lui avaient toujours inspiré un mélange de respect et d'effroi. Lorsque ses parents étaient morts, elle s'était dit qu'ils devaient reposer dans leur tombe de la même manière.

Pourtant, elle leva un peu plus haut son briquet lorsque Vickie se mit à dessiner à l'homme des moustaches et un nez de clown.

Tyler contemplait le spectacle.

— Les pauvres ! C'est dommage qu'ils soient coincés là-dedans sans pouvoir s'admirer, alors que tu leur as si joliment refait le portrait.

Il posa ses mains sur le bord du couvercle et essaya de le faire glisser.

— Qu'est-ce que t'en dis, Dick ? Il faut qu'on les laisse aller passer la soirée en ville…

« Quelle horreur ! » pensa Elena. Vickie et Dick éclatèrent de rire. Celui-ci s'arc-boutait déjà au-dessus du couvercle.

— À trois, dit Tyler. Un, deux, trois !

Tandis que les deux garçons poussaient de toutes leurs forces, Elena contemplait le visage devenu grotesque de Thomas Fell. Le couvercle ne bougea pas d'un pouce.

— Cette saloperie doit être bloquée, grogna Tyler en lâchant prise.

Elena, soulagée, s'appuya contre la tombe. Dans un bruit de frottement, elle en sentit le dessus bouger sous sa main gauche. Alors, elle perdit l'équilibre, laissant tomber le briquet avec un hurlement. Un vent glacial l'enveloppa, et, l'espace d'un instant, elle eut l'impression très nette de tomber dans la fosse grande ouverte, tandis que ses propres cris lui perçaient les tympans.

Lorsqu'elle se retrouva sur ses pieds, les trois autres se tenaient devant elle, dehors, dans la lumière du clair de lune. Tyler, qui l'avait attrapée par le bras, semblait étonné de son expression paniquée.

— T'es dingue ? Qu'est-ce qui s'est passé ? demanda-t-il en la secouant.

— Il a bougé... Le couvercle... il a bougé ! Il s'est ouvert et... j'ai failli tomber à l'intérieur. Il faisait si froid...

— Ben dis donc ! Tu t'es foutu une sacrée trouille ! rigola Tyler. Viens Dick, on va voir ça.

— Non, Tyler..., commença Elena.

Mais ils étaient déjà revenus sur leurs pas. Elena, agitée de tremblements, resta à la porte avec Vickie. Quand Tyler leur fit signe de les rejoindre, elle ne s'y résolut qu'à contrecœur.

— Regarde, dit-il en levant le briquet qu'il venait de ramasser. Rien n'a bougé, et Thomas Fell est toujours immobile...

Elena se pencha sur le couvercle, parfaitement aligné sur la tombe.

— Je suis sûre qu'il a bougé. J'ai failli tomber dedans...

— Bien sûr, comme tu voudras, bébé, approuva Tyler en l'attirant contre lui.

En tournant la tête, elle s'aperçut que Dick en avait fait autant avec Vickie. Ses paupières fermées et son air ravi suggéraient qu'elle trouvait la chose agréable. Tyler enfouit son visage dans les cheveux d'Elena.

— J'aimerais bien retourner à la soirée, dit-elle doucement.

Tyler écarta son visage sans un mot, puis il soupira :

— O.K., allons-y. Qu'est-ce que vous faites, tous les deux ? lança-t-il à Vickie et Dick.

— Je crois qu'on va rester un peu, répondit ce dernier, le sourire aux lèvres, tandis que Vickie gloussait.

— D'accord.

En se demandant comment ils se débrouilleraient pour rentrer, Elena suivit Tyler, soulagée de quitter les lieux. Dehors, il s'arrêta.

— Attends, faut que tu voies la tombe de mon grand-père avant de rentrer. Allez, quoi, ajouta-t-il devant les protestations d'Elena. Sois sympa. Ça vaut vraiment le détour, tu sais : on en est très fier dans la famille.

Elle sourit pour cacher son angoisse.

— D'accord, se résigna-t-elle en se dirigeant vers l'endroit qui abritait les sépultures récentes.

— Non, pas par là, dit Tyler. C'est dans le vieux cimetière, tout près du sentier. Ne t'inquiète pas. Regarde, on la voit d'ici.

Il pointait son doigt vers une silhouette qui brillait sous la lune et ressemblait à un géant à la tête chauve parfaitement ronde. Cette vue fit trembler Elena de tout son corps. Elle aurait donné n'importe quoi pour se trouver ailleurs que dans ce lieu sinistre : parmi les tombes de granit délabrées, le clair de lune projetait d'étranges ombres noyées dans une impénétrable obscurité.

— Y a pas de quoi avoir peur. C'est juste une boule au sommet, expliqua Tyler en l'attirant hors du chemin.

C'était un monument en marbre rouge : la sphère qui le surplombait ressemblait à la lune qu'elle avait vue l'instant d'avant. À présent, elle brillait d'une lumière blanche au-dessus de leurs têtes.

Elena ne parvenait plus à maîtriser ses tremblements.

— Mais il a froid, mon bébé. Je vais le réchauffer...

Emprisonnée dans son étreinte, elle essaya vainement de le repousser.

— Tyler, je veux rentrer. Tout de suite.

— Mais oui, bébé, on va y aller. Mais avant, t'as besoin d'être réchauffée... T'es toute gelée...

— Tyler, arrête !

Elena sentait maintenant avec dégoût ses mains palper sa peau nue. C'était la première fois qu'elle se retrouvait dans une pareille situation, sans personne pour lui venir en aide. Elle tenta de planter son talon aiguille dans la chaussure vernie de Tyler, mais il esquiva le coup.

— Enlève tes mains de là !

— Ben quoi, laisse-toi faire...

— Tyler, lâche-moi !

Elle parvint à se dégager d'un mouvement brusque, mais Tyler perdit l'équilibre : il tomba sur elle, l'écrasant de tout son poids.

— Tyler, tu vas me le payer, lâcha-t-elle, un sanglot dans la voix.

Il essaya de rouler sur le côté afin de la libérer. Mais le fou rire qui l'avait pris rendit ses tentatives inutiles.

— Allez quoi, t'énerve pas. J'essayais juste de te réchauffer… Elena, ma princesse glacée…

Sa bouche chaude et humide lui parcourut le visage puis descendit vers sa poitrine. Il y eut un bruit de tissu déchiré.

— Oups, désolé, s'excusa Tyler.

Elena tourna la tête. Sa bouche rencontra la main de Tyler, qui lui caressait maladroitement la joue. Elle y planta ses dents de toutes ses forces, faisant jaillir le sang. Il poussa un hurlement.

— Ça va pas ? J'ai dit que j'étais désolé, merde !

Il regardait sa main blessée d'un air furieux. Son visage s'assombrit davantage et il brandit son poing.

Elena restait calme mais elle le voyait déjà lui casser le nez, peut-être même la tuer. Elle se prépara au pire cauchemar.

Stefan avec lutté contre l'instinct qui le poussait vers le cimetière. Sa dernière visite remontait au soir où il était tombé sur le vieil homme.

À cette évocation, l'horreur le submergea : il aurait juré ne pas avoir suffisamment saigné le pauvre hère pour lui faire du mal. Pourtant, l'apparition de la force l'avait complètement déstabilisé, il ne pouvait le nier. Mais peut-être que celle-ci n'avait existé que dans son imagination… De toute façon, sa faim, à elle seule, avait pu le rendre incontrôlable. Il ferma les yeux. Le choc avait été terrible lorsqu'il avait appris dans quel état on l'avait retrouvé… Comment en était-il arrivé là ? Ça faisait si longtemps qu'il avait renoncé à tuer…

Il chassa brusquement ses souvenirs, avec une seule idée en tête : quitter cet endroit pour retourner à la soirée. Il y retrouverait Caroline, cette créature hâlée qui ne courait aucun danger, car elle ne représentait rien pour lui. Pourtant quelque chose le retenait : il savait qu'Elena était là et qu'elle avait des ennuis. Il devait l'aider.

À mi-parcours, la tête commença à lui tourner : il dut lutter pour garder le cap qu'il s'était fixé. Il avait toutes les peines du monde à avancer, envahi par une indicible faiblesse, et impuissant face au vertige qui le menaçait.

« Je dois… trouver Elena… Je dois… trouver… la force… d'aider Elena. Mais j'ai trop… besoin… de… »

Il s'arrêta devant la porte béante de l'église.

Elena apercevait la lune par-dessus l'épaule gauche de Tyler. « C'est la dernière chose que je vois », pensa-t-elle. Elle tremblait tellement que son cri resta bloqué dans sa gorge.

Soudain, Tyler fut soulevé et projeté contre la tombe de son grand-père. Elena roula aussitôt sur le côté, une main retenant les pans de sa robe déchirée, l'autre cherchant une arme pour se défendre – une pierre ou un bâton. Mais en reconnaissant la silhouette devant elle, elle comprit qu'elle n'en avait pas besoin : celui qui l'avait débarrassée de Tyler n'était autre que Stefan Salvatore. Cependant, sa métamorphose la stupéfia. Son visage aux traits si fins était défiguré par la fureur, et ses yeux verts étincelaient d'une lueur meurtrière. Elena en regrettait presque Tyler.

— J'ai tout de suite réalisé que tu n'avais aucune manière, dit Stefan d'un ton méprisant à l'intention de Tyler.

Elena ne le quittait pas des yeux : il s'approcha lentement de Tyler – qui essayait de se relever – avec des mouvements étonnamment souples et maîtrisés.

— Mais je m'aperçois maintenant que tu es un rustre de la pire espèce.

Le coup qu'il assena à Tyler le propulsa contre une autre tombe. Le nez sanguinolent, celui-ci se redressa, cherchant à reprendre son souffle, et chargea.

— Sache qu'un gentleman n'impose jamais sa présence, reprit Stefan en repoussant son attaque avec une facilité surprenante.

Tyler alla s'étaler dans les ronces. Cette fois, il fut plus long à se remettre d'aplomb. La lèvre ensanglantée et soufflant comme un bœuf, il se jeta sur Stefan, qui, insensible à son assaut, l'attrapa par le revers de la veste ; il secoua violemment son adversaire, tandis que celui-ci brassait l'air dans l'espoir de l'atteindre. Stefan finit par le laisser tomber.

— Un gentleman respecte les femmes.

Le visage tordu par la douleur, Tyler tenta de saisir la jambe de son assaillant. Stefan riposta en l'agitant avec une ardeur décuplée, tout en ponctuant d'un coup de poing chacune de ses paroles :

— Et surtout, surtout, un gentleman ne frappe jamais une femme.

— Stefan ! cria Elena.

Tyler ressemblait maintenant à un pantin désarticulé : sa tête dodelinait et ses membres étaient inertes. Elena, effrayée par cette vague de violence, décida qu'il était temps d'intervenir. La voix dénuée de toute pitié, Stefan ne maîtrisait plus sa colère.

— Stefan, arrête !

Il tourna brusquement la tête vers elle. À son expression de surprise, la jeune fille devina qu'il avait oublié sa présence ; l'espace d'un instant, il la regarda sans paraître la reconnaître, et elle eut l'impression de se trouver en face d'un prédateur dérangé en pleine chasse. Puis, les lueurs bestiales disparurent de ses yeux, son visage retrouvant son humanité. Stefan posa enfin Tyler contre la tombe en marbre rouge. L'œil gauche de celui-ci s'ouvrit, au grand soulagement d'Elena ; le droit, tuméfié, n'en était en revanche plus capable.

— Il s'en remettra, commenta froidement Stefan.

Même si sa peur s'était presque évanouie, Elena était sous le choc ; elle combattit l'envie de hurler comme une hystérique.

— Est-ce que tu as quelqu'un pour te ramener chez toi ? demanda Stefan de cette voix glaciale qui effrayait tant l'adolescente.

Elle pensa à Vickie et à Dick, restés à côté de la sépulture des Fell, mais sans doute trop occupés pour se soucier d'elle.

— Non.

Soudain, elle s'aperçut que sa robe déchirée laissait entrevoir sa peau nue : elle serra les bras sur sa poitrine.

— Alors, je te raccompagne.

Un frisson lui parcourut le dos. La silhouette de Stefan était si élégante au milieu des tombes, et son visage exposé à la lumière du clair de lune, si pâle... Il était incroyablement beau, et projetait une telle aura de puissance qu'il en paraissait inhumain.

— Merci, c'est très gentil, dit-elle avec difficulté.

Ils abandonnèrent Tyler, qui s'agrippait à la tombe de ses ancêtres, pour se diriger vers le pont.

— J'ai laissé ma voiture près de la pension, dit Stefan. À pied, c'est le chemin le plus court.

— Tu es venu par là ?

— Non. Mais, de toute façon, tu n'as rien à craindre.

Le ton ferme de sa voix rassura un peu Elena. Stefan jeta sa veste sur les épaules nues de sa protégée, puis ils se mirent en route sans un mot. À son air déterminé, elle comprit qu'elle était en sécurité avec lui.

Le pont était illuminé d'une clarté blanche et la rivière courait sous son arche en tourbillonnant. Ils passèrent sous les chênes et atteignirent la route sans incident, dans le silence le plus total. Après avoir longé des champs noyés dans l'obscurité, ils parvinrent à la pension de Stefan, une grande bâtisse en brique rouge flanquée de cèdres et d'érables. Seule une fenêtre était encore éclairée.

Ils pénétrèrent dans un petit vestibule où ils empruntèrent un escalier à la rambarde cirée. Au premier étage,

Stefan fit entrer Elena dans l'une des chambres : elle fut invitée à franchir une porte de placard, derrière laquelle se trouvait une autre série de marches, plus étroites, et beaucoup plus raides.

« Quel drôle d'endroit ! » pensa-t-elle. Aucun bruit ne pouvait parvenir dans cet escalier dérobé au cœur de la maison. L'ascension les fit déboucher dans une pièce spacieuse, qui constituait apparemment le deuxième étage de la pension. Elle distingua dans la pénombre un plancher et des poutres sous un plafond en pente. Les murs étaient percés de hautes fenêtres, et la chambre était sommairement meublée. Plusieurs malles étaient posées sur le sol.

Gênée par le regard de Stefan, elle demanda :

— Est-ce que... Est-ce qu'il y a une salle de bains où je pourrais... ?

Il lui indiqua une porte d'un mouvement de tête. Elle ôta la veste, qu'elle lui tendit sans oser le regarder, et entra.

8.

Elena avait franchi le seuil de la salle de bains avec un sentiment de vive reconnaissance envers Stefan. Pourtant, lorsqu'elle en ressortit, elle était furieuse.

Passant en revue ses égratignures malgré l'absence de miroir, elle avait laissé une foule de sentiments l'assaillir. Et celui qui avait fini par la dominer, c'était la colère envers ce Stefan Salvatore qui lui avait sauvé la vie si froidement. Qu'il aille se faire voir avec sa politesse, sa galanterie, et sa stupide réserve qui l'empêchait de se livrer !

Elle retira l'épingle de ses cheveux pour fermer le devant de sa robe. Après avoir remis de l'ordre dans sa coiffure à l'aide d'un peigne en os trouvé sur le lavabo, elle sortit en affichant un air de défi.

Stefan se tenait à la fenêtre, dans une attitude un peu tendue. Sans se retourner, il lui indiqua un vêtement de velours posé sur le dossier d'un fauteuil.

— Si tu veux mettre ça par-dessus ta robe…

C'était une grande cape au tissu souple. Elena la mit sur ses épaules, séduite par son contact sensuel sur sa peau. Pourtant, vexée par l'attitude de Stefan, qui ne l'avait pas regardée en lui parlant, elle décida de ne pas se laisser amadouer. Elle se mit à fureter dans la chambre en espérant l'énerver. Après en avoir fait le tour, elle s'approcha du garçon, examinant la commode en acajou, sous la fenêtre. Une magnifique dague au manche d'ivoire et à la garde sertie d'argent y trônait. À côté se trouvaient une sphère dorée incrustée d'un cadran, ainsi que plusieurs pièces d'or. Elle en saisit une, autant parce que cela l'intriguait que pour agacer Stefan.

— Qu'est-ce que c'est ?

Il ne répondit pas tout de suite.

— Un florin d'or. C'est une pièce qui vient de Florence.

— Et ça ?

— Une montre allemande de la fin du XVe siècle. Écoute, Elena…

— Et ça ? Je peux l'ouvrir ?

— Non !

Avec la rapidité de l'éclair, il avait posé la main sur le petit coffret, le maintenant fermé.

— Ça ne regarde que moi, ajouta-t-il, visiblement nerveux.

Sa main avait évité celle de la jeune fille. Quand elle l'effleura du bout des doigts, il l'ôta aussitôt.

Alors, la colère d'Elena explosa :

— Tu as raison d'éviter de me toucher, dit-elle d'un ton agressif. Tu pourrais attraper la gale…

Il se détourna vers la fenêtre sans un mot. Elena se remit à arpenter la pièce, mais elle sentait qu'il observait son reflet dans la vitre. Avec ses cheveux clairs lâchés sur les épaules et sa main blanche tenant le manteau fermé, elle devait ressembler à une princesse en détresse faisant les cent pas dans sa tour.

Alors qu'elle remarquait la trappe dans le plafond, un soupir lui fit tourner la tête : Stefan, apparemment troublé, avait les yeux fixés sur son cou. Très vite, pourtant, elle vit ses traits retrouver leur dureté.

— Je ferais mieux de te ramener chez toi, lui dit-il.

À ce moment, elle aurait voulu le faire souffrir, ou du moins le mettre aussi mal à l'aise qu'elle l'était à cause de lui. Cependant, elle commençait à être lassée de ses innombrables complots pour percer Stefan à jour. Elle ne désirait plus qu'une chose : affronter la vérité. Elle osa enfin poser la question qui lui trottait dans la tête depuis si longtemps :

— Pourquoi tu me détestes ?

Il la regarda, un peu désemparé, puis répondit :

— Je ne te déteste pas.

— Si… Je le sais… Je ne t'ai pas remercié, tout à l'heure, et je ne le ferai pas davantage maintenant. Tu vois, moi non plus, je ne connais pas les bonnes manières…

Je n'ai aucune reconnaissance envers toi. Je ne t'ai rien demandé, d'ailleurs : je ne savais pas que tu étais dans le cimetière. En fait, je ne comprends même pas pourquoi tu m'as sauvée, vu la haine que je t'inspire…

— Je ne te déteste pas, répéta-t-il doucement.

— Reconnais-le au moins : depuis le début, tu m'évites comme la peste. J'ai pourtant essayé d'être sympa avec toi… C'est comme ça qu'un gentleman se conduit quand quelqu'un lui souhaite la bienvenue ?

Il voulut l'interrompre, mais elle reprit de plus belle :

— À chaque fois, tu m'as ignorée devant tout le monde… Tu m'as humiliée devant mes amis… Et tu m'as adressé la parole ce soir uniquement parce que j'étais en danger de mort. Il fallait que je me fasse assassiner pour que tu daignes me parler, c'est ça ? Même maintenant, je ne peux pas te frôler sans que tu fasses un bond en arrière… C'est quoi ton problème, à la fin ? Qu'est-ce qui t'empêche de te confier ? Réponds-moi ! Qu'est-ce que tu as ?

Le visage de Stefan était plus fermé que jamais. Elena inspira profondément, essayant de lutter contre les larmes qui lui montaient aux yeux. Elle ajouta d'un ton moins dur :

— Pourquoi tu ne m'adresses pas un regard alors que tu laisses Caroline te mener par le bout du nez ? J'ai quand même bien le droit de comprendre ça, non ? … Quand tu m'auras répondu, je te laisserai tranquille, promis. Si tu veux, je ne te parlerai plus. Alors, pourquoi tu me détestes à ce point, Stefan ?

Il leva enfin les yeux. La souffrance qu'elle y lut la bouleversa. Son aveu était-il si difficile ?

— C'est vrai, tu as le droit de savoir, dit-il enfin d'une voix mal assurée, où perçait une vive émotion. Je ne te déteste pas… je ne t'ai jamais détestée… Mais, tu me rappelles… quelqu'un…

Elena était stupéfaite. Elle n'aurait jamais imaginé pareille réponse.

— Je te rappelle quelqu'un ?

— Oui, quelqu'un que j'ai connu. Mais… en fait, tu ne lui ressembles que physiquement. Elle était vulnérable et fragile, ce que tu n'es pas.

— Ah bon ?

— Toi, au contraire, tu es une battante. Tu es… unique.

Pendant un instant, elle chercha en vain une réplique. Sa colère s'était évanouie devant la douleur de Stefan.

— Tu étais très proche d'elle ?

— Oui.

— Et que s'est-il passé ?

Le silence qui suivit fut si long qu'elle crut ne jamais recevoir de réponse. Enfin, il laissa échapper ces mots :

— Elle est morte.

Elena pensa aussitôt à la tombe de ses parents.

— Oh, je suis désolée…

Il resta muet, la même froideur imprimée sur le visage. Perdu dans la contemplation du vide, ses traits ne trahissaient pas seulement le chagrin : Elena y décela une insupportable culpabilité, qui lui fit oublier tous ses griefs. Elle s'approcha de lui.

— Stefan, murmura-t-elle.

Mais il ne semblait pas l'entendre. Sans y penser, elle lui posa une main sur le bras.

— Stefan, reprit-elle, je comprends ce que tu ressens, tu sais...

— Tu ne peux *pas* comprendre !

Sa colère avait éclaté avec une violence terrible. Baissant les yeux sur la main d'Elena, il découvrit que la jeune fille avait osé le toucher. Il la repoussa sans ménagement et, à l'aide de son bras levé, il para même une nouvelle tentative d'approche.

Alors, sans comprendre comment la chose s'était produite, il se rendit compte, stupéfait, que leurs doigts s'étaient entrelacés... Sa main serrait maintenant celle d'Elena comme si sa vie en dépendait...

— Elena..., dit-il dans un murmure qui ressemblait à un cri de grâce.

Elle vit une ombre d'angoisse passer dans son regard, comme si elle était un puissant adversaire contre lequel il renonçait à lutter. Vaincu, il approcha ses lèvres des siennes.

— Attends, arrête-toi là, demanda Bonnie. Je crois que j'ai vu quelque chose.

La Ford brinquebalante de Matt se gara sur le bord de la route. Bonnie, Matt et Meredith distinguèrent une silhouette blanche venant vers eux.

— Regardez ! s'exclama Meredith. C'est Vickie Bennett !

La jeune fille, trébuchant dans la lumière des phares, agitait les bras. Ses cheveux étaient emmêlés, son regard vitreux, et son visage barbouillé de mascara et de terre. Elle ne portait plus qu'une très fine combinaison blanche.

— Fais-la monter, dit Matt.

Meredith était aussitôt sortie de la voiture.

— Qu'est-ce qui t'est arrivé ? Ça va ?

Vickie ne paraissait pas la voir : elle fixait l'obscurité d'un air hébété, laissant échapper un gémissement en guise de réponse. Tout à coup, elle se tourna vers Meredith, lui saisit le bras et y planta ses ongles.

— Allez-vous-en d'ici, prévint-elle.

Sa voix était étranglée et son regard rempli d'horreur.

— Partez tous d'ici, vite ! Il arrive !

— Qui ça, Vickie ? Qui arrive ? Où est Elena ?

— Allez-vous-en ! Maintenant !

— Viens avec nous, dit Meredith en l'entraînant dans la voiture. Qu'est-ce qui s'est passé ? Bonnie, passe-moi ton étole, elle tremble de froid.

— Elle a été battue, fit observer Matt, et elle est en état de choc. Où sont les autres, Vickie ? Elena était avec toi ?

Vickie se mit à sangloter, le visage dans ses mains, tandis que Meredith l'enveloppait.

— Non..., hoqueta-t-elle. Avec Dick... on était dans l'église... c'était horrible... Il y avait comme du brouillard autour de nous… du brouillard noir… et des yeux… J'ai vu des yeux dans le noir qui brûlaient… Ils m'ont brûlée…

— Elle délire complètement ! constata Bonnie. Elle doit faire une crise d'hystérie.

— Vickie, insista Matt, s'il te plaît, dis-nous si Elena était avec toi. Est-ce qu'il lui est arrivé quelque chose ?

Vickie leva la tête.

— Je… je ne sais pas. Dick et moi, on était seuls. On était en train de… enfin… et puis, tout d'un coup… ce… truc nous a enveloppés… Je n'ai pas réussi à m'enfuir. Elena avait dit que la tombe s'était ouverte… Peut-être que ça venait de là… C'était horrible…

— Ils étaient dans le cimetière, dans l'église en ruine, devina Meredith. Et Elena était avec eux. Mais… Regardez !

La lumière du plafond leur permit de distinguer les écorchures qui zébraient la peau de Vickie : elle en était couverte du cou jusqu'à la naissance de la poitrine.

— On dirait des griffures, dit Bonnie. C'est peut-être un chat.

— Ce n'est certainement pas un animal qui a attaqué l'homme sous le pont, dit Matt entre ses dents.

— Matt, reprit Meredith. Je suis aussi inquiète pour Elena que toi, crois-moi, mais on n'a pas le choix : il faut d'abord s'occuper de Vickie. On doit la conduire chez un médecin et avertir la police.

Le jeune homme resta un long moment immobile, puis claqua la portière avec un soupir, et fit demi-tour.

Pendant le trajet, Vickie ne cessa de répéter des propos incohérents.

La bouche de Stefan avait rencontré celle d'Elena. Tout se déroula ensuite comme dans un rêve. Les questions, les peurs et les doutes de la jeune fille s'étaient envolés, laissant place à un sentiment qui s'élevait bien au-delà de la simple passion. C'était un amour véritable, si intense que tout son être en frissonnait. En d'autres circonstances, elle en aurait été effrayée. Mais Stefan lui ôtait toute appréhension. Elle avait une confiance absolue en lui tout à coup, goûtant enfin à la paix qu'elle avait désespéré d'atteindre. Car elle savait où se trouvait sa place dorénavant. Auprès de Stefan.

Il se redressa légèrement, et elle le sentit trembler.

— Oh, Elena, murmura-t-il. Nous ne pouvons pas…

— Trop tard…, répondit-elle en l'attirant.

L'osmose entre eux était si parfaite qu'ils se sentaient vibrer du même plaisir. Elena avait l'impression de percevoir très nettement les pensées de Stefan à travers son étreinte : il la serrait comme s'il voulait la protéger pour l'éternité, et unir sa vie à la sienne. La douceur voluptueuse de ses lèvres était presque insupportable. « Moi aussi, je veux être à toi pour toujours », pensa-t-elle. L'amour du jeune homme réchauffait toutes les zones d'ombre de son âme, et un incroyable bien-être l'avait envahie.

Leurs yeux émerveillés se rencontrèrent en silence : les mots étaient inutiles. Il lui caressa les cheveux d'un geste infiniment doux, comme s'il avait peur de la casser. Et elle comprit soudain pourquoi il l'avait si longtemps évitée : c'était tout sauf la haine qui l'y avait poussé.

Lorsqu'ils descendirent sans bruit l'escalier de la pension, Elena avait perdu la notion du temps. En n'importe quelle autre occasion, elle aurait été surexcitée à l'idée de monter dans la luxueuse voiture de Stefan. Ce soir-là, elle n'avait d'attention que pour la main du jeune homme serrée autour de la sienne.

Quand ils arrivèrent dans sa rue, des gyrophares les éblouirent. Ça faisait tellement longtemps qu'aucune parole n'avait été prononcée qu'elle eut du mal à parler.

— C'est la police... Et cette voiture dans l'allée, c'est celle de Robert. Et il y a celle de Matt, aussi... Qu'est-ce qui s'est passé ? Tyler ne leur a pas déjà dit... ?

— Il n'est pas stupide à ce point !

Stefan se gara derrière l'un des véhicules. Elena lui lâcha la main à contrecœur. Elle regrettait de devoir sortir de leur isolement pour faire face au reste du monde.

La porte d'entrée était ouverte, et toutes les lumières étaient allumées. Quand elle franchit le seuil, une dizaine de visages se tournèrent vers elle : elle prit soudain conscience qu'elle était toujours drapée dans sa cape de velours sombre, et que Stefan Salvatore l'accompagnait. Tante Judith se précipita pour la serrer contre elle.

— Elena ! Dieu merci tu n'as rien ! Où étais-tu ? Pourquoi n'as-tu pas appelé ? Tu ne te rends pas compte du souci que tu nous as fait !

Elena regarda l'assemblée d'un air stupéfait. Elle n'y comprenait rien.

— Mais tu es là ! C'est tout ce qui compte ! intervint Robert.

— J'étais à la pension avec Stefan, expliqua Elena d'une voix hésitante. Tante Judith, je te présente Stefan Salvatore. Il loue une chambre là-bas. C'est lui qui m'a ramenée.

— Merci, dit Judith à celui-ci avant de détailler la tenue de sa nièce. Mais enfin, qu'est-il arrivé ? Ta coiffure, ta robe…

— Vous ne savez pas ? Tyler ne vous a donc rien dit. Mais pourquoi la police est ici, alors ?

Elle se rapprocha instinctivement de Stefan, qui eut le même mouvement vers elle.

— Vickie Bennett a été attaquée cette nuit dans le cimetière, dit Matt.

Il se tenait avec Meredith et Bonnie derrière tante Judith et Robert, et tous les trois avaient l'air à la fois soulagé et exténué.

— On l'a retrouvée il y a quelques heures, et depuis, on te cherchait, reprit-il.

— Attaquée ? Mais par qui ?

— C'est la question que tout le monde se pose, dit Meredith.

— En fait, il n'y a pas vraiment lieu de s'inquiéter, déclara Robert d'un ton qui se voulait réconfortant. Le médecin affirme qu'elle ne souffre que de vilaines plaies, et qu'elle avait bu. Toute l'histoire qu'elle a racontée n'est peut-être que le fruit de son imagination.

— Ses griffures sont pourtant bien réelles, fit remarquer Matt.

— Quelles griffures ? De quoi parlez-vous ? demanda Elena.

Meredith lui expliqua alors dans quelles circonstances ils avaient trouvé Vickie.

— Elle nous a dit qu'elle ne savait pas où tu étais, et qu'elle était seule avec Dick quand c'est arrivé. Quand on l'a amenée ici, le médecin a constaté que, en dehors des griffures, elle n'avait absolument rien. Il pense que c'est un chat qui lui a fait ça.

— Elle n'avait aucune autre marque ? demanda soudain Stefan.

Elena le regarda, surprise par le ton froid qu'il employait.

— Non, répondit Meredith. Évidemment, un animal n'aurait pas pu lui enlever sa robe, mais Dick, oui. Ah, et elle avait la langue mordue, aussi.

— Quoi ? s'étonna Elena.

— Salement mordue, même. Elle a perdu beaucoup de sang, et elle a du mal à parler.

À côté d'Elena, Stefan s'était figé.

— Est-ce qu'elle sait ce qui est arrivé ? questionna-t-il.

— Elle est devenue complètement hystérique, reprit Matt. On aurait dit une folle, elle racontait n'importe quoi : pendant tout le voyage, elle n'a pas arrêté de faire allusion à des yeux, à du brouillard noir, et au fait qu'elle ne pouvait pas s'enfuir. C'est ce qui fait dire au médecin qu'elle a eu une hallucination. En tout cas, d'après ce qu'on a compris, Dick et elle se trouvaient dans l'église vers minuit quand quelque chose – ou quelqu'un – a surgi.

— Mais, Dick n'a pas été attaqué, ce qui prouve au moins que l'agresseur a du goût..., osa plaisanter Bonnie. La police l'a retrouvé endormi par terre, dans l'église ; il cuvait sa bière et il ne se souvient de rien.

Elena avait à peine écouté le discours de son amie, trop occupée à observer Stefan : il n'allait pas bien, c'était évident. Elle avait remarqué qu'il s'était raidi dès que Matt avait pris la parole, et surtout, elle sentait qu'un gouffre était en train de se creuser entre eux... Il paraissait tellement loin à présent !

Elle l'entendit s'adresser à Matt encore plus sèchement :

— Dans l'église, tu en es bien sûr, Matt ?

— Oui, dans l'église en ruine.

— Et tu es certain de l'avoir entendue dire qu'il était minuit ?

— Elle n'en était pas tout à fait sûre, mais ça s'est passé dans ces eaux-là, puisqu'on l'a retrouvée peu après. Pourquoi ?

Stefan ne répondit pas. Elena sentit le gouffre s'élargir entre eux.

— Stefan, murmura-t-elle, avant de répéter, plus fort : Stefan, qu'est-ce que t'as ?

« Ne me chasse pas déjà de ton esprit », pensa-t-elle. Mais il ne la voyait déjà plus.

— Est-ce qu'elle va s'en sortir ? demanda-t-il d'une voix glaciale.

— Le médecin a dit que ses jours n'étaient pas en danger. Elle s'en remettra.

Stefan hocha la tête, puis se tourna vers Elena.

— Je dois rentrer. Tu es en sécurité maintenant.

Comme il se tournait vers la sortie, elle lui prit la main.

— Bien sûr. Grâce à toi…

— Oui.

Mais déjà, son regard était redevenu lointain.

— Tu m'appelles demain, d'accord ? dit-elle.

Elle lui serra fortement la main, en espérant faire passer discrètement dans cette pression l'intensité de ses sentiments. Il resta d'abord sans réaction, puis lentement, leva son regard vers le sien. Enfin, il lui répondit par une étreinte identique.

— D'accord, Elena, murmura-t-il avant de s'en aller.

Elle eut un soupir, puis se tourna vers les autres. Tante Judith n'avait pas cessé d'arpenter la pièce, les yeux fixés sur la robe déchirée qu'elle apercevait sous la cape noire.

— Elena, dit-elle enfin. Que s'est-il passé ?

Elle appuya sa question d'un regard vers la porte que venait de franchir le jeune homme. Elena eut toutes les peines à retenir un rire nerveux.

— Stefan ne m'a rien fait ! Au contraire, il m'a sauvée !

Et, s'adressant au policier qui se trouvait derrière sa tante, elle ajouta :

— C'est Tyler qui m'a agressée. Tyler Smallwood.

9.

Elle n'était pas la réincarnation de Katherine. Stefan était arrivé à cette conclusion sur le chemin du retour, dans le calme qui précède l'aube.

Cette certitude avait mis des semaines à s'imposer, à force d'observation. Il avait examiné chaque mouvement d'Elena, chaque détail de sa personne, pour en noter les différences : ses cheveux étaient un peu plus clairs que ceux de Katherine, et ses sourcils légèrement plus foncés – ceux de la Florentine étaient presque argentés. Surtout, elle la dépassait d'au moins une tête ; elle se déplaçait avec plus de naturel aussi ; d'ailleurs, les filles de cette époque étaient plus à l'aise avec leur corps. Même ses yeux, à la ressemblance frappante, n'avaient pas la même expression. Ceux de Katherine étaient remplis d'un émerveillement enfantin, quand ils n'étaient pas chastement baissés comme ceux d'une jeune fille convenable de son siècle. Au contraire, le regard d'Elena plongeait droit dans celui de son interlocuteur, sans ciller ; parfois même, la détermination ou le défi les faisaient briller d'une lueur farouche. La grâce et la beauté des deux jeunes filles se valaient. Mais Katherine était un chaton blanc, Elena une tigresse des neiges.

Tout à coup, un souvenir s'imposa dans son esprit. Il avait beau essayer de s'y soustraire, les images défilaient avec autant de clarté que devant un livre ouvert : il n'avait pas d'autre choix que de lire la page sous ses yeux.

Katherine était tout de blanc vêtue ce jour-là. Elle portait une robe en soie de Venise dont les manches fendues laissaient entrevoir la finesse de la chemise. Un collier d'or et de perles brillait à son cou, et de ravissantes petites boucles assorties pendaient à ses oreilles. Elle était tellement contente de la nouvelle robe commandée par son père qu'elle ne cessait de tournoyer autour de Stefan pour qu'il en admire la légèreté.

— Regarde, elle est même brodée à mes initiales ! C'est papa qui l'a fait faire. *Mein lieber Papa...*

Elle s'arrêta net.

— Qu'est-ce qui se passe, Stefan ? Tu n'as pas l'air content.

Il ne parvint même pas à sourire : la silhouette évanescente, dans sa robe légère, lui faisait penser à quelque papillon éphémère, susceptible de disparaître un jour. Il ne pouvait imaginer vivre sans elle.

Sa main se referma convulsivement sur le manche de sa dague gravée.

— Katherine, comment pourrais-je être heureux quand…

— Quand ? …

— Quand tu regardes Damon de cette façon ?

Il avait enfin dit ce qu'il avait sur le cœur. Il poursuivit péniblement :

— Avant son retour, nous passions tout notre temps ensemble. Mon père et le tien faisaient des projets de mariage. Mais maintenant que l'été s'en va et que les jours raccourcissent, tu passes autant de temps avec Damon qu'avec moi. Si mon père le tolère ici, c'est uniquement à ta demande. Pourquoi as-tu souhaité une pareille chose ? Je pensais que tu tenais à moi.

Le désarroi assombrit les yeux bleus de Katherine.

— Mais je tiens à toi Stefan, tu le sais bien.

— Alors, pourquoi avoir intercédé en faveur de Damon auprès de mon père ? Sans toi, il aurait été renvoyé…

— Ce qui t'aurait fait grand plaisir, petit frère.

La voix calme et arrogante de Damon lui fit tourner la tête. Ses yeux dardés sur lui étincelaient de colère.

— Non, ce n'est pas vrai, dit Katherine. Stefan ne te veut pas de mal.

Damon, grimaçant un sourire, jeta un regard désabusé à Stefan avant de s'approcher de Katherine.

— Mon frère a pour une fois raison sur un point. Les

jours sont plus courts, et bientôt, ton père voudra quitter Florence. Et tu partiras avec lui… à moins d'avoir une raison de rester.

À moins d'avoir un mari auprès de qui rester. C'était une telle évidence qu'aucun des trois n'avait eu besoin de le dire. Le baron aimait trop sa fille pour la marier contre son gré : Katherine seule choisirait son époux.

Maintenant que le sujet était abordé, Stefan ne pouvait plus se taire.

— De toute façon, Katherine sait très bien qu'elle devra abandonner son père un jour ou l'autre, et son mariage n'a rien à voir là-dedans…

Damon ne parut pas surpris de cette déclaration.

— Oui, bien sûr, avant que le brave homme ne commence à avoir des soupçons… Car même le plus aimant des pères finirait par se poser des questions en ne voyant sa fille que le soir venu.

À ces mots, Stefan fut anéanti de colère et de douleur. Ses doutes avaient disparu : Damon savait. Katherine avait partagé son secret avec lui.

— Pourquoi t'es-tu confiée à lui, Katherine ? Tu ne vois donc pas qu'il ne recherche que son propre intérêt ? Comment pourrait-il te rendre heureuse alors qu'il ne pense qu'à lui ?

— Et comment ce gamin y parviendrait alors qu'il ne connaît rien du monde qui l'entoure ? rétorqua Damon d'un ton méprisant. Comment te protégerait-il quand il n'a jamais affronté la réalité ? Qu'il reste donc parmi ses livres et ses tableaux ! Tu n'as pas besoin de lui.

Katherine avait l'air désespéré.

— Vous n'avez rien compris ni l'un ni l'autre. Vous pensez que je peux m'établir ici et me marier, comme n'importe quelle dame de Florence… Mais cette perspective est tout simplement impossible : comment tiendrais-je une maison avec des serviteurs pour épier le moindre de mes gestes ? Ils se rendraient compte de mon éternelle jeunesse ! Je ne pourrai jamais avoir une existence normale.

Elle inspira profondément, regarda les deux frères l'un après l'autre avant de reprendre :

— Celui qui choisira d'être mon époux devra renoncer à la lumière du jour. Il vivra dans l'obscurité, avec la lune pour seule clarté.

— Dans ce cas, tu dois choisir un homme qui n'a pas peur des ténèbres.

Damon s'était exprimé avec une intensité qui avait surpris Stefan : c'était la première fois qu'il entendait son frère parler d'un ton si franc, dénué de toute affectation.

— Katherine, reprit-il. Réfléchis bien : crois-tu que Stefan pourrait abandonner sa vie actuelle ? Il est trop attaché à ses amis, à sa famille, et à sa fonction à Florence. Ça le détruirait…

— C'est faux ! s'écria Stefan. Je suis aussi fort que toi : je n'ai peur de rien, le jour comme la nuit. Et j'aime Katherine plus que ma famille et mes amis…

— Tu l'aimes suffisamment pour renoncer à tout ?

— Oui !

Damon affichait un de ces petits sourires en coin qui

mettaient ses interlocuteurs mal à l'aise. Il se tourna vers Katherine :

— C'est donc à toi seule que revient le choix : deux prétendants sont disposés à t'épouser ; prendras-tu l'un de nous pour époux ?

Katherine parut réfléchir un instant, puis leva les yeux vers eux :

— Laissez-moi jusqu'à dimanche pour prendre une décision. En attendant, promettez-moi de ne plus en reparler.

— Et dimanche ?

— Dimanche soir, au crépuscule, mon choix sera fait.

Perdu dans ses pensées, Stefan eut l'impression d'être submergé tout entier par le violet profond du crépuscule. Mais lorsqu'il ouvrit les yeux, les premières lueurs de l'aube coloraient le ciel de tons pastels. Il avait atteint l'orée de la forêt sans s'en rendre compte. Non loin de là, il vit se dessiner les silhouettes du pont Wickery et du cimetière : les terribles événements de la nuit lui revinrent en mémoire.

Il avait dit à Damon qu'il était prêt à renoncer à tout pour Katherine, et il n'avait pas manqué à sa parole. Pour elle, il était devenu une créature de la nuit, un prédateur condamné à être traqué continuellement, et à voler le sang des autres. Peut-être même un assassin…

Pourtant non… Ils avaient dit que la fille allait s'en sortir. Mais sa prochaine victime ? Il se rappelait juste l'extrême faiblesse qui l'avait envahi en même temps qu'un besoin irrépressible. Ses souvenirs s'arrêtaient après le seuil de l'église qu'il avait franchi en titubant. Ensuite, plus rien... Lorsqu'il était revenu à lui, il était dehors, l'appel au secours d'Elena résonnant à ses oreilles : il s'était précipité sans plus réfléchir.

L'image de la jeune fille lui apporta une vague de joie si profonde qu'il en oublia tout le reste : il ne pouvait s'empêcher d'admirer cette jeune fille si douce et si forte qui lui faisait penser à un feu couvant sous la glace... ou bien à une dague en argent, dont le tranchant disparaissait presque sous la beauté.

Mais il n'avait pas le droit de l'aimer : ses sentiments pouvaient la mettre en danger, car elle serait exposée à ses pulsions ; il avait peur qu'un jour ses yeux de prédateur la considèrent comme une source de sang chaud susceptible de le rassasier. « Plutôt mourir que de lui faire du mal », se dit-il. Et il se jura de ne jamais lui révéler son secret : elle ne devait pas renoncer à la lumière pour lui.

Le jour était en train de se lever. Il avait tant besoin d'aide ! Si seulement un de ses semblables pouvait lui donner le remède à ses pulsions... Mais c'est en vain qu'il sonda le cimetière à la recherche d'une âme secourable. Tout resta silencieux.

Lorsque Elena ouvrit les yeux, les rayons du soleil filtraient à travers les rideaux de sa chambre : elle devina, d'après leur inclinaison, qu'il était très tard. Elle avait l'impression d'être en convalescence, ou bien le matin de Noël. Elle s'assit sur son lit, et poussa un cri de douleur.

Elle avait mal partout... Mais elle s'en fichait complètement ! Tout ce qui comptait, c'était qu'elle aimait Stefan, et que Stefan l'aimait. Même cet ivrogne de Tyler n'avait plus d'importance.

Elle descendit dans le salon en chemise de nuit pour y retrouver Judith et Margaret.

— Bonjour, dit-elle en embrassant longuement sa tante, qui fut surprise d'une telle effusion. Salut, p'tite citrouille, s'exclama-t-elle ensuite en prenant sa sœur dans les bras.

Elle entama avec elle une joyeuse danse autour de la pièce.

— Oh ! Bonjour, Robert.

Elle reposa brusquement Margaret, gênée de sa tenue et du spectacle qu'elle offrait. Elle s'éclipsa dans la cuisine, où sa tante la rejoignit, souriante mais les yeux cernés.

— Tu as l'air de bonne humeur, ce matin ! constata Judith.

— Oui, je suis d'excellente humeur !

Et Elena l'embrassa de nouveau, prise de remords devant son visage fatigué trahissant les heures d'inquiétude qu'elle lui avait causées.

— Tu sais qu'il faut que tu ailles au commissariat porter plainte contre Tyler ?

— D'accord, mais je voudrais d'abord voir Vickie. Elle doit se sentir très mal, d'autant plus que personne ne veut la croire.

— Et toi, tu penses qu'elle dit vrai ?

— Oui. (Elle hésita un moment avant de poursuivre.) Tu sais, tante Judith, il m'est arrivé quelque chose quand j'étais dans l'église. J'ai cru que…

— Elena ! Bonnie et Meredith sont là ! lança Robert depuis l'entrée.

— Ben… dis-leur de venir dans la cuisine, répondit Elena. Je te raconterai plus tard, ajouta-t-elle à l'intention de sa tante.

Lorsque Bonnie et Meredith apparurent dans l'encadrement de la porte, elles arboraient un air froid, inhabituel, qui mit aussitôt Elena mal à l'aise. Quand sa tante quitta la pièce, elle se racla la gorge en se perdant dans la contemplation du linoléum. En risquant un œil vers ses amies, elle s'aperçut qu'elles en fixaient le même défaut. Alors elle éclata de rire, et Meredith et Bonnie levèrent les yeux à leur tour.

— Je sais que je n'ai pas été très sympa avec vous, dit Elena. Je vous dois des excuses, mais, en même temps, je suis tellement heureuse… Si on oubliait tout ça, et qu'on repartait à zéro ?

— C'est quand même la moindre des choses de nous faire des excuses ! bougonna Bonnie en l'embrassant.

— Ouais… Tu te rends compte que t'es partie avec Tyler Smallwood ? renchérit Meredith.

— Ça m'a donné une bonne leçon…, admit Elena.

L'espace d'un instant, le souvenir des événements assombrit son humeur. Mais l'éclat de rire de Bonnie vint le chasser :

— T'as vraiment décroché le gros lot ! Stefan

Salvatore ! C'est dingue ! Quand je t'ai vue entrer avec lui, j'ai cru que j'avais une hallucination ! Comment t'as fait ?

— Rien. Il est juste apparu... disons, un peu comme Zorro...

— Pour défendre ton honneur..., termina Bonnie d'un air rêveur. C'est super romantique...

— Je vous raconterai tout, promis, mais avant je voudrais passer chez Vickie. Vous venez avec moi ?

— T'as qu'à tout nous raconter en te préparant. Ça nous gêne pas si tu te brosses les dents et que tu te coiffes en même temps, affirma Bonnie, qui bouillait d'impatience. Et t'as pas intérêt à oublier le moindre détail, ou alors, ce sera le tribunal de l'Inquisition direct.

— Comme tu vois, les cours de Tanner ont fini par porter leurs fruits... Bonnie sait maintenant que l'Inquisition espagnole n'est pas un groupe de rock, plaisanta Meredith.

Malgré ses traits tirés, la mère de Vickie fit entrer les adolescentes.

— Vickie se repose. Le médecin a ordonné qu'elle garde le lit, expliqua-t-elle avec un sourire triste.

Elle les accompagna jusqu'à la chambre de sa fille et tapa doucement à la porte.

— Vickie, ma chérie, tes amies du lycée sont venues te voir. Ne restez pas trop longtemps, ajouta-t-elle à leur adresse.

La pièce était joliment décorée dans des tons bleu

lavande. Vickie reposait contre d'épais oreillers, un édredon remonté jusqu'au menton. Elle avait le teint livide, et ses yeux au regard fixe avaient du mal à rester ouverts.

— Elle était déjà comme ça, hier soir, chuchota Bonnie.

Elena s'approcha du lit.

— Vickie, dit-elle doucement. Vickie, est-ce que tu m'entends ? C'est moi, Elena Gilbert.

Vickie n'eut aucune réaction.

— Ils ont dû lui filer des calmants, dit Meredith.

Pourtant, Mme Bennett n'avait pas parlé de calmants, pensa Elena. Elle prit un air dubitatif, avant de faire une nouvelle tentative.

— Vickie, c'est moi, Elena. Je voulais juste te dire que je te crois, pour hier soir.

Elle ignora le regard interrogateur de Meredith, et continua :

— Et je voulais te demander…

— Nooon !

Vickie était agitée de violents soubresauts, secouant la tête dans tous les sens, les cheveux lui couvrant le visage, et battant l'air des bras.

— Nooon ! Nooon ! hurla-t-elle.

— Faites quelque chose ! s'écria Bonnie. Madame Bennett ! Madame Bennett !

Elena et Meredith tentèrent de maintenir Vickie sur son lit. Enfin, sa mère accourut et prit sa fille dans ses bras après avoir repoussé les deux autres.

— Qu'est-ce que vous lui avez fait ?

Vickie, agrippée à celle-ci, parut se calmer un instant. Mais, par-dessus son épaule, elle aperçut Elena, et s'agita de plus belle.

— Toi aussi, tu es l'une des leurs ! s'écria-t-elle. Tu es le diable ! Va-t'en, ne m'approche pas !

Elena était stupéfaite.

— Vickie, je suis juste venue te demander…

— Vous feriez mieux de partir, interrompit Mme Bennett en serrant sa fille contre elle. Laissez-nous tranquilles. Vous ne voyez pas dans quel état vous la mettez ?

Elena sortit de la pièce sans un mot, suivie de Meredith et Bonnie.

— Ça doit être les médicaments, dit Bonnie lorsqu'elles eurent quitté la maison. Elle déraille complètement…

— Tu as senti ses mains ? demanda Meredith à Elena. Quand on a essayé de la calmer, j'en ai attrapée une. Elle était gelée.

Elena, encore sous le choc, avait du mal à admettre les événements. Toute cette histoire était insensée. Mais elle était déterminée à ne pas se laisser gâcher la journée. Elle devait trouver quelque chose qui lui permettrait de retrouver sa bonne humeur.

— Je sais, dit-elle soudain. Je vais aller à la pension.

— Quoi ?

— J'ai demandé à Stefan de m'appeler, aujourd'hui, mais on pourrait aller directement chez lui. Ce n'est pas très loin.

— Tu parles, c'est à vingt minutes à pied ! fit remarquer Bonnie. Mais, en même temps, je suis bien curieuse de voir à quoi ressemble sa chambre…

— En fait, je pensais que vous pourriez attendre en bas, toutes les deux…

Comme ses amies lui adressaient un regard lourd de reproches, elle ajouta :

— Mais je ne resterai que quelques minutes !

À dire vrai, elle n'avait aucune envie de partager Stefan avec quiconque pour l'instant : elle voulait profiter un peu de leur toute nouvelle intimité.

Mme Flowers leur ouvrit la porte. C'était une petite femme à la peau fripée mais aux yeux noirs étonnamment brillants.

— Tu dois être Elena, devina-t-elle. Je le sais parce que je t'ai vue sortir hier soir avec Stefan, et je lui ai demandé comment tu t'appelais quand il est rentré.

— Vous nous avez vus ? Pas moi, pourtant.

— Non…, confirma-t-elle avec un petit rire. Comme tu es mignonne ! ajouta-t-elle en lui tapotant la joue. Très, très mignonne, vraiment !

— Heu… merci, répondit Elena, un peu mal à l'aise. Est-ce que Stefan est ici ?

— Je crois, oui… À moins qu'il ne soit sorti par le toit…

La logeuse s'esclaffa à nouveau, et Elena l'imita par politesse.

— Nous, on va tenir compagnie à Mme Flowers, suggéra Meredith.

Bonnie leva les yeux au ciel d'un air affligé. Retenant un sourire, Elena se dirigea vers l'escalier.

« Quelle étrange vieille maison ! » pensa-t-elle tandis qu'elle s'engageait dans le deuxième escalier. Les voix, à l'étage inférieur, ne lui parvenaient que dans un murmure. En approchant de la chambre de son petit ami, elle eut la sensation d'avoir pénétré dans un autre monde.

Elle frappa timidement.

— Stefan ?

Elle avait beau tendre l'oreille, aucun bruit ne perçait de l'autre côté. Soudain, la porte s'ouvrit toute grande. Elle eut à peine le temps de remarquer le visage fatigué de Stefan. Les bras du jeune homme la serraient déjà convulsivement.

— Elena... Oh, Elena...

Pourtant, lorsqu'il s'écarta, Elena eut exactement la même impression que la veille : le fossé entre eux se trouvait toujours là. Plus que jamais déterminée à le faire disparaître, elle l'attira aussitôt vers lui pour l'embrasser. Pendant quelques instants, il ne réagit pas. Puis, une sorte de tremblement le parcourut, et un baiser passionné répondit enfin à son étreinte. Ses doigts se perdirent dans les cheveux d'Elena, et elle sentit l'univers basculer à nouveau autour d'eux. Plus rien n'existait en dehors de Stefan, de ses bras autour d'elle, et du feu de ses baisers sur sa bouche.

Une éternité sembla s'écouler avant que leur étreinte prît fin, les laissant frissonnants. Les yeux dans ceux de Stefan, Elena remarqua à quel point ses pupilles étaient dilatées. Il semblait sur le point de s'évanouir et ses lèvres étaient enflées.

— Il faudra qu'on se maîtrise, la prochaine fois qu'on s'embrassera…

Il faisait visiblement un effort pour contrôler sa voix chevrotante. Elena approuva d'un hochement de tête : elle aussi se sentait faible. « Ça ne doit pas nous arriver en public, pensa-t-elle. D'ailleurs, on aurait dû éviter de s'embrasser alors que Bonnie et Meredith attendent en bas. Mais il ne faudrait pas non plus qu'on soit complètement seuls, à moins que… »

— Ça ne t'empêche pas de me prendre contre toi, dit-elle.

C'était incroyable qu'après ce moment d'intense passion, elle soit si apaisée dans ses bras. Elle avait enfoui son visage dans le creux de son épaule.

— Je t'aime, murmura-t-elle, profondément émue.

— Elena…, gémit-il.

— Il n'y a pas de mal à ça… Et toi, tu m'aimes ?

— Je…

Il la regardait, désemparé, lorsque la voix de Mme Flowers retentit :

— Stefan, mon garçon ! Stefan !

On aurait dit qu'elle tapait du pied sur la rampe. Stefan soupira.

— Je ferais mieux d'aller voir.

Et il s'éclipsa, le visage de nouveau impénétrable.

Restée seule, Elena se rendit compte qu'elle était transie de froid. « Il devrait faire du feu », pensa-t-elle. Elle se mit alors à examiner les détails de la pièce, et son regard s'arrêta sur le petit coffret qu'elle avait remarqué la veille, sur la commode en acajou. Elle jeta un œil à la porte fermée. Il pouvait remonter à tout moment et la surprendre… Et puis ça ne se faisait pas, de fouiller dans les affaires des autres. « Pense aux femmes de Barbe-Bleue, se dit-elle. Leur curiosité les a tuées. » Mais elle avait déjà la main sur le couvercle. Le cœur battant, elle l'ouvrit.

Dans la pénombre, à première vue, la boîte lui parut vide. Elle laissa échapper un petit rire nerveux. « Je suis bête ! pensa-t-elle. À quoi je m'attendais ? À des lettres d'amour de Caroline ? Ou à une dague ensanglantée, pendant qu'on y est ! » C'est alors qu'elle vit le ruban de soie, soigneusement plié dans un coin. Elle le fit glisser entre ses doigts. C'était celui qu'elle avait laissé dans le cimetière, le lendemain de la rentrée.

Elle était bouleversée. Il l'aimait donc depuis si longtemps ? « Oh, Stefan, je t'adore, pensa-t-elle. Ce n'est pas grave si tu n'arrives pas à me le dire. »

Elle entendit un bruit et remit précipitamment le ruban dans le coffret. « Je ne t'en veux pas, continua-t-elle. Je le dirai pour nous deux ! Et, un jour, tu verras, toi aussi tu goûteras au bonheur de prononcer ces mots-là… »

10.

7 octobre, vers 8 heures

J'écris pendant le cours de maths, j'espère que Mme Halpern ne me verra pas. Je voulais le faire hier soir, mais je n'ai pas eu le temps. Il s'est passé tellement de choses incroyables, une nouvelle fois ! Encore aujourd'hui, j'ai l'impression d'avoir rêvé tout le week-end... et d'avoir carrément cauchemardé à certains moments.

J'ai décidé de ne pas porter plainte contre Tyler. De toute façon, il a été viré temporairement du lycée et de l'équipe de foot. Dick aussi, officiellement pour s'être soûlé à la soirée. À mon avis, c'est plutôt parce que tout le monde le tient responsable de ce qui est arrivé à Vickie. La sœur de Bonnie a vu Tyler à l'hôpital : il a deux coquards et le visage tout bleu. J'appréhende le jour où ils reviendront en cours, tous les deux ! Ils ont de bonnes raisons d'en vouloir à Stefan, maintenant.

Stefan... En me réveillant ce matin, j'ai été prise de panique : et si je m'étais imaginé toute notre histoire ? Ou s'il avait changé d'avis ? Je n'ai rien pu avaler au petit déjeuner et j'ai bien vu que tante Judith s'inquiétait. Quand je suis arrivée au lycée, il était dans le couloir : on s'est regardés, et là, j'ai su, à son petit sourire, que je n'avais pas rêvé. Mais j'ai réalisé qu'il faut rester discrets devant les autres et se voir dans l'intimité, si on ne veut pas que notre passion provoque une émeute... Nous sortons ensemble, je n'ai plus aucun doute là-dessus. Maintenant, il faut que je trouve un moyen d'expliquer ça à Jean-Claude. Ha, ha, ha !

Ce que je ne comprends pas, c'est que Stefan a toujours l'air un peu triste. Pourtant, quand on est tous les deux, j'ai l'impression de savoir exactement ce qu'il éprouve : à quel point il me veut, et combien je compte pour lui. Quand il m'embrasse, je sens un désir presque désespéré en lui, comme s'il essayait de boire mon âme. C'est comme si

7 octobre, vers 2 heures de l'après-midi

Bon, la pause a été forcée, vu que Mme Halpern m'a chopée. Elle a commencé à lire à haute voix, mais quand elle est arrivée à Stefan, elle est devenue rouge de colère, et elle s'est arrêtée en plein milieu. Mais moi, je suis trop heureuse pour m'occuper de trucs aussi débiles que la géométrie.

On a déjeuné ensemble, Stefan et moi, ou plutôt, on est allés s'asseoir dans un coin du terrain de foot. J'avais apporté un sandwich, mais pas lui ; de toute façon, on a rien avalé ni l'un ni l'autre. On était trop occupés à se parler, et à se regarder. Mais il a évité de me toucher, même si on en mourrait d'envie tous les deux... C'est la première fois que je ressens une attirance aussi intense pour quelqu'un.

C'est ce genre de trucs que je ne comprends pas chez lui : pourquoi lutte-t-il contre ce désir alors que ses sentiments pour moi sont évidents. Le ruban orange que j'ai retrouvé dans sa chambre en est la preuve. Je ne lui en ai pas parlé parce qu'il doit vouloir garder ça pour lui.

J'en connais une autre qui est furieuse... Caroline ! Apparemment, elle essayait tous les jours d'attirer Stefan dans le labo photo. Ce matin, ne le voyant nulle part, elle est partie à sa recherche. Et elle a finit par nous trouver... Pauvre Stefan ! Il avait complètement oublié son existence : il était tout embarrassé devant elle... Lorsqu'elle est partie – soit dit en passant, elle devrait éviter de s'habiller en vert, ça ne lui va pas du tout –, il m'a raconté qu'elle n'avait pas arrêté de le coller depuis le début. Elle était venue le voir en lui disant : « J'ai remarqué que tu ne déjeunes pas le midi. Vu que moi non plus, à cause de mon régime, on pourrait se tenir compagnie... » Il n'a pas vraiment balancé de méchancetés sur elle, sans doute à cause de ses bonnes manières de gentleman, mais il m'a bien précisé qu'il n'y avait jamais rien eu entre eux. Je crois que Caroline a très mal digéré cette histoire ! Pour ma part, j'aurais préféré qu'on me chasse à coups de cailloux plutôt qu'on m'oublie...

Quand même, je me demande pourquoi il ne déjeune jamais. Pour un footballeur, c'est plutôt bizarre.

Houla, j'ai eu chaud ! Tanner s'étant dangereusement approché de moi, j'ai dû planquer mon journal sous mon bouquin. Bonnie ricane derrière son livre d'histoire : je vois ses épaules bouger. Et Stefan, juste devant moi, a l'air aussi tendu qu'un chat s'apprêtant à bondir... Quant à Matt, il m'observe avec des airs de dire : « Non, mais, t'es devenue dingue ? », et Caroline rumine en me fixant d'un œil bovin. Moi, je regarde Tanner droit dans les yeux, de mon air innocent, sans cesser de noircir mon journal, ce qui expliquera pourquoi mon écriture est à peine lisible.

En fait, j'ai complètement changé depuis un mois : je n'arrive plus à me concentrer sur d'autres trucs que Stefan. Pourtant, j'ai plein de choses à faire : je suis par exemple chargée de la déco de la Maison Hantée pour Halloween, et je n'ai même pas commencé. Il ne me reste plus que trois semaines et demie pour le faire, mais je n'ai qu'une envie : passer du temps avec Stefan.

Je pourrais tout abandonner, évidemment, mais ça serait pas sympa pour Meredith et Bonnie. Et puis je repense tout le temps à ce que Matt m'a dit : « Ce que tu veux, c'est que tout le monde tourne autour d'Elena Gilbert. » Peut-être que, finalement, c'est la vérité... Dans ce cas, je vais tout faire pour changer. Maintenant, je dois être à la hauteur de Stefan. Je sais, ça a l'air débile d'écrire ça, mais c'est vrai : j'ai envie de le mériter. Lui ne laisserait pas tomber l'équipe de foot parce que ça l'arrange... Et moi, je souhaite qu'il soit fier de moi. Je veux qu'il m'aime autant que je l'aime.

— Grouille-toi ! lança Bonnie depuis la porte du gymnase.

M. Shelby, le concierge du lycée, attendait à côté d'elle. Elena jeta un dernier regard au terrain de foot, et, à contrecœur, rejoignit son amie.

— Je voulais juste dire à Stefan où j'allais.

Ils sortaient ensemble depuis une semaine, et ça lui faisait encore tout drôle de se dire que c'était lui son petit ami. Il était passé la voir tous les soirs, à la tombée de la nuit, les mains dans les poches et le col de sa veste remonté. Ils allaient faire un petit tour, ou bien discutaient à l'abri de la véranda. C'était une façon pour lui de s'assurer qu'ils n'étaient jamais complètement seuls. « Il veut sauvegarder ma réputation », se disait ironiquement Elena, avec une pointe d'amertume : elle savait, au fond, qu'il y avait autre chose.

— Il peut quand même se passer de toi une soirée, s'agaça Bonnie. Si tu vas lui parler, ça va durer des plombes, et moi, j'aimerais bien rentrer pour l'heure du dîner, si ça ne te fait rien !

— Bonjour, monsieur Shelby, dit Elena au concierge, qui attendait patiemment.

Elle fut même surprise de le voir lui adresser un clin d'œil.

— Où est Meredith ? reprit-elle.

— Ici, répondit une voix derrière elle.

Son amie apparut, un carton plein de dossiers dans les bras, en ajoutant :

— Je me suis servie dans ton casier.

— Bon, tout le monde est là ? demanda M. Shelby. Très bien. Dans ce cas, mesdemoiselles, n'oubliez pas de fermer la porte à clé, c'est entendu ? Comme ça, vous serez tranquilles.

— Vous êtes sûr qu'il n'y a personne à l'intérieur ? s'inquiéta Bonnie.

Elena la poussa doucement pour la faire avancer.

— Je croyais que tu ne voulais pas rentrer trop tard…

— Le gymnase est vide, affirma M. Shelby. Si vous avez besoin de quelque chose, criez, je ne serai pas loin.

La porte se referma derrière elles avec un grincement qu'Elena trouva sinistre.

— Au travail, soupira Meredith en posant le carton par terre.

Elena examina la salle. Chaque année, une réunion d'élèves imaginaient les pièces d'une maison hantée pour récolter de l'argent. Depuis deux ans, Elena présidait la décoration avec Bonnie et Meredith : les décisions qu'elle devait prendre étaient capitales pour la réussite de l'ensemble du projet. C'était une tâche d'autant plus difficile qu'elle ne pouvait pas se baser sur le travail des années précédentes. En effet, pour la première fois, la Maison Hantée devait être installée dans le gymnase, et non dans un entrepôt de bois, comme avant. Elena devait donc repenser tout l'agencement de l'espace. Trois semaines lui paraissaient un délai vraiment juste.

— Je trouve cet endroit flippant, déclara Meredith.

Elena partageait son impression : elle trouvait plutôt angoissant d'être enfermée à double tour dans ce vaste lieu.

— Bon, dit-elle, on va commencer à prendre les mesures de la salle.

Elles s'exécutèrent dans un bruit de pas résonnant de part et d'autre de l'immense espace.

— Parfait, dit Elena lorsqu'elles eurent terminé. On passe à la phase suivante.

Elle tenta d'oublier le malaise qui l'avait assaillie dès le premier instant : accompagnée de Bonnie et Meredith, elle ne craignait rien, d'autant plus que l'équipe de foot s'entraînait à deux cents mètres de là.

Elles s'installèrent sur les gradins, stylos et cahiers en main. Elena et Meredith passaient en revue les différents croquis réalisés précédemment, tandis que Bonnie réfléchissait en mordillant son crayon.

— Bon, dit Meredith en traçant un rectangle sur son calepin. Voici le gymnase. Les spectateurs devront entrer par-là. On pourrait mettre le Cadavre Sanguinolent tout au bout… Au fait, qui le fait cette année ?

— Je crois que c'est Lyman, l'entraîneur de foot,

répondit Elena. Il était bon, l'année dernière, et puis, avec lui, les joueurs de l'équipe font la queue comme tout le monde. Bon, moi je propose qu'on mette la Salle de Torture Médiévale ici, et juste après, la Salle des Morts Vivants…

Elena avait illustré ses explications de griffonnages sur le plan de Meredith.

— Moi, je pense qu'on devrait avoir des druides, intervint Bonnie.

— Des quoi ? demanda Elena.

— Des druiiides ! hurla Bonnie.

— Ça va, je me souviens maintenant, pas la peine de crier. Mais pourquoi ?

— Parce que ce sont eux qui ont inventé Halloween ! Au départ, c'était un jour sacré : ils allumaient de grands feux et dessinaient des figures horribles dans des navets pour éloigner les mauvais esprits. Ils pensaient que c'était le jour où la limite entre le monde des morts et celui des vivants était la plus mince. Et il y avait des sacrifices humains aussi… On pourrait en faire autant avec Lyman ?

— Tiens, c'est pas une mauvaise idée ! dit Meredith. Le Cadavre Sanguinolent sera le résultat d'un sacrifice. On le mettra sur un autel en pierre, avec un couteau et des flaques de sang tout autour…. Et puis, quand les gens s'approcheront de lui, il se redressa tout d'un coup.

— C'est ça ! Et ils auront tous une crise cardiaque ! dit Elena.

Mais elle fut forcée d'admettre que l'idée était bonne,

effrayante à souhait : c'était exactement ce qu'il leur fallait. Rien que d'y penser, elle en avait la chair de poule... Et ces flaques de sang produiraient vraiment un effet terrifiant, même si ce ne serait que du jus de tomate, évidemment.

Elles entendirent le bruit des douches, dans les vestiaires adjacents, mêlé de voix et de claquements de portes.

— L'entraînement est terminé, murmura Bonnie. Il doit faire nuit dehors.

— Oui, et Zorro est en train de se faire tout beau, dit Meredith en regardant Elena. Tu veux aller jeter un œil ?

— J'aimerais bien, répondit-elle en riant.

Elle ne plaisantait qu'à moitié : à cet instant précis, elle regrettait plus que jamais l'absence de Stefan, car elle était de nouveau prise d'un malaise indéfinissable.

— Vous avez des nouvelles de Vickie ? demanda-t-elle soudain.

— Ben, j'ai entendu dire que ses parents lui faisaient voir un psy.

— Un psy ? Pourquoi ?

— Apparemment... ils pensent qu'elle a eu des hallucinations la nuit où tout ça s'est passé. Et d'après ce qu'on dit, elle n'arrête pas de faire des cauchemars particulièrement horribles.

— Oh..., fit Elena, pensive.

À côté, le calme était presque entièrement revenu. Une porte claqua, puis le silence fut définitif.

Des hallucinations et des cauchemars... Sans savoir

pourquoi, Elena se rappela le soir où Bonnie leur avait fait si peur, dans le cimetière, en leur signalant une présence inconnue.

— On ferait mieux de s'y remettre, dit enfin Meredith.

Elena s'arracha à ses pensées en acquiesçant.

— On... On pourrait faire un cimetière, proposa Bonnie d'une voix hésitante, comme si elle avait lu dans les pensées d'Elena. Dans la Maison Hantée, je veux dire.

— Non ! répondit Elena d'un ton catégorique. Ce qu'on a suffit largement.

Elle se replongea en silence dans les croquis. On n'entendit plus que le grattement des crayons sur le papier et le bruit des pages tournées.

— Bon, dit enfin Elena. Il faut prendre de nouvelles mesures pour chaque pièce. Pour ça, on doit descendre derrière les gradins et... Hé, mais qu'est-ce qui se passe ?

Elles étaient plongées dans une semi-obscurité.

— Oh, non..., soupira Meredith.

Les lumières vacillèrent de nouveau, s'éteignirent un instant, et se rallumèrent avec encore moins d'intensité.

— On n'y voit plus rien, se plaignit Elena en scrutant la vague tache blanche qu'était devenue sa feuille sur ses genoux.

— Il doit y avoir un problème avec le groupe électrogène, déclara Meredith. Je vais chercher M. Shelby.

— Puisque c'est comme ça, on peut pas continuer demain ? proposa Bonnie

— Demain, c'est samedi, et on était déjà censées finir la semaine dernière…, répondit Elena.

— Je vais chercher M. Shelby, répéta Meredith. T'as qu'à venir avec moi, Bonnie.

— Heu… et si on y allait ensemble ? suggéra Elena.

— Non, si on sort toutes les trois, et qu'on le trouve pas, on pourra plus rentrer. Allez, viens Bonnie.

— Mais il fait nuit, là-bas !

— Figure-toi qu'il fait nuit partout, à cette heure ! Allez, à deux, on risque rien.

Elle traîna Bonnie jusqu'à la porte puis se retourna.

— Elena, tu ne laisses entrer personne, hein ?

— Comme si c'était la peine de le préciser…, marmonna Elena en les regardant sortir, avant de fermer la porte.

Elles étaient dans de beaux draps, comme aurait dit sa mère. Cherchant une occupation, elle décida de ranger, tant bien que mal dans cette pénombre, crayons et dossiers. Le bruit qu'elle émettait n'arrivait pas à lui faire oublier l'épais silence alentour. Elle était seule dans cet immense espace… et pourtant, elle avait l'étrange sensation que des yeux la fixaient.

Elle sentait une présence, derrière elle. Les paroles du vieil homme lui revinrent en mémoire : « Des yeux dans le noir. » C'était aussi ce qu'avait dit Vickie… Elle fit volte-face et fouilla la pénombre, retenant sa respiration pour essayer de capter un bruit. Mais elle ne vit rien, et n'entendit rien. Les gradins n'étaient plus qu'une masse inquiétante aux contours imprécis. À l'autre bout du gymnase, elle crut pourtant percevoir un vague brouillard, et se rappela aussitôt les propos de Vickie. Tous ses sens étaient aux aguets, et chaque muscle de son corps tendu à l'extrême. Elle distingua, ou crut distinguer, une sorte de murmure. « Mon Dieu, faites que ce soit mon imagination. » Elle n'avait plus qu'une idée : quitter cet endroit le plus vite possible. Un danger rôdait, quelque chose de mauvais qui la voulait, elle.

Elle finit par percevoir un mouvement dans l'ombre, et son cri resta bloqué dans sa gorge. La terreur, mais aussi une sorte de force qu'elle n'aurait su expliquer, la paralysaient. Elle regarda s'avancer vers elle, impuissante, une masse sombre. Puis, l'obscurité prit vie et forme et un jeune homme apparut.

— Je suis désolé de vous avoir fait peur.

La voix, agréable, avait un léger accent qu'elle ne sut identifier. Mais le ton employé trahissait l'ironie de son interlocuteur : il n'avait rien de désolé.

Elena poussa un grand soupir de soulagement. Ce n'était qu'un garçon, un ancien élève, peut-être, ou l'assistant de M. Shelby. Un type ordinaire, qui semblait s'être bien amusé à lui faire une telle frayeur, comme en témoignait son petit sourire en coin.

Enfin… il n'était pas si banal : il était incroyablement beau, bien qu'un peu pâle, sous la faible lumière. Une masse de cheveux noirs encadrait un visage aux traits d'une extraordinaire finesse, et les pommettes étaient une véritable œuvre d'art. Il était entièrement vêtu de noir, de ses boots jusqu'à son blouson de cuir, en passant par son jean et son pull. Pas étonnant qu'Elena ne l'ait pas distingué dans l'obscurité !

Mais son air content ne tarda pas à exaspérer la jeune fille.

— Comment êtes-vous entré ? Et qu'est-ce que vous faites ici ? Personne n'était censé se trouver dans ce gymnase.

— Je suis entré par la porte, répondit-il du même ton amusé.

— Toutes les portes sont fermées à clé.

Il feignit la surprise, sans perdre son expression joyeuse.

— Ah bon ?

Elena commençait à se sentir de nouveau mal à l'aise.

— Elles étaient censées l'être, en tout cas, répliqua-t-elle d'un ton sec.

Son sourire s'effaça enfin.

— Vous êtes en colère, dit-il gravement. J'ai dit que j'étais désolé de vous avoir fait peur.

— Je n'ai pas eu peur !

Ce type l'énervait au plus haut point, avec son air supérieur qui lui donnait l'impression de n'être qu'une gamine.

— J'ai été surprise, c'est tout, continua-t-elle. Ce qui n'est pas vraiment étonnant, vu que vous étiez tapi dans l'ombre…

— Laquelle est souvent remplie de choses intéressantes…, répliqua-t-il d'un air moqueur.

Il s'était rapproché d'elle, si bien qu'elle distingua ses yeux : ils étaient d'un noir sans fond où brillait une étrange lueur. Elena se rendit compte qu'elle était en train de le dévisager.

Pourquoi la lumière ne revenait-elle pas ? Elle en avait assez d'attendre ! Tout ce qu'elle voulait, à présent, c'était sortir d'ici. Elle s'écarta de lui, mettant quelques sièges entre eux, et se mit à ranger les derniers dossiers dans le carton. Tant pis pour la déco !

Mais le silence qui suivit accrut son malaise. Le garçon restait immobile à l'observer, sans un mot.

— Vous êtes venu chercher quelqu'un ? demanda-t-elle brusquement.

Il la regardait fixement, d'une façon de plus en plus dérangeante. Elle déglutit péniblement. Les yeux sur ses lèvres, il murmura :

— Oh, oui…

— Comment ?

Les joues brûlantes et l'estomac noué, elle en oublia sa question. Si seulement il arrêtait de la fixer de cette manière…

— Oui, je suis venu chercher quelqu'un, répéta-t-il doucement.

Il franchit la distance qui les séparait en quelques pas.

La respiration d'Elena s'accéléra. Il était si proche qu'elle sentait son eau de toilette et le cuir de son blouson. Elle n'arrivait plus à se détourner de ses yeux plongés dans les siens : les pupilles dilatées au point qu'elle n'en distinguait plus l'iris, ils ressemblaient à ceux d'un chat dans la nuit. Lentement, il approcha son visage. Les paupières de la jeune fille s'alourdirent, son regard se brouilla, puis sa tête se renversa, et ses lèvres s'entrouvrirent.

Non ! Elle s'arracha juste à temps de son emprise, avec l'impression d'être au bord d'un précipice. « Qu'est-ce qui me prend ? se demanda-t-elle, profondément troublée. J'ai presque laissé cet inconnu m'embrasser… »

Elle réalisa avec effroi qu'elle avait complètement oublié Stefan. Son image revint avec force dans son esprit : elle n'avait jamais eu autant besoin de lui et de la sécurité de ses bras autour d'elle…

Elle tenta de maîtriser l'essoufflement de sa voix.

— Je vais y aller, maintenant, dit-elle. Si vous cherchez quelqu'un, ce n'est certainement pas ici que vous le trouverez.

Il la regardait bizarrement, avec une expression qu'elle parvenait mal à déchiffrer, un mélange d'agacement et d'admiration. Mais il avait autre chose aussi, un air farouche qui était loin de la rassurer. Il attendit qu'elle ait ouvert la porte pour répondre d'une voix sérieuse, où plus aucune trace d'amusement ne perçait :

— Peut-être que j'ai déjà trouvé… Elena.

Lorsqu'elle se retourna, la salle était vide.

11.

Elena s'était précipitée dans le couloir qui menait à la sortie en manquant se cogner aux murs. La lumière revint brusquement, éclairant les casiers familiers autour d'elle. Elle retint un cri de soulagement. Jamais la clarté ne lui avait tant manqué !

— Elena ! Qu'est-ce que tu fais là ?

Meredith et Bonnie, au bout du couloir, venaient à sa rencontre.

— Et vous, où vous étiez passées ? demanda-t-elle en colère.

— C'est qu'on a cherché un bon moment M. Shelby avant de tomber dessus, répondit Meredith. Figure-toi qu'il dormait ! Et on n'arrivait pas à le réveiller... Je te jure que c'est vrai ! ajouta-t-elle devant le regard incrédule d'Elena. C'est seulement quand la lumière est revenue qu'il a ouvert les yeux. Alors, on est reparties. Mais toi, qu'est-ce que tu fais là ?

Elena hésita.

— J'en avais marre d'attendre à ne rien faire, dit-elle du ton le plus léger qu'elle put. De toute façon, on a assez travaillé pour aujourd'hui.

— Et c'est maintenant que tu le dis ! râla Bonnie.

Meredith, elle, observait Elena sans rien dire.

Pendant le week-end et la semaine qui suivirent, Elena se consacra tout entière au projet de la Maison Hantée. Elle eut très peu de temps à consacrer à Stefan, qui lui manquait terriblement. Tout en travaillant, elle pensait à ce qui le poussait à éviter de se retrouver seul avec elle. Finalement, le mystère entourant Stefan était toujours aussi dense qu'au premier jour. Ainsi, il se débrouillait toujours pour esquiver les questions qu'elle lui posait sur sa famille et sa vie avant Fell's Church. Mais quand elle lui avait demandé si l'Italie ne lui manquait pas, une étincelle avait jailli dans ses yeux verts.

— Comment pourrais-je la regretter alors que je suis là, avec toi ?

Et il avait embrassé Elena d'une façon qui avait balayé toutes ses interrogations. Elle avait alors compris ce que signifiait être profondément heureux. En voyant le visage radieux de Stefan, sa joie avait redoublé.

— Oh, Elena, avait-il murmuré.

Dernièrement, pourtant, ses inquiétudes n'avaient fait

que grandir en constatant qu'il l'embrassait de moins en moins.

Ce vendredi-là, Bonnie avait invité Meredith et Elena à passer la nuit chez elle. Le ciel gris laissait présager de la pluie, et il faisait très froid pour la saison. Mais dans les rues, la splendeur des couleurs automnales apportait une consolation aux prévisions météo pessimistes : les érables étaient d'un roux flamboyant, et les ginkgos rayonnaient d'un magnifique jaune.

Bonnie leur ouvrit la porte.

— Salut, vous deux ! Tout le monde est déjà parti pour Leesburg ! On a la maison rien que pour nous jusqu'à demain après-midi ! C'est génial, non ?

Alors qu'elle les faisait entrer, Yang-Tsê, le pékinois, lui fila entre les jambes.

— Non, Yang-Tsê ! Reviens ici tout de suite !

Mais le boudin ambulant courait déjà sur la pelouse en direction de l'unique bouleau, au pied duquel il s'arrêta en aboyant.

— Qu'est-ce qui lui arrive encore, à celui-là ?

— On dirait que c'est le corbeau qui lui fait cet effet.

À ces mots, Elena fut pétrifiée. Elle s'approcha de l'arbre pour en fouiller du regard le feuillage. Son pressentiment s'avéra exact : il s'agissait bien, pour la troisième fois, du même oiseau. Et peut-être même la quatrième, si elle comptait la forme sombre qui s'était envolée d'un chêne, dans le cimetière.

Tétanisée, elle vit l'œil noir et vif du corbeau la fixer :

il avait toujours son regard humain. Il lui semblait bien avoir déjà vu ces yeux-là quelque part…

Le volatile émit soudain un croassement strident qui fit bondir les trois filles en arrière. Il remua les ailes pour quitter son perchoir et foncer droit vers elles. Au dernier moment, il changea de trajectoire, et fondit sur le chien, qui aboya de plus belle. Mais l'oiseau ne fit que l'effleurer. Il prit de l'altitude, survola la maison, et disparut dans un des noyers qui se trouvaient derrière.

Les trois amies restèrent un moment stupéfaites, puis Bonnie et Meredith éclatèrent d'un rire nerveux.

— J'ai cru qu'il allait nous attaquer ! dit Bonnie en attrapant Yang-Tsê, qui jappait toujours.

— Moi aussi…, murmura Elena, qui, elle, n'avait aucune envie de plaisanter.

Une fois à l'intérieur, la soirée prit un tour plus agréable. Assise avec ses amies devant la cheminée, une tasse de chocolat chaud dans les mains, Elena ne pouvait que se sentir bien. La discussion tournant très vite autour de la Maison Hantée, elle se détendit complètement.

— On a bien avancé, finalement ! déclara Meredith. Mais bon, c'est bien beau d'avoir imaginé les costumes des autres, on n'a toujours pas pensé aux nôtres !

— Pour moi, c'est facile, dit Bonnie. Je serai une druidesse : tout ce qu'il me faut, c'est une couronne de feuilles et une aube blanche. Je demanderai à Mary de m'aider : en une soirée, ce sera fait.

— Je crois que je vais opter pour la sorcière, déclara

Meredith. Comme ça, j'aurai juste besoin d'une robe noire. Et toi, Elena ?

— Ben, j'étais censée garder le secret, mais… tant pis, je vais quand même vous le dire. Ma tante a bien voulu que je demande l'aide d'une couturière pour réaliser la robe de la Renaissance que j'ai trouvée dans un bouquin. Elle est en soie de Venise, bleu givré. Elle est magnifique…

— Magnifique et hors de prix, sans doute, commenta Bonnie.

— Tante Judith a été d'accord pour que j'utilise l'argent laissé par mes parents. J'espère qu'elle plaira à Stefan… Je veux lui faire la surprise et … Enfin, bref, j'espère vraiment qu'il l'aimera.

— Et lui, il se déguise en quoi ?

— À vrai dire, j'en sais rien, répondit Elena. D'ailleurs, Halloween n'a pas l'air de l'enthousiasmer plus que ça.

— De toute façon, je le vois mal caché sous un drap déchiré et couvert de faux sang, admit Meredith. Il est… comment dire… beaucoup trop digne pour ça.

— J'ai une idée ! s'écria Bonnie. Je vois exactement comment il pourrait se déguiser : comme il a le teint pâle, un accent étranger, et qu'il a toujours l'air un peu en colère, il suffit de lui trouver une redingote, et on aura un comte Dracula plus vrai que nature !

Elena eut un sourire forcé.

— On lui demandera ce qu'il en pense, d'accord ?

— En parlant de Stefan, intervint Meredith, comment ça va, vous deux ?

Elena soupira, et se perdit dans la contemplation de l'âtre.

— Je... je ne sais pas, dit-elle enfin. À des moments, c'est génial, et puis, à d'autres...

Bonnie et Meredith échangèrent un regard, puis celle-ci demanda doucement :

— À d'autres... ?

Elena hésita, ne sachant comment exprimer ce qu'elle ressentait. Alors, elle eut une idée.

— Attendez deux secondes, dit-elle en se levant.

Elle grimpa en courant les escaliers jusqu'à la chambre de Bonnie, y prit son journal dans son sac, et redescendit.

— J'ai écrit ça hier soir. C'est plus simple de vous le lire...

Elle ouvrit le cahier, respira profondément et commença la lecture.

17 octobre

Je me sens très mal ce soir. J'ai plus que jamais besoin d'écrire.

Quelque chose cloche entre Stefan et moi. Il y a une très grande tristesse au fond de lui, dont je ne connais pas la cause ; c'est ce silence que j'ai vraiment du mal à accepter. Je ne sais pas quoi faire. Je ne supporte pas l'idée de le perdre, mais s'il n'a pas assez confiance en moi pour me parler de ses problèmes, je ne vois pas comment ça peut marcher entre nous.

Hier, quand j'étais dans ses bras, j'ai senti sous sa chemise quelque chose de rond qui pendait à une chaîne. Pour blaguer, je lui ai demandé si c'était un cadeau de Caroline. Mais cette question l'a rendu muet, presque mal à l'aise. Il avait l'air à des kilomètres de moi, tout à coup, et de souffrir horriblement.

Elena interrompit sa lecture et relut pour elle-même les lignes qui suivaient :

J'ai l'impression que quelqu'un lui a fait beaucoup de mal et qu'il ne s'en est jamais vraiment remis. Mais il doit aussi avoir un secret qu'il veut à tout prix garder pour lui, et qu'il a peur que je découvre. Si seulement j'arrivais à savoir de quoi il s'agit, je pourrais lui prouver qu'il peut me faire confiance jusqu'au bout.

— Si seulement je savais…, murmura-t-elle.

— Si seulement tu savais quoi ?

Elena sursauta.

— Heu… si seulement je savais ce qui va se passer, dit-elle en refermant son journal. Je veux dire… si c'était possible de connaître l'avenir, et si on me disait qu'on se séparerait, j'en terminerais le plus vite possible. Mais si tout devait s'arranger, je m'inquiéterais moins de ce qui se passe en ce moment. Le plus terrible, c'est de rester dans l'incertitude…

Bonnie se mordit la lèvre, les yeux brillants.

— Tu sais, Elena, moi, je connais un moyen de deviner

le futur. Ma grand-mère m'a montré comment savoir avec qui on se mariera. Pour ça, il faut faire un souper muet.

— Laisse-moi deviner, c'est encore un vieux truc de druides, commenta Meredith.

— Ça, j'en sais rien. Mais ma grand-mère dit qu'il y en a toujours eu. Et je vous jure que ça marche : ma mère a vu qu'elle se marierait avec mon père, et un mois plus tard, c'est ce qui s'est passé ! C'est pas compliqué, tu sais. Et puis, de toute façon, t'as rien à perdre !

Elena regarda ses deux amies l'une après l'autre.

— J'hésite... Tu crois vraiment à ce genre de trucs ?

Bonnie prit un air offensé.

— Tu veux dire que ma mère est une menteuse ? Allez... Je te dis que tu risques rien...

— Qu'est-ce qu'il faut faire ? demanda Elena qui commençait à être intriguée, bien qu'un peu inquiète.

— C'est simple. Il faut que tout soit prêt avant les douze coups de minuit...

À 23 h 55, Elena se tenait dans la salle à manger des parents de Bonnie, seule. Elle ne s'était jamais sentie aussi stupide. Dans le jardin, Yang-Tsê aboyait frénétiquement. À l'intérieur, en revanche, seul le tic-tac régulier de l'horloge se faisait entendre. Conformément aux instructions de Bonnie, elle avait disposé, dans le plus grand silence, une assiette, un verre et des couverts sur la table en noyer. Puis, elle avait placé une bougie allumée au centre, avant de se placer derrière l'unique chaise, installée devant l'assiette. Au douzième coup de minuit, elle devait tirer la chaise et inviter son futur époux à s'y asseoir. À ce moment-là, la chandelle s'éteindrait et Elena verrait une silhouette sur le siège.

Au départ, toute cette mise en scène l'avait un peu inquiétée : elle n'avait pas envie qu'une quelconque silhouette apparaisse, pas même celle de son futur mari. À présent, elle trouvait cela tout simplement ridicule, mais sans danger. Quand elle entendit l'horloge sonner, elle se redressa malgré elle, et s'agrippa un peu plus au dossier de la chaise, car Bonnie lui avait bien recommandé de ne jamais le lâcher. Elle se demandait encore si elle prononcerait vraiment la formule idiote indiquée par son amie, lorsque le dernier coup retentit.

— Entrez…, dit-elle malgré elle dans la pièce vide, tout en tirant la chaise.

Un vent froid souffla la chandelle. Elle se retourna brusquement, sans lâcher prise. Elle comprit que le courant d'air venait des grandes baies vitrées derrière elle. Elle aurait juré que ces fenêtres étaient fermées !

Quelque chose bougea dans l'obscurité : un frisson de terreur lui parcourut le dos. Elle n'avait plus du tout envie de rire maintenant. Toutes ces idioties étaient en train de tourner au cauchemar. La pénombre, ajoutée au silence le plus total, lui ôtaient tout moyen de savoir d'où viendrait le danger.

— Vous permettez ? dit une voix.

Une flamme s'était allumée dans le noir. L'espace d'un instant, elle pensa que c'était Tyler, car elle crut reconnaître le briquet dont il s'était servi dans l'église. « Mon

Dieu, quelle horreur ! » eut-elle le temps de songer. Mais en apercevant les mains fines qui tenaient la bougie, elle eut un soupir de soulagement : elles n'avaient rien à voir avec les grosses pattes de Tyler, et ressemblaient davantage à celles de Stefan.

Elle leva les yeux.

— Vous !! Qu'est-ce que vous faites là ? Comment êtes-vous entré ?

Les baies vitrées étaient effectivement ouvertes.

— Ça vous arrive souvent de venir chez les gens sans être invité ? demanda-t-elle enfin.

— Vous m'avez vous-même demandé d'entrer.

Sa voix était la même : calme, ironique, et amusée. Son sourire ne l'avait pas quitté.

— Et je vous en remercie, ajouta-t-il en s'asseyant sur la chaise.

Elle retira aussitôt ses mains du dossier comme si elle s'était brûlée à son contact.

— Mais je ne vous ai rien demandé du tout ! s'écria-t-elle.

Elle ne savait pas si elle devait être gênée ou indignée.

— Qu'est-ce que vous faisiez dans le jardin de Bonnie ? reprit-elle.

À la lumière de la flamme, les cheveux du jeune homme brillaient d'un éclat surnaturel. Il était d'une pâleur extrême, et, pourtant, irrésistiblement beau. Ses yeux se plantèrent dans ceux d'Elena.

— Hélène, ta beauté est pour moi comme ces nefs

nicéennes d'autrefois, qui doucement, sur une mer parfumée...

— Vous feriez mieux de partir tout de suite.

Elle sentait qu'elle devait immédiatement se soustraire à cette voix, dont la mélodie commençait à lui ôter toute volonté.

— Vous n'avez rien à faire ici, insista-t-elle. Allez-vous-en.

Comme il ne bougeait pas, elle tendit une main vers la bougie avec l'intention de quitter la pièce. Mais, avant qu'elle ait pu la saisir, il lui prit la main : avec une infinie douceur, il la retourna, et y déposa un baiser.

— Non..., murmura Elena.

— Venez avec moi.

— Non, s'il vous plaît...

Le sol se déroba sous ses pieds. Elle eut juste le temps de se demander où son interlocuteur voulait l'emmener avant de s'effondrer.

Il se leva pour l'empêcher de tomber, encerclant sa taille. La tête de la jeune fille alla malgré elle se poser contre sa poitrine. Alors, de ses doigts froids, il défit le premier bouton de son chemisier, près de la gorge.

— Non, pitié...

— Ça ne sera rien, vous allez voir.

Il écarta son col pour lui dégager le cou, tout en lui soutenant la tête de l'autre main.

— Nooon ! hurla-t-elle.

La conscience du danger lui était apparue si puissamment qu'elle trouva enfin la force de réagir. Elle s'écarta violemment, butant contre la chaise.

— Je vous ai demandé de vous en aller ! Foutez le camp immédiatement !

L'inconnu lui lança un coup d'œil furieux. Mais, l'instant d'après, ses traits avaient retrouvé leur calme habituel, et un sourire éclaira même son visage.

— Eh bien, je m'en vais, dit-il enfin. Pour l'instant...

Lorsque les fenêtres se refermèrent derrière lui, elle reprit enfin son souffle, goûtant au silence avec soulagement. Même le tic-tac de l'horloge s'était arrêté. Elle s'apprêtait à en examiner le mécanisme lorsque des exclamations s'élevèrent du jardin. Elle se précipita dans l'entrée, encore un peu faible sur ses jambes, tout en reboutonnant son chemisier. La porte ouverte lui permit d'apercevoir ses deux amies penchées sur quelque chose.

— Qu'est-ce qui se passe ?

Elle les rejoignit en quelques pas, et vit que Bonnie pleurait.

— Il est... mort...

Horrifiée, Elena se courba à son tour sur la forme inerte à ses pieds. C'était son pékinois, couché sur le flanc, raide et les yeux ouverts.

— Oh, ma pauvre...

— Il était vieux, c'est vrai, mais je ne pensais pas qu'il mourrait si subitement ! Quand je pense qu'il était en train d'aboyer il y a à peine quelques minutes...

— Ça ne sert à rien de rester là, dit doucement Meredith. Il faut rentrer.

Elena avait hâte de rejoindre la maison, elle aussi, car elle se méfiait plus que jamais de l'obscurité, à présent. Et elle réfléchirait à deux fois, désormais, avant d'inviter quiconque à entrer chez elle…

Lorsqu'elle regagna le salon, son journal avait disparu.

Stefan fut dérangé par un bruit qui lui fit lever la tête. La biche sur laquelle il était penché profita de cet instant pour tenter de se libérer de sa morsure.

— Allez, va-t'en, murmura Stefan en la relâchant.

Il regarda l'animal se hisser sur ses pattes et disparaître dans les taillis en se disant qu'il avait absorbé suffisamment de sang : la pointe de ses canines était devenue hypersensible, comme à chaque fois qu'il s'abreuvait longuement. Il était toutefois de plus en plus difficile de savoir quand il devait s'arrêter. Depuis le soir où il était entré dans l'église, il n'avait qu'une peur, celle d'éprouver un malaise identique et d'en faire subir les conséquences à quelqu'un d'autre…

En réalité, il vivait surtout dans la hantise de se réveiller un jour, le corps gracile d'Elena dans ses bras, sa gorge délicate percée de deux petits trous rouges, et son cœur au repos pour l'éternité.

Cette soif de sang, à laquelle il était pourtant soumis depuis des siècles, lui posait toujours autant de questions : comment pouvait-il ressentir un si vif plaisir accompagné d'un si profond sentiment d'horreur ? Il s'imaginait la réaction qu'aurait un être humain si on lui proposait de boire ce nectar à même un corps chaud. Il serait sans doute profondément dégoûté...

Mais la nuit où lui-même en avait goûté pour la première fois, une telle proposition n'avait pas été formulée... Les années n'avaient effacé aucun détail du moment où Katherine avait permis sa transformation. La jeune fille devait rendre sa décision le lendemain.

Elle était apparue dans sa chambre pendant son sommeil, avec la légèreté d'un fantôme, vêtue d'une fine chemise de lin. Il fut réveillé par sa main blanche écartant les rideaux du lit. Il se dressa sur son séant, mais lorsqu'il vit ses cheveux blond cendré en cascade sur ses épaules, et ses yeux bleus remplis d'ombre, l'émerveillement le laissa sans voix. Il ne l'avait jamais vue si belle : son amour pour elle le submergea avec une immense force. Comme il s'apprêtait à parler, tout tremblant d'émotion, elle lui posa ses doigts sur la bouche.

— Chut...

Et quand elle se glissa à ses côtés en faisant craquer le bois du lit, le cœur de Stefan se mit à battre à tout rompre, et le feu lui monta aux joues. Pour la première fois, une femme partageait son lit, et c'était Katherine, dont le visage angélique était penché vers lui. Il l'aimait plus que tout. Il fit un grand effort pour sortir de son état de béatitude.

— Katherine, murmura-t-il. Nous... Je peux attendre,

tu sais. Je saurai patienter jusqu'à ce que nous soyons mariés. Mon père arrangera tout la semaine prochaine. Ce… Ce ne sera pas long…

— Chut…, répéta-t-elle.

Au contact de sa peau fraîche, il ne put s'empêcher de l'enlacer.

— Ce n'est pas ce que tu penses…, dit-elle en lui caressant la gorge de ses doigts fins.

Alors, il comprit. Réconforté par la douceur de Katherine, il oublia la peur qui l'avait traversé l'espace d'un instant, et se résigna à toutes ses volontés.

— Allonge-toi, mon amour, murmura-t-elle.

Mon amour. Ces mots firent bondir son cœur de joie ; la tête sur l'oreiller, il exposa sa gorge avec obéissance. Les cheveux soyeux de Katherine glissèrent sur son visage, sa bouche vint se coller à son cou, puis ses dents s'y plantèrent. La douleur aiguë l'aurait fait crier si son désir de contenter Katherine n'avait été le plus fort. D'ailleurs, la souffrance s'atténua presque aussitôt, laissant place à un grand bien-être : il était tellement heureux de se donner !

Puis, ce fut comme si leurs deux esprits entraient en communion : il partageait la joie que Katherine ressentait en aspirant ce sang chaud et vivifiant ; elle savait à quel point ce cadeau le comblait. Stefan sombra lentement dans une torpeur qui lui ôtait la faculté de penser, l'emportant dans un autre univers…

Lorsqu'il reprit connaissance, il était dans les bras de Katherine, qui le berçait doucement. Elle guida sa bouche vers une petite coupure, dans son cou, tout en lui caressant les cheveux d'un geste encourageant. Il plaqua ses lèvres sur la plaie sans hésiter, et aspira.

Stefan chassa d'un geste méthodique les brindilles accrochées à ses vêtements. Ces souvenirs avaient réveillé son appétit : il n'avait plus la sensation d'être rassasié. Les narines frémissantes, il se remit en chasse, à l'affût de l'odeur musquée du renard.

12.

Elena fit lentement tournoyer sa robe devant le grand miroir de sa tante. Margaret, assise par terre contre le grand lit, regardait sa sœur, les yeux écarquillés d'admiration.

— Moi aussi je veux une robe comme toi quand je dirai « La bourse ou la vie ! ».

— Tu es bien plus mignonne avec ton costume de petit chat blanc…, affirma Elena en l'embrassant entre ses deux oreilles de velours.

Elle se tourna vers tante Judith, qui tenait une aiguille et un fil.

— Elle est parfaite, dit celle-ci. Il n'y a rien à retoucher.

Sa robe était une réplique exacte de celle trouvée dans

son livre. Elena avait les épaules dénudées et la taille enserrée dans un corset qui en soulignait la finesse ; les manches de sa robe étaient fendues de façon à laisser deviner la soie crème de la chemise en dessous, et la longue jupe bouffante balayait le sol dans un bruissement d'étoffe.

La pendule indiquait 18 h 55.

— Stefan ne devrait pas tarder à arriver, dit Elena.

Judith jeta un coup d'œil par la fenêtre.

— D'ailleurs, je crois bien que c'est sa voiture, en bas. Je descends lui ouvrir.

— Non, laisse, j'y vais. Allez, bonne soirée ! Amuse-toi bien, Margaret !

Elle se précipita dans l'escalier dans un grand état de stress. Elle avait l'impression de revivre l'instant où elle avait parlé à Stefan pour la première fois. Elle espérait que ça se passerait mieux, cette fois. Pourtant, un doute faisait faiblir les espoirs qu'elle avait mis dans cette soirée. Si l'osmose ne revenait pas entre eux ce soir-là, tout serait fini…

Elle lui ouvrit la porte sans oser le regarder tout de suite. Mais, comme il ne disait rien, elle finit par lever les yeux, et sentit son cœur défaillir. Il était stupéfait, certes, mais ce n'était pas d'émerveillement. Il était sous le choc.

— Tu n'aimes pas ma robe…, murmura-t-elle.

Elle avait les larmes aux yeux.

Il se reprit aussitôt, comme toujours, en secouant la tête.

— Non, non, elle te va très bien…

Pourtant, il restait planté là comme s'il venait de voir un fantôme. Elena espérait qu'il allait enfin la prendre dans ses bras et l'embrasser. En vain.

— Toi, tu es très beau, chuchota-t-elle.

En effet, son costume et sa cape, qu'il portait avec aisance, étaient très élégants. À la surprise d'Elena, il avait accepté de se déguiser ; l'idée avait même semblé l'amuser.

— On y va ? demanda-t-il.

Elena le suivit jusqu'à sa voiture, complètement refroidie : elle avait abandonné l'idée de le reconquérir un jour. Tandis qu'ils roulaient vers le lycée, le tonnerre se mit à gronder, accompagné d'éclairs zébrant le ciel. L'air était surchargé d'électricité, et les nuages noirs et bas prêts à éclater. Ce temps sinistre, un peu surnaturel, était idéal pour la soirée d'Halloween, mais il ne faisait qu'accentuer le pressentiment désagréable d'Elena. Le dîner muet chez Bonnie lui avait fait perdre toute envie d'être de nouveau confrontée à une situation anormale.

Cela lui fit songer qu'elle n'avait toujours pas retrouvé son journal intime, malgré les recherches entreprises avec Bonnie et Meredith. L'idée qu'un inconnu lise ses pensées les plus intimes la révulsait. Car il était bien évident que son journal avait été volé, ce qui n'était pas étonnant étant donné les nombreuses allées et venues ce soir-là. N'importe qui avait pu s'introduire dans la maison… Elena avait des idées de meurtre à l'encontre du voleur. D'ailleurs, elle ne pouvait s'empêcher de penser à cet inconnu à qui elle avait failli céder une nouvelle fois. C'était sûrement lui.

En descendant de la voiture, elle tenta de chasser ses préoccupations. À l'intérieur du gymnase, tous s'affairaient à régler les derniers détails avant l'arrivée des visiteurs. Dès qu'Elena entra, un petit groupe vint à sa rencontre : elle réalisa avec un léger frisson qu'elle ne reconnaissait pas la moitié d'entre eux. Il y avait là plusieurs zombies dont la chair à vif laissait voir les mâchoires grimaçantes ; un bossu horriblement déformé avait rampé dans sa direction, accompagné d'un cadavre ambulant, d'un loup-garou au museau ensanglanté et d'une sorcière à l'allure sinistre. Tous venaient lui rapporter les problèmes qui avaient surgi depuis le début des préparatifs. Elena se tourna d'abord vers la sorcière, dont le dos de la robe moulante disparaissait sous une masse de cheveux noirs.

— Qu'est-ce qu'il y a, Meredith ?

— Lyman est malade : quelqu'un s'est arrangé pour le faire remplacer par Tanner…

— Quoi ? ? s'écria Elena, scandalisée.

— Oui, et il a déjà fait des histoires. Bonnie est en train de péter les plombs… Tu ferais mieux de venir voir.

Elena la suivit dans le dédale des pièces de la Maison Hantée. Elles traversèrent la Salle de Torture, lugubre à souhait, puis la Salle du Tueur Fou, qui, d'après elle, était bien trop réussie : même en pleine lumière, elle lui donnait des sueurs froides. Elles parvinrent enfin à la Salle de la Druidesse, à l'extrémité du gymnase. Les monolithes en carton qui la décoraient étaient d'un bel effet, mais la jolie prêtresse en aube blanche, une couronne de laurier sur la tête, semblait au bord de la crise de nerfs.

— Il n'y a pas à discuter, vous devez avoir du sang partout... Ça fait partie de la scène.

— Je veux bien encore porter cette espèce de chemise de nuit, toute ridicule qu'elle est, mais m'asperger de sauce tomate, ah, ça, non !

— Mais c'est juste sur le vêtement qu'il faut en mettre, pas sur vous ! C'est parce que je vous sacrifie, ajouta-t-elle dans l'espoir de le convaincre.

— De toute façon, j'ai quelques doutes sur la véracité de telles pratiques. Contrairement à ce que tout le monde croit, les druides ne sont pas contemporains des monolithes. Le site de Stonehenge, que vous essayez pitoyablement de recréer ici, remonte aux peuples de l'âge du bronze, qui...

— Monsieur Tanner, interrompit Elena. Ce n'est pas la question.

— Pour vous, non, bien sûr. C'est d'ailleurs pour cette raison que vous et votre camarade névrosée êtes si peu douées pour l'histoire.

— Ce commentaire est totalement déplacé, objecta une voix.

— Monsieur Salvatore, soupira M. Tanner à l'intention de Stefan, apparu derrière Elena. Avez-vous d'autres remarques du même genre ou préférez-vous tout de suite me coller un œil au beurre noir ?

Il toisa le jeune homme, calme et immobile dans son

beau costume. En les voyant tous les deux face à face, Elena réalisa pour la première fois que M. Tanner n'était pas beaucoup plus vieux qu'eux. Il faisait plus âgé, à cause de sa calvitie précoce, mais sans doute n'avait-il que vingt-cinq ou vingt-six ans. Elle se souvint alors du costume mal coupé qu'il portait lors de la soirée de la rentrée : il n'avait peut-être pas eu les moyens, à leur âge, d'aller aux soirées d'Halloween. Elle éprouva soudain de la sympathie pour lui.

D'ailleurs, Stefan avait peut-être eu la même pensée, car, bien que nez à nez avec le petit homme, il répondit calmement :

— Pas du tout. Je pense juste que cette histoire prend des proportions exagérées… Pourquoi ne pas…

Le reste de ses paroles se perdirent dans un murmure inaudible, mais Stefan semblait s'exprimer posément, et Tanner l'écoutait attentivement. Elena s'adressa aux fantômes, au loup-garou, au gorille et au bossu regroupés autour d'eux.

— C'est bon, tout va bien ! Il n'y a plus rien à voir !

Ils se dispersèrent, et Elena tourna de nouveau les yeux vers la nuque de Stefan. Il semblait maîtriser la situation.

Ce spectacle lui rappela la scène où, le jour de la rentrée, elle avait vu le jeune homme s'expliquer avec Mme Clarke. La secrétaire avait eu une étrange expression. Elle constata justement que M. Tanner prenait un air hébété.

— Allez, viens, dit-elle à Bonnie. On retourne dans l'entrée.

Elles passèrent par la Salle des Aliens, puis par celle des Morts Vivants en se faufilant entre les cloisons, et arrivèrent dans la première pièce, où les visiteurs devaient être accueillis par un loup-garou. Celui-ci avait ôté sa tête et discutait avec deux momies et une princesse égyptienne.

Elena fut forcée d'admettre que Caroline incarnait parfaitement Cléopâtre dans son fourreau de lin. Matt, le loup-garou, avait d'ailleurs du mal à détacher son regard des courbes de son corps bronzé.

— Alors, tout va bien, ici ? demanda Elena avec un enthousiasme un peu forcé.

Matt sursauta. Elena l'avait à peine revu depuis la fameuse soirée, et elle avait remarqué qu'il ne parlait quasiment plus à Stefan.

— Oui, ça va, répondit-il, mal à l'aise.

— Quand Stefan en aura fini avec Tanner, je peux vous l'envoyer ici ? Il vous aidera à faire entrer les gens.

Malgré le haussement d'épaules traduisant son indifférence, Matt ne cacha pas sa surprise :

— Comment ça, quand il en aura fini avec Tanner ?

Elle le regarda, interloquée : elle aurait juré que c'était lui le loup-garou qu'elle avait vu, tout à l'heure, dans la Salle de la Druidesse. Néanmoins, elle lui expliqua ce qui s'était passé.

Dehors, un coup de tonnerre éclata.

— J'espère qu'il ne va pas pleuvoir, dit Bonnie.

— Moi aussi, dit Caroline. Ce serait trooop dommage que personne ne vienne… Vous auriez fait tout ça pour rien…

Elena surprit une lueur de haine dans ses yeux de chat.

— Ecoute, Caroline. Tu crois pas qu'on devrait arrêter cette stupide guerre et oublier toute cette histoire ?

Sous le cobra de son diadème, le regard de Caroline lança des éclairs.

— Je n'oublierai *jamais*, susurra-t-elle avant de tourner les talons.

Le froid qu'elle jeta plongea Bonnie et Matt dans la contemplation du sol. Elena se dirigea vers la porte d'entrée pour respirer un peu d'air frais. Dehors, le grincement sinistre des branches, dans les arbres, raviva son pressentiment. « S'il doit se passer quelque chose, c'est ce soir ou jamais », pensa-t-elle. Pourtant, elle n'avait aucune idée de la tournure que pourraient prendre les événements.

Une voix s'éleva dans le gymnase :

— Bon, on va pouvoir y aller, je crois. Éteins la lumière, Ed !

La Maison Hantée fut aussitôt plongée dans la pénombre. Un murmure de grognements et de rires nerveux s'ensuivit, et Elena se résigna à rentrer.

— Il faut rejoindre ton poste, dit-elle à Bonnie, qui acquiesça en disparaissant dans le noir.

Matt réglait la sono, couvrant le brouhaha d'une musique un peu psychédélique.

Elena eut peine à distinguer Stefan devant elle, tant sa tenue sombre se fondait dans l'obscurité.

— Tanner s'est calmé, maintenant. Je peux t'aider à autre chose ? demanda-t-il.

— Ben, tu n'as qu'à rester ici, avec Matt, pour faire entrer les gens…

Elena s'arrêta net devant l'expression glaciale de Stefan, et constata que Matt n'avait même pas levé la tête.

— … ou alors, tu peux aller t'occuper de la machine à café, dans les vestiaires…

— D'accord pour les vestiaires.

Comme il faisait demi-tour, elle le vit vaciller légèrement.

— Stefan ? Ça va ?

— Oui, dit-il en retrouvant son équilibre. Je suis juste un peu fatigué.

Elle le regarda partir avec tristesse, puis se tourna vers Matt. À ce moment, les premiers visiteurs apparurent.

— C'est parti ! murmura-t-il en s'accroupissant dans le noir.

Elena passa de salle en salle vérifier le bon déroulement des opérations. Les années précédentes, c'était la partie qu'elle avait préférée : voir les visiteurs pris d'une délicieuse terreur. Ce soir-là, pourtant, une vive appréhension avait pris le dessus sur son enthousiasme habituel.

Une silhouette encapuchonnée de noir, qu'elle prit pour une Faucheuse, la frôla. Elle ne se souvenait pas en avoir vu aux autres fêtes d'Halloween : elle était d'autant plus intriguée que sa démarche lui semblait vaguement familière.

Arrivée dans la Salle de la Druidesse, Bonnie échangea un sourire fatigué avec Meredith, qui accueillait les visiteurs juste à côté, dans la Salle aux Araignées. Cette dernière poussait les gamins du collège vers son amie, énervée de les voir essayer, à peine entrés, d'attraper les insectes.

Dans la pièce où se trouvait Bonnie, l'éclairage augmentait l'aspect saisissant du spectacle : la vue de M. Tanner allongé sur l'autel, les bras écartés, les yeux fixant le plafond et baignant dans la sauce tomate, redonna le moral à Bonnie.

— Trop cool ! s'écria un des garçons en courant vers l'autel.

Bonnie resta en retrait, un petit sourire au coin des lèvres à l'idée que le professeur se redresserait bientôt pour lui flanquer la trouille de sa vie.

Mais M. Tanner ne bougeait toujours pas, même lorsqu'un des gamins plongea sa main dans la flaque de sang, près de sa tête. « C'est bizarre », se dit Bonnie tout en s'élançant vers un autre qui s'emparait du couteau du sacrifice.

— Lâche ça ! lança-t-elle d'un air si furieux que le gamin s'exécuta, le bras en l'air.

Quand elle vit sa main sanguinolente, elle fut prise de panique. Elle essayait de se persuader que M. Tanner attendait qu'elle se penche sur lui pour se redresser :

c'était elle qui sauterait en l'air. Pourtant, il était toujours aussi immobile.

— Monsieur Tanner ? Ça va ? Monsieur Tanner ?

Pas un seul mouvement. Une petite voix lui intimait l'ordre de ne pas le toucher. Mais ce fut plus fort qu'elle : elle avança sa main lentement, la posa sur l'épaule de M. Tanner et le secoua. La tête du professeur roula sur le côté. Ses yeux étaient grands ouverts, et sa gorge exposée à la lumière. Bonnie se mit à hurler.

Les cris perçants qu'Elena entendit détonnaient parmi les autres. Ceux-ci exprimaient tout sauf une peur feinte, il n'y avait aucun doute là-dessus. Quand elle se précipita en direction de la Salle de la Druidesse, d'où venaient les hurlements, elle n'imaginait pas qu'elle se retrouverait en plein cauchemar.

Elle trouva Bonnie, hystérique, que Meredith essayait de calmer. Trois garçons tentaient désespérément de sortir, mais le passage était bloqué par deux portiers qui cherchaient à entrer. M. Tanner gisait sur l'autel, les bras en croix. Son visage baignait dans une flaque de sang.

— Il est mort, hoqueta Bonnie. Le… le sang… c'est du vrai… Il est mort. Je l'ai touché, Elena… il est vraiment mort.

Quelqu'un d'autre se mit à crier et, aussitôt, la panique se répandit ; les gens se mirent à courir en tous sens en renversant les cloisons de carton.

— Rallumez la lumière ! hurla Elena. Meredith, vite, il faut appeler une ambulance et la police. La lumière !

Quand enfin on put y voir quelque chose, Elena fut désemparée de l'absence d'un quelconque adulte qui aurait pu prendre les choses en main. Il fallait garder assez de sang-froid pour réfléchir à la situation, et, en même temps, combattre la terreur qui la clouait sur place. La situation était rendue encore plus difficile par le fait qu'elle n'avait jamais porté Tanner dans son cœur.

— Faites sortir tous les visiteurs ! Seuls les gens de la Maison Hantée doivent rester !

— Non ! Fermez les portes ! Ne laissez sortir personne avant l'arrivée de la police ! cria un loup-garou à côté d'elle.

Ne reconnaissant pas la voix de Matt, Elena se retourna, perplexe. L'individu ôta la tête de son déguisement, et elle reconnut Tyler Smallwood.

Il avait réintégré le lycée au début de la semaine, le visage encore tuméfié par les coups de Stefan. Le ton employé ne semblait tolérer aucune contestation, si bien que les deux portes du gymnase se refermèrent aussitôt avec un claquement sourd. Une dizaine de personnes se trouvait dans la Salle de la Druidesse. L'une d'entre elles, un garçon déguisé en pirate, s'adressa à Tyler :

— Tu veux dire que… celui qui a fait ça est toujours ici ?

— Oui, c'est évident, répondit Tyler.

Au ton enjoué de sa voix, on devinait qu'il tirait plaisir des événements.

— Regardez, le sang n'a pas eu le temps de sécher, ajouta-t-il en désignant la flaque. Ça s'est donc passé il n'y a pas longtemps. Et vous voyez comment la gorge a été tranchée ? Le tueur a dû se servir du couteau du sacrifice.

— Alors, il doit être encore parmi nous…, chuchota une fille en kimono.

— Oui, et j'ai déjà une petite idée de celui qui a fait le coup. C'est pas difficile : qui se disputait constamment avec Tanner, et pas plus tard que ce soir ?…

« C'était donc lui le loup-garou tout à l'heure, pensa Elena. Mais pourquoi se trouvait-il là ? Il ne fait pas partie de l'organisation de la soirée… »

— … quelqu'un connu pour être violent, continuait Tyler avec un demi-sourire. Tellement violent, en fait, qu'il est sans doute venu à Fell's Church dans le seul but de tuer…

Ce dernier commentaire tira Elena de sa torpeur.

— Tyler, qu'est-ce que tu racontes ? T'es complètement dingue ! s'écria-t-elle, furieuse.

— Voyons ça, sa petite amie essaie de le défendre, répliqua-t-il sans même la regarder. Mais sans doute n'est-elle pas tout à fait objective…

— Parce que toi tu l'es, peut-être ? demanda une voix.

Elena vit un second loup-garou s'approcher. C'était Matt.

— Tiens, tiens, et voilà un autre défenseur… Dans ce cas, tu sauras répondre aux questions que tout le monde se pose sur Salvatore. D'où est-ce qu'il vient ? Est-ce qu'il a une famille ? D'où vient tout son fric ? (Tyler se tourna vers le reste du groupe.) Quelqu'un a-t-il seulement une seule info concrète sur ce type ?

Tous répondirent par la négative. En scrutant les visages les uns après les autres, Elena ne vit que de la méfiance. Stefan était différent, en particulier parce qu'il venait d'un autre pays. L'inconnu n'inspire jamais confiance. Ils avaient besoin d'un coupable, et il était tout trouvé.

— J'ai entendu dire…, commença la fille en kimono rouge.

— Exactement ! l'interrompit Tyler. Tu as entendu dire. Des rumeurs, voilà tout ce qu'on a. Personne ne sait rien de lui. Sauf que les agressions de Fell's Church ont commencé la semaine de la rentrée des classes. C'est-à-dire lorsque Stefan Salvatore est arrivé ici !

Un murmure se répandit dans toute l'assemblée. Elena elle-même était sous le choc. Évidemment, c'était ridicule ; une coïncidence, tout au plus. Mais elle était forcée d'admettre l'exactitude de cette remarque : les agressions avaient commencé le jour de la venue de Stefan.

— Et je sais autre chose, cria Tyler en gesticulant pour obtenir le silence. Taisez-vous. J'ai autre chose à vous dire.

Il attendit que tout le monde se soit tu.

— Il était dans le cimetière le soir où Vickie Bennett s'est fait attaquer.

— Bien sûr qu'il y était, intervint Matt, puisqu'il te refaisait le portrait.

Mais le ton employé manquait de conviction. Tyler en profita pour rebondir :

— Oui, et il a failli me tuer. Et ce soir, Tanner a été assassiné. Moi, je suis sûr que c'est Salvatore l'assassin !

— Où est-il ? demanda quelqu'un.

— Il est forcément dans les parages. Trouvons-le ! répondit le harangueur.

— Stefan n'a rien fait ! s'écria Elena.

Mais le brouhaha avait couvert sa voix, chacun scandant les paroles de Tyler :

— Trouvons-le... Trouvons-le... Trouvons-le...

La colère et la soif de vengeance avaient succédé à la méfiance ; la foule ne tarderait pas à être incontrôlable.

— Elena, dis-nous où il est, ordonna Tyler.

L'étincelle de la victoire luisait dans ses yeux et une joie perçait dans sa voix. Elena aurait voulu le frapper.

— Je n'en sais rien ! répondit-elle sur le ton du défi.

— Il est forcément ici... Il faut le trouver ! hurla quelqu'un.

Le groupe se mit en mouvement dans le désordre le plus complet, et les cloisons achevèrent d'être jetées à terre et piétinées. Elena assistait impuissante à ce déchaînement. La pensée de ce qui pourrait arriver à Stefan assailli par cette horde l'horrifiait. Elle aurait désiré le prévenir, mais Tyler pourrait avoir l'idée de la suivre : elle le mènerait malgré elle jusqu'à lui.

Elle jeta un coup d'œil à la ronde, espérant trouver de l'aide. Bonnie fixait toujours, sous le choc, le visage sans vie de M. Tanner. Elle ne lui serait d'aucun secours.

Restait Matt. Il semblait en colère, et un peu décontenancé. Elle le supplia du regard. Elle espérait de tout cœur qu'il fût toujours de son côté. Mais il était visiblement indécis. Elle mit toutes ses facultés de persuasion dans ses yeux, en essayant de lui faire comprendre que lui seul pouvait l'aider, et qu'il devait faire confiance à Stefan, malgré tout. Il finit par céder, hochant la tête d'un signe affirmatif, avant de disparaître dans la foule.

Matt atteignit l'autre extrémité du gymnase sans trop de difficultés. Des élèves de première se tenaient près de la porte menant aux vestiaires. D'un ton sans appel, il leur ordonna d'aller relever les cloisons tombées à terre, ce qu'ils firent sans protester. Il en profita pour se glisser dans la pièce.

Il scruta les alentours, sans oser appeler Stefan, de peur que sa voix porte de l'autre côté. De toute façon, son camarade avait dû entendre les clameurs qui provenaient du gymnase, et il était probablement déjà parti. Son regard s'arrêta sur une silhouette noire allongée sur le carrelage blanc.

— Stefan ! Qu'est-ce qui t'est arrivé ?

L'espace d'un instant, Matt crut qu'il était mort. Mais, en s'agenouillant près de lui, il le vit remuer faiblement.

— Ça va ? Tiens, appuie-toi sur moi.

— Oui, ça va…

L'affirmation de Stefan était démentie par son teint livide, ses pupilles dilatées à l'extrême, et son air désemparé.

— Merci.

— Il faut que tu partes d'ici tout de suite. Tu ne les entends pas ? Ils te cherchent !

— Qui ça ? Qui me cherche ?

— Tout le monde… J'ai pas le temps de t'expliquer. Tu dois t'enfuir.

Comme Stefan restait sans réaction, il ajouta :

— M. Tanner a été attaqué, et… il est mort. Tout le monde pense que c'est toi qui l'as tué.

Enfin, Stefan parut comprendre. Il eut l'air tout à coup horrifié, mais, curieusement, un peu résigné aussi. Matt le saisit fermement par les épaules.

— Je sais très bien que tu n'as rien fait, Stefan. Et les autres finiront bien par s'en rendre compte aussi. Mais, en attendant, il vaut mieux t'en aller.

— M'en aller… oui, dit Stefan d'un ton de regret. Je vais… y aller.

Stefan fixait Matt d'un regard si brûlant que celui-ci ne parvenait pas à s'en libérer.

— Promets-moi de prendre soin d'Elena…

— Mais, Stefan, qu'est-ce que tu racontes ? Tu es innocent, tout va bien se passer.

— Promets-moi, c'est tout…

— Je veillerai sur elle, dit-il doucement.

Alors, Stefan quitta la pièce.

13.

Elena attendait de pouvoir s'éclipser du groupe d'adultes qui l'entourait. Elle savait que Matt avait réussi à prévenir Stefan à temps – il lui avait fait comprendre d'un signe discret – mais elle n'avait pas pu encore lui parler.

Lorsque l'attention se porta sur le cadavre, elle put enfin rejoindre son ami.

— Stefan est parti sans problème, dit-il sans quitter l'assemblée des yeux. Mais il m'a demandé de prendre soin de toi, alors je ne te quitte plus, maintenant.

— Comment ? s'étonna Elena, à la fois méfiante et inquiète.

Puis, au bout de quelques secondes de réflexion, elle ajouta dans un murmure :

— Je vois… Écoute, Matt, il faut que j'aille me laver

les mains ; Bonnie m'a mis du sang partout... Attends-moi ici, je reviens.

Il n'eut même pas le temps de protester. Elle montra ses mains au professeur qui gardait l'entrée des vestiaires, et il la laissa passer. Une fois à l'intérieur, elle s'avança sans hésiter vers la porte du fond, qui donnait dans le lycée désert, l'ouvrit, et s'enfonça dans la nuit.

Zuccone ! pensa Stefan en balayant du revers de la main la surface d'une étagère, faisant valser une série de livres. Quel idiot ! Comment avait-il pu être aussi stupide, aussi aveugle ? C'était insensé d'avoir espéré une seule seconde se faire accepter !

Il attrapa une malle, et la jeta à travers la pièce, où elle alla se fracasser contre un mur. La vitre qui le surplombait se fendit.

Tout le monde le haïssait ! Matt lui avait bien dit qu'ils le prenaient tous pour l'assassin. Et pour une fois, ces *barbari*, ces gens qui avaient peur de tout ce qu'ils ne comprenaient pas, avaient raison. Comment, sinon, expliquer ce qui s'était passé ? Il s'était senti faible tout à coup, puis son esprit avait sombré dans un état de grande confusion. Ensuite, c'était le trou noir. Lorsqu'il avait rouvert les yeux, Matt se tenait devant lui et lui disait qu'un autre massacre avait été commis. Lui seul avait pu vider de son sang cette nouvelle victime. C'était tout ce qu'il était, après tout, un assassin. L'incarnation du Mal, une créature destinée à vivre dans les ténèbres, à y chasser, et à s'y tapir pour l'éternité. Alors, pourquoi ne pas suivre sa nature ? Pourquoi réfréner ce besoin de tuer ? Puisqu'il ne pouvait rien y changer, autant s'adonner pleinement au crime. Il allait lâcher toute sa noirceur sur cette ville qui le détestait…

Mais, auparavant, il devait contenter sa soif, car ses veines presque vides le faisaient souffrir. Il devait se nourrir… et vite.

La pension était plongée dans l'obscurité. Elena frappa, en vain : le silence ne fut rompu que par le grondement du tonnerre, qui persistait sans que la pluie ne se décide à tomber.

Elle tambourina de plus belle puis, n'obtenant pas de réponse, poussa la porte, qui s'ouvrit.

Tout était noir et calme à l'intérieur. Elle se dirigea à tâtons vers l'escalier. Lorsqu'elle parvint au premier étage, elle eut du mal à trouver la pièce d'où partait la seconde volée de marches. Finalement, la faible lueur qui filtrait sous la porte de Stefan, en haut, la guida. Elle entama son ascension avec un sentiment d'oppression tel qu'elle croyait sentir les murs se rapprocher en l'enserrant. Elle frappa doucement à la porte.

— Stefan, murmura-t-elle. Stefan, c'est moi.

Aucune réponse. Elle actionna la poignée.

— Stefan…

La chambre était vide, et dans un état qui faisait songer qu'un ouragan s'y était abattu. Le contenu des malles ouvertes gisait sur le sol, et une des fenêtres était brisée ; tous les objets auxquels tenait Stefan étaient éparpillés par terre. Elena ne put s'empêcher de penser, prise de panique, à ce qu'avait dit Tyler sur la violence de Stefan. Mais elle s'efforça de surmonter sa peur, car elle avait avant tout un besoin urgent de lui parler.

Dans le plafond, la trappe ouverte faisait un courant d'air froid. C'était la première fois qu'elle empruntait ce passage, et sa robe longue ne lui facilitait pas la tâche. Elle déboucha à genoux sur le belvédère, se releva, et aperçut aussitôt une silhouette, à quelques pas de là.

— Stefan, dit-elle en s'approchant, il fallait que je te voie...

Elle s'interrompit net. Un éclair avait illuminé le ciel juste au moment où il avait fait volte-face : ce qu'elle vit surpassait en horreur ses pires cauchemars.

Mon Dieu... non ! Elle refusait de comprendre la situation. Non ! Non ! Elle ne voulait pas regarder, elle ne le croyait pas... Elle ferma les yeux pour échapper à cette scène, en vain : chaque détail était gravé dans son esprit.

Elle avait à peine reconnu Stefan tant son image contrastait avec son élégance et son raffinement habituels : à demi tourné vers elle, et accroupi dans une position animale, il avait le visage tordu par un affreux rictus. Surtout, elle ne pouvait se soustraire à la vision de sa bouche dégoulinante de sang, dont le rouge ressortait horriblement sur son teint pâle et ses dents éclatantes. Le corps d'une colombe aux ailes déployées gisait entre ses mains ; une autre, à ses pieds, semblait avoir fini de servir.

— Mon Dieu, non..., murmura Elena en reculant.

Elle était incapable de prononcer d'autres mots, tant ce spectacle surpassait tout ce qu'elle pensait être en mesure d'affronter. Elle n'arrivait plus à réfléchir, et refusait toujours d'en croire ses yeux.

— Mon Dieu, non...

— Elena !

Le regard féroce de Stefan était encore plus terrible... Le choc de la scène l'empêchait de percevoir le désespoir dans sa voix.

— Elena, je t'en prie, Elena...

— Non ! Nooon !

Les cris avaient enfin déchiré sa gorge. Elle recula de nouveau, car il avait fait un pas vers elle en lui tendant la main – cette main aux doigts si délicats qui avait si souvent caressé ses cheveux...

— Elena, je t'en prie, fais attention...

Elle ne pouvait détacher les yeux de ce visage monstrueux, au regard incandescent, qui s'avançait lentement vers elle. Prise de panique, elle fit un nouveau pas en arrière, si précipitamment qu'elle alla heurter le garde-fou rouillé du belvédère, qui céda sous son poids. Les craquements du bois se mêlèrent à son cri lorsqu'elle sentit que plus rien ne la retenait. Elle tomba dans le vide. Sa chute sembla durer une éternité, pendant laquelle elle s'attendait à tout moment à heurter le sol.

Mais le terrible impact ne vint pas. Au lieu de cela, des bras l'enveloppèrent pour ralentir sa chute. Elle entendit un choc sourd. Puis le calme revint.

Immobile, elle tentait de retrouver ses esprits. Comment était-elle tombée de trois étages sans une égratignure ? Là où son corps aurait dû se disloquer, sur un tapis de feuilles mortes, derrière la pension, elle se tenait debout, saine et sauve...

Levant lentement les yeux, elle reconnut celui qui lui avait évité le pire. Stefan ! L'émotion la rendit muette. Elle se contenta de lui lancer un regard plein d'interrogations.

L'expression de son visage la bouleversa. La lueur bestiale qui les avait changés en charbons ardents un instant plus tôt avait totalement disparu, laissant place à un immense désespoir. Mais, Elena y percevait un sentiment plus terrible encore : Stefan avait perdu toute estime de soi ; il se haïssait. Elle ne pouvait supporter ce spectacle. En considérant les traces rouges aux commissures de ses lèvres, elle ressentait surtout de la pitié, même si le frisson d'horreur ne l'avait pas tout à fait quittée. Il était si seul, si désemparé face à sa différence...

— Stefan..., murmura-t-elle.

— Viens, dit-il doucement.

Et ils rentrèrent ensemble à la pension.

Stefan ne s'était jamais senti aussi honteux que devant l'étendue du désastre dans sa chambre. Pourtant, après ce qu'Elena avait vu sur le toit, ce sentiment semblait bien dérisoire. En fin de compte, il était soulagé que son secret soit découvert : Elena savait enfin qui il était vraiment, et ce dont il était capable.

Elle s'avança vers le lit d'un pas hésitant, s'assit et fixa son regard sur lui.

— Raconte-moi…

Il eut malgré lui un rire sinistre. En la voyant tressaillir, il se détesta davantage.

— Qu'est-ce que tu veux savoir ? demanda-t-il brusquement avec un air de défi. Qui a fait ça ? ajouta-t-il en désignant la pièce. C'est moi, bien sûr !

— Tu dois être très fort… et rapide, aussi, dit-elle en se rappelant la manière dont il l'avait sauvée.

— Effectivement, je suis bien plus fort qu'un être humain.

Il avait prononcé ces deux derniers mots avec insistance.

— Mes réflexes sont plus rapides, aussi, et je suis plus résistant. Ça n'a rien d'étonnant, puisque je suis un prédateur, ajouta-t-il d'une voix dure.

Il se souvint qu'Elena l'avait interrompu au beau milieu de son festin, dont il portait la marque sanglante au coin des lèvres. Il s'empara d'un verre d'eau miraculeusement épargné et en but le contenu pour se nettoyer la gorge, puis s'essuya la bouche. Elena n'avait pas cessé de le fixer. Il avait cru que plus rien ne pourrait le toucher, désormais, et que ce qu'elle penserait n'aurait plus d'importance. Il s'était trompé.

— Tu peux donc manger et boire… autre chose ?

— Je n'en ai pas besoin : le sang est ma seule nourriture. En fait, j'ai beau être plus fort et plus rapide que les autres, je n'appartiens plus au monde des vivants depuis longtemps…

Il avait fait cet étrange aveu en la regardant droit dans les yeux ; malgré le calme de sa voix, un spasme le parcourut.

— Explique-moi, insista Elena. J'ai le droit de savoir.

Une fois encore, il admit qu'elle avait raison. Il contempla un instant la fenêtre brisée à la recherche des ses mots, puis se tourna vers elle, et commença d'une voix monocorde :

— Je suis né à la fin du XVe siècle… Est-ce que tu me crois ?

Elle regarda les objets éparpillés dans la chambre, et ses yeux se posèrent sur les florins, la coupe en agate et la dague.

— Oui… je te crois.

— Tu veux vraiment tout savoir, et entendre comment je me suis métamorphosé ?

Elle acquiesça. Il se tourna de nouveau vers la fenêtre, un moment désemparé. Lui qui avait esquivé les questions depuis si longtemps était devenu un champion de la dissimulation… Il ne voyait qu'une seule façon de s'en sortir, c'était de lui dire toute la vérité. Au risque de la faire fuir.

Alors, le regard perdu au loin, il se lança dans son récit. Sans qu'aucune trace d'émotion ne perçât dans sa voix, il lui parla de son père, cet influent notable, de sa vie à Florence et dans leur domaine à la campagne. Il évoqua ses études et ses ambitions, puis il en vint à son frère, si différent de lui, et à leur mésentente.

— J'ignore à quel moment Damon s'est mis à me détester… Je crois qu'il m'a toujours haï, en fait, sans doute parce que notre mère, qu'il aimait par-dessus tout, ne s'est jamais remise de ma naissance. Elle est morte quelques années plus tard. J'ai toujours eu l'impression que Damon me tenait responsable de sa disparition. Et puis, ensuite, une jeune fille acheva malgré elle d'attiser la haine entre nous.

— Celle à qui je ressemble ? demanda doucement Elena.

Il répondit d'un hochement de tête.

— C'est elle qui t'a donné cette bague ?

Il regarda le bijou en argent à son doigt. Lentement, il tira la chaîne de son cou : un anneau identique y pendait.

— Oui, c'était la sienne. Ce talisman protège les gens de notre espèce contre la brûlure mortelle du soleil.

— Alors, elle était… comme toi ?

— C'est elle qui m'a fait devenir ce que je suis.

Il lui expliqua à quel point Katherine était belle et douce, combien il l'avait aimée… et comment Damon était devenu son rival.

— Elle était si délicate, si attentionnée… Elle avait tant d'amour à donner, qu'elle ne parvenait pas à choisir entre mon frère et moi. Jusqu'à cette nuit où elle est venue me rejoindre.

Tout le bonheur qu'il avait ressenti cette nuit-là avait

resurgi : il avait duré jusqu'au matin, à tel point qu'il ne s'était pas inquiété de la disparition de Katherine, à son réveil.

Les deux petites entailles à son cou lui prouvaient qu'il n'avait pas rêvé, même s'il n'éprouvait aucune douleur. Elles étaient presque cicatrisées, curieusement. De toute façon, elles disparaîtraient sous le col de sa chemise.

L'idée que le sang de Katherine coulait dans ses veines, désormais, le faisait bondir de joie. Elle lui avait donné sa force. C'était lui qu'elle avait choisi !

Lorsqu'il retrouva Damon ce soir-là, à l'endroit du rendez-vous, son bonheur était si grand qu'il ne put s'empêcher de lui sourire. Son frère était arrivé juste à l'heure, bien que Stefan ne l'ait pas vu à la maison de toute la journée. Il réajustait tranquillement les plis de sa chemise, adossé à un arbre. Katherine était en retard.

— Elle est peut-être fatiguée, suggéra Stefan en contemplant le ciel orangé. Elle a sans doute eu besoin de se reposer plus que d'habitude…

Damon lui lança un regard perçant.

— Sans doute…, dit-il d'un ton énigmatique, comme s'il voulait laisser entendre à son frère qu'il en savait plus que lui.

Un pas léger leur annonça l'arrivée de Katherine. Elle apparut entre les haies taillées, en robe blanche, aussi belle qu'un ange. Elle leur adressa à tous les deux un sourire. Stefan le lui rendit d'un air entendu. Puis, il attendit.

— Vous m'avez demandé de choisir entre vous deux, dit-elle en les regardant l'un après l'autre. Me voici donc au rendez-vous.

Elle leva la main à laquelle elle portait sa bague, dont la couleur bleu nuit avait toujours fasciné Stefan.

— Vous connaissez cet anneau, dit-elle posément. Et vous savez que sans lui, je mourrais. De tels talismans sont très difficiles à fabriquer, mais heureusement Gudren a trouvé un joaillier compétent.

Stefan l'écoutait sans comprendre où elle voulait en venir. Pourtant, il était certain de la tournure que prendraient les événements Et, lorsqu'elle le regarda, il lui renvoya un sourire confiant.

— Donc, continua-t-elle en le fixant, j'ai fait faire quelque chose pour toi.

Elle lui prit la main et glissa un objet au creux de sa paume. C'était une bague identique à la sienne, mais plus grosse et plus lourde, non pas en or mais en argent.

— Il faudra bien que tu t'exposes aux rayons du soleil.

La fierté et le ravissement le laissèrent sans voix. Il aurait voulu baiser la main de Katherine, et la prendre dans ses bras… mais elle se détourna aussitôt.

— Et en voici une pour toi : toi aussi, tu en auras besoin.

Stefan pensa d'abord qu'il avait mal entendu : ces mots ne pouvaient pas être adressés à Damon, c'était impossible. Lorsqu'il vit briller dans la main de son frère un bijou similaire au sien, il crut être victime d'une hallucination.

Le silence qui suivit sembla durer une éternité. Enfin, Stefan articula péniblement :

— Katherine... Comment peux-tu lui donner cette bague ? Après ce que nous avons partagé...

La voix de Damon claqua comme un fouet :

— Ce que *vous* avez partagé ? C'est *moi* qu'elle est venue voir hier soir ! Son choix est fait !

Et pour appuyer son propos, il défit brusquement son col pour révéler deux petites marques sur sa gorge, pareilles à celles que portait Stefan. Celui-ci les fixait sans un mot, luttant contre la nausée. Enfin, il secoua la tête, incrédule.

— Mais Katherine... Je n'ai pourtant pas rêvé... C'est *moi* que tu es venue rejoindre...

— Je suis venue vous voir tous les deux, dit Katherine d'une voix sereine. Cela m'a beaucoup affaiblie, mais je suis si contente de l'avoir fait... Vous ne comprenez donc pas ? continua-t-elle devant leurs regards stupéfaits. Voilà mon choix ! Je vous aime tous les deux, et je ne peux renoncer ni à l'un ni à l'autre. Désormais, plus rien ne nous séparera, et nous serons heureux ensemble pour l'éternité !

— Heureux ?

Stefan manqua s'étrangler en prononçant ces mots.

— Oui, heureux ! Nous serons trois compagnons qui ne souffriront d'aucun mal, ni de vieillesse, et cela jusqu'à la fin des temps !

Sa voix vibrait d'allégresse.

— Heureux… avec *lui ?* demanda Damon, que la fureur avait rendu livide. Avec ce crétin entre nous ? Ce ridicule modèle de vertu ? J'ai tout juste la force de supporter sa vue en ce moment. Je ne souhaite qu'une seule chose : le voir disparaître à tout jamais, et ne plus entendre sa maudite voix !

— C'est exactement ce que je veux te concernant ! lança Stefan de toute sa haine.

Il comprenait maintenant d'où venait la décision de Katherine : c'était Damon qui avait distillé son venin dans son esprit pour y semer la confusion.

— Et ce n'est pas l'envie qui me manque de te faire disparaître définitivement.

Damon le prit au mot.

— Dans ce cas, tire ton épée, si tu l'oses !

— Damon, Stefan, je vous en prie ! Non ! s'écria Katherine en retenant le bras de Stefan. Vous ne pouvez pas vous entretuer. Vous êtes frères !

— Hélas, je n'y suis pour rien, cracha Damon.

— Je vous en supplie… Damon… Stefan… Faites la paix… Pour moi…

Devant les larmes de désespoir que laissait couler Katherine, Stefan se sentit flancher, l'espace d'une seconde. Mais la fierté bafouée et la jalousie balayèrent cet instant d'hésitation. Son visage était aussi dur et fermé que celui de Damon.

— Non, déclara-t-il. C'est impossible. C'est lui ou moi, Katherine. Jamais je ne pourrai te partager.

Katherine le lâcha enfin. De nouvelles larmes roulèrent sur ses joues pour aller maculer sa belle robe blanche. Elle étouffa un sanglot, ramassa ses jupons et s'enfuit en courant.

— Damon mit la bague donnée par Katherine, continua Stefan, dont la voix trahissait l'émotion et la fatigue. Il se tourna ensuite vers moi en disant : « Tu verras, c'est moi qui l'aurai ! » Et il disparut.

Elena n'avait pas quitté le lit où elle était assise. Elle le regardait de ces yeux qui ressemblaient tant à ceux de Katherine, surtout à cet instant, noyés par le chagrin et la crainte. Mais Elena ne s'enfuit pas.

— Et… que s'est-il passé ensuite ?

Elle vit les poings de Stefan se serrer convulsivement tandis qu'il s'écartait brusquement de la fenêtre. Il était arrivé au point le plus insupportable de son récit : il se sentait incapable de poursuivre, refusant de plonger Elena dans le cauchemar qui l'attendrait un jour, sans doute.

— Non…, dit-il enfin. Je ne pourrai pas…

— Tu dois tout me dire, insista-t-elle doucement, quelle que soit ta souffrance. Tu entends, tu ne peux pas t'arrêter maintenant !

La scène qui l'avait fait basculer dans l'horreur, il y avait si longtemps, le happa. Le jour où tout avait pris fin… et où tout avait commencé.

Elena referma sa main sur la sienne pour lui donner le courage de continuer.

— Dis-moi.

— Tu veux vraiment savoir ce qui est arrivé à Katherine ? murmura-t-il.

Elle approuva d'un signe de tête : une détermination à toute épreuve brillait dans ses yeux.

— Alors, je vais te le dire. Elle est morte le lendemain. Mon frère Damon et moi, nous l'avons tuée.

14.

Ces mots la saisirent d'épouvante. Se souvenant du sang sur les lèvres de Stefan, elle eut du mal à retenir un mouvement de recul.

— Ce n'est pas possible, Stefan… Je te connais. Tu n'as pas pu faire ça…

Tout entier plongé dans son passé, il ne semblait pas entendre ses protestations. Il fixait un point invisible, à des années-lumière d'elle.

— Ce soir-là, allongé sur mon lit, j'ai espéré si fort qu'elle viendrait… Déjà, des changements s'étaient opérés en moi : je distinguais mieux ce qui se passait dans le noir, et mon ouïe s'était affinée. Je débordais d'énergie. Et j'avais faim. C'était une sensation étrange, que mon dîner n'était pas parvenu à rassasier. Je ne comprenais pas d'où elle venait, jusqu'à ce que mon regard se pose sur le cou blanc d'une de nos servantes. Alors, j'ai compris. J'ai résisté de toutes mes forces à l'envie d'aller y planter mes dents. Ce soir-là, j'ai prié pour que Katherine vienne me rejoindre. Oui, j'ai osé prier, moi… une créature maléfique !

Ses yeux se remplirent de détresse… Ce souvenir le torturait. Les doigts d'Elena, engourdis à force de serrer les siens, se refermèrent un peu plus.

— Continue…

Il donnait l'impression de se parler tout haut, comme s'il avait oublié sa présence. Sa voix était devenue hésitante.

— Le lendemain, ma faim était intenable, et je ressentais une vive douleur dans les membres, comme si mes veines étaient asséchées. Je savais bien que je ne tiendrais plus très longtemps. Alors, je suis allé jusqu'aux appartements de Katherine dans l'espoir qu'elle m'aiderait. Mais Damon attendait déjà devant sa porte. J'ai tout de suite constaté, à son teint frais et à l'énergie de son pas, qu'il s'était rassasié. Il n'avait pas réussi à voir Katherine pour autant. « Tu peux frapper tant que tu veux, me dit-il, le dragon qui lui sert de dame de compagnie ne te laissera pas entrer. J'ai déjà essayé. Mais peut-être qu'à deux, nous parviendrons à la faire changer d'avis… » Je ne lui ai pas répondu, dégoûté par son air satisfait et fourbe. Alors j'ai frappé à réveiller… j'allais dire « à réveiller les morts ». Mais ce n'est pas si difficile, finalement !

Il s'esclaffa sinistrement. Après un silence, il continua :

— Gudren a fini par ouvrir, me toisant avec impassibilité. Je lui ai demandé si je pouvais voir sa maîtresse, m'attendant à un refus. Gudren m'a observé en silence, avant de jeter un coup d'œil à Damon, derrière moi. « Je ne voulais pas le lui dire à lui, lâcha-t-elle enfin. Mais puisque c'est vous qui le demandez... Dame Katherine n'est pas là. Elle est partie tôt ce matin se promener dans les jardins. Elle m'a dit qu'elle avait besoin de réfléchir. » J'étais très étonné. « Tôt ce matin ? » ai-je répété. « Oui. Ma maîtresse était très malheureuse hier soir, dit-elle d'un ton accusateur. Elle a pleuré toute la nuit. » Un sentiment étrange m'a assailli aussitôt. Je n'étais pas seulement malheureux à l'idée que Katherine avait souffert : j'avais terriblement peur, à tel point que j'en ai oublié ma faim, ma faiblesse... et même ma haine envers Damon. Il fallait agir vite : je me suis tourné vers mon frère en lui expliquant que nous devions retrouver Katherine. À ma grande surprise, il a acquiescé. Nous avons fouillé les jardins à sa recherche. Je me souviens très clairement de la scène. Le soleil brillait par-dessus les hauts cyprès et les pins. Damon et moi avons couru entre les arbres, après avoir examiné les moindres recoins, sans cesser de l'appeler.

Stefan frémissait de tout son corps, et sa respiration s'était faite haletante.

— Nous avions fait le tour de presque tous les jardins lorsque je me suis souvenu que Katherine adorait un endroit en particulier, tout près d'un vieux mur, sous un citronnier. Je m'y suis précipité. Mais en approchant, une terrible prémonition m'a envahi : je ne devais pas m'aventurer jusque-là.

— Stefan ! s'écria Elena.

Il lui broyait la main à présent, et des soubresauts le secouaient.

— Stefan, s'il te plaît…

Il ne l'entendait pas.

— C'était… comme dans un cauchemar où tout se déroule au ralenti. Une force me poussait à avancer, malgré la terreur qui m'avait gagné. Une odeur violente m'assaillit. Celle de la chair brûlée. J'avais beau me dire que je ne voulais rien voir, je continuais à avancer…

Stefan semblait sur le point de suffoquer, et ses yeux étaient écarquillés d'horreur.

— Stefan ! Stefan, tout va bien… Tout ça, c'est du passé… Je suis là…

— J'ai beau me dire que je ne veux rien voir, je ne peux pas m'empêcher de regarder. J'aperçois quelque chose de blanc sous l'arbre. Nooon ! Pas ça !

— Stefan ! Stefan ! Regarde-moi !

Il restait sourd à ses cris. Le débit de ses paroles était devenu saccadé.

— Je m'approche. Il y a le citronnier, le mur. Et cette chose blanche, juste derrière. Du blanc et du doré. C'est sa robe, la robe blanche de Katherine. Je contourne l'arbre : c'est bien sa robe… mais Katherine n'est nulle part.

Elena fut parcourue d'un frisson glacial. Elle tenta

de le réconforter par quelques mots, mais rien ne semblait pouvoir l'arracher à son récit, comme s'il servait de catharsis à sa terreur.

— Katherine n'est pas là, je ne vois que sa robe, par terre. Pleine de cendres. On dirait un foyer abandonné. Elle dégage une odeur épouvantable. J'en suis malade. À côté d'une des manches, un parchemin. Et sur une pierre, une bague sertie d'une petite pierre bleue. Celle de Katherine.

Soudain, il se mit à hurler :

— Katherine, pourquoi est-ce que tu as fait ça ?

La voix brisée, il tomba à genoux, lâchant enfin Elena, et enfouit son visage dans ses mains. De violents sanglots ébranlaient ses épaules.

Elena l'attira contre elle.

— Katherine a ôté sa bague, termina-t-elle dans un murmure, comme pour elle-même. Et elle s'est exposée aux rayons du soleil.

Elle le tint longtemps ainsi, caressant sa nuque tandis qu'il pleurait toutes les larmes de son corps ; elle murmurait des paroles apaisantes en essayant de lutter contre son propre sentiment d'horreur. Enfin, se calmant un peu, il leva la tête.

— Le parchemin était adressé à Damon et moi, continua-t-il péniblement. Katherine y avait écrit qu'elle regrettait son égoïsme et ne supportait pas d'être la cause de notre haine. Elle espérait que son départ nous pousserait à la réconciliation.

Elena avait les larmes aux yeux.

— Oh Stefan, c'est si triste..., dit-elle, pleine de compassion. Mais tu ne trouves pas, avec le recul, que Katherine a mal agi ? Elle vous a imposé son choix, sans penser à vous. Aucun de vous deux n'est responsable de sa mort.

Stefan n'était pas encore prêt à accepter une autre version que la sienne.

— Non.... Elle s'est sacrifiée à cause de nous... Nous l'avons tuée....

Il avait l'air d'un petit garçon désemparé. Il continua :

— Damon est arrivé derrière moi, a pris le parchemin et l'a lu. Alors, il est devenu comme fou. Il a aussitôt essayé de m'arracher la bague de Katherine, que j'avais ramassée. Ça m'a mis hors de moi : nous nous sommes battus en nous couvrant d'insultes, et en nous accusant de sa mort. J'étais dans un tel état de fureur que je ne me suis même pas aperçu que nous nous étions approchés de la maison, l'épée à la main. Tout ce que je sais c'est que je voulais en finir avec cet odieux individu en qui je ne pouvais plus voir un frère. Lorsque nous avons entendu mon père crier de la fenêtre, nous nous sommes battus encore plus violemment pour en avoir terminé quand il arriverait. Damon avait toujours eu le dessus sur moi, même si nous étions à peu près de la même force. Ce jour-là, il fut le plus rapide, déjouant ma garde pour me transpercer le cœur d'un seul coup, avec une violence inouïe. La froideur du métal m'a submergé de douleur, et la vie m'a abandonné lentement. Je suis tombé. Voilà comment... je suis mort.

Elena était stupéfaite.

— Damon s'est penché vers moi, continua-t-il. J'entendais les hurlements de mon père et des serviteurs, mais la seule chose que je voyais, c'était le visage de Damon, et ses yeux plus noirs qu'une nuit sans lune : je voulais venger mon trépas et celui de Katherine. Avec ce qu'il me restait d'énergie, j'ai planté mon épée dans la poitrine de mon frère, et je l'ai tué.

L'orage s'était éloigné. Par la fenêtre cassée, Elena entendait maintenant les stridulations des criquets et le vent agiter les feuilles, dans la nuit. Allongé sur son lit, Stefan avait fermé les yeux. Son visage était marqué par la fatigue, mais son expression de terreur avait enfin disparu.

— Ensuite, je ne me souviens plus de rien jusqu'au moment où je me suis réveillé dans ma tombe. Damon et moi avions reçu juste assez de sang de Katherine pour avoir la force d'achever notre transformation, et de ne pas mourir comme de simples mortels. Nous portions nos plus beaux vêtements, allongés côte à côte sur la dalle. Nous étions néanmoins trop faibles pour recommencer à nous battre. Lorsque je me suis tourné pour demander à Damon ce qu'il comptait faire, il avait déjà disparu dans la nuit. Heureusement, nous avions été enterrés avec les bagues que Katherine nous avait données. Et la sienne se trouvait dans ma poche. Ils avaient dû penser qu'elle m'en avait fait cadeau… Ensuite, j'ai voulu tout bêtement rentrer chez moi. Évidemment, à peine m'ont-ils vu que les serviteurs ont hurlé en courant chercher un prêtre.

Alors, j'ai gagné le seul endroit où j'étais en sécurité : l'ombre. J'y suis toujours resté, jusqu'à maintenant. C'est au monde des ténèbres que j'appartiens, Elena. C'est mon orgueil et ma jalousie qui ont tué Katherine, et c'est ma haine qui a causé la mort de Damon. Mais ce que j'ai infligé à mon frère est bien pire. À cause de moi, il a été banni pour toujours de l'espèce humaine : si je ne l'avais pas tué, le sang de Katherine qui courait dans ses veines aurait fini par perdre de sa force, et il n'aurait pas pu finir sa transformation. Il serait redevenu un être humain. En le tuant, je lui ai ôté sa seule chance de salut, et l'ai contraint à vivre dans la nuit.

Stefan se mit à rire.

— Tu sais ce que veut dire Salvatore, en italien, Elena ? Ça signifie « sauveur ». Et Stefan est un dérivé du prénom Étienne… le premier martyr chrétien. Et c'est moi qui ai condamné mon frère à l'enfer !

— Non…, murmura Elena. Il s'est lui-même damné en te tuant… Est-ce que tu sais ce qu'il est devenu ?

— Il a fait partie d'un bataillon de mercenaires qui mettaient tout à feu et à sang sur leur passage… Il a arpenté le pays en se battant et en buvant le sang de ses victimes, pendant que moi je mourrais à moitié de faim aux portes de la ville, où je chassais des animaux. Je n'ai plus entendu parler de lui pendant longtemps. Et puis, un jour, j'ai entendu sa voix dans mon esprit. Il avait acquis cette faculté grâce au sang humain qu'il buvait et qui lui donnait une force bien supérieure à la mienne. D'autant plus qu'il ne se contentait pas de cet élixir : à force d'assécher les veines de ses victimes, il leur prenait leur vie, ce qui lui donnait une puissance supplémentaire. Lorsqu'un homme est mis à mort, son âme se fortifie, dans les derniers moments de terreur et de lutte, donnant à celui qui boit son sang un pouvoir incroyable.

— Quel… pouvoir ? demanda Elena, intriguée.

— Il ne s'agit pas d'un seul pouvoir, en fait, mais de tout un ensemble de facultés. Un mélange de force et de rapidité, d'abord. Une acuité de tous les sens, aussi, surtout la nuit. Et puis, la possibilité de… sentir les esprits. Nous sommes capables de déceler leur présence, et la nature de leurs pensées. Nous pouvons aussi subjuguer totalement les plus faibles, ou simplement les faire obéir à nos ordres. Et, ce n'est pas tout : si nous buvons suffisamment de sang humain, nous avons la possibilité de changer d'aspect pour prendre celui d'un animal, par exemple. Plus nous tuons, plus notre pouvoir est décuplé. Dans mon esprit, la voix de Damon était parfaitement distincte. Il me disait qu'il était désormais le chef de son propre bataillon, et qu'il revenait à Florence ; s'il me trouvait encore là lorsqu'il arriverait, il me tuerait. Je savais qu'il tiendrait parole, alors je suis parti. Depuis, je ne l'ai croisé qu'une fois ou deux, et j'ai aussitôt disparu de son chemin : je sentais que sa puissance croissait de jour en jour. Damon a su à merveille s'adapter à son état, et il semble très fier d'appartenir au royaume de l'ombre… Moi aussi, pourtant, que je le veuille ou non, j'en fais partie : je porte la marque des ténèbres. J'ai beau essayer de maîtriser mes instincts, rien n'y fait… J'ai eu tort de penser que je pourrais vivre tranquillement à Fell's Church, loin des vieux souvenirs qui me rappelaient ma véritable nature. Parce que, ce soir, j'ai tué un homme.

— Non ! Stefan ! Ce n'est pas vrai ! Tu n'as rien fait, j'en suis sûre !

L'histoire qu'elle avait entendue l'avait certes épouvantée. Mais elle lui avait également inspiré de la pitié, et le dégoût du début avait totalement disparu. Elle était certaine d'une chose : Stefan n'était pas un assassin.

— Dis-moi ce qui s'est passé ce soir. Est-ce que tu t'es disputé avec Tanner ?

— Je… je ne me souviens plus. J'ai utilisé mon pouvoir pour le persuader de faire ce que tu voulais. Et puis je suis parti. Mais un peu plus tard, j'ai senti ma tête tourner, et mes forces décliner… comme à chaque attaque… La dernière fois que ça m'est arrivé, c'était dans le cimetière, à côté de l'église, le soir où Vickie a été agressée…

— Mais ce n'est pas toi qui as fait ça ! Tu n'aurais jamais fait une chose pareille, hein, Stefan ?

— Je n'en sais rien. Comment expliques-tu, alors, que je me suis trouvé là à chaque crime, si ce n'est pas moi le coupable ? Et puis, j'ai bu le sang de l'homme sous le pont. Et on l'a retrouvé à moitié mort… Et puis, j'étais là aussi quand Vickie et Tanner ont été attaqués…

— Peut-être, mais ce n'est pas toi le meurtrier. La preuve, c'est que tu ne t'en souviens pas, déclara Elena.

La lumière s'était soudain faite dans son esprit, lui donnant l'absolue certitude que Stefan était innocent.

— Ça ne veut rien dire ! objecta-t-il. Qui d'autre à part moi aurait pu faire une chose pareille ?

— Damon.

Ce nom le fit d'abord tressaillir. Puis ses épaules s'affaissèrent.

— J'y ai pensé, moi aussi : je me suis dis que quelqu'un comme mon frère aurait pu commettre ces attaques. Alors, j'ai sondé autour de moi la présence d'autres esprits. Personne ne s'est manifesté. Tu vois, la seule explication possible, c'est que c'est moi le tueur.

— Non, tu n'as pas compris. Je ne pense pas que quelqu'un comme Damon soit l'auteur de ces crimes. Ce que je veux dire, c'est que Damon est ici, à Fell's Church. Je l'ai vu.

Stefan la regarda, incrédule.

— C'est forcément lui, reprit-elle. Je l'ai croisé au moins deux fois, peut-être trois. Stefan, c'est mon tour de te raconter.

Elle lui expliqua alors, de façon la plus succincte possible, ce qui s'était passé dans le gymnase, puis chez Bonnie. Lorsqu'elle lui dit que Damon avait essayé de l'embrasser, Stefan eut du mal à contenir sa colère. Et elle eut honte de lui avouer qu'elle avait failli céder. Elle lui parla ensuite du corbeau, et de tous les événements étranges survenus depuis son retour de France.

— Et je pense même qu'il se trouvait dans le gymnase ce soir, acheva-t-elle. Quelqu'un à la démarche familière m'a frôlée dans l'entrée : il était habillé tout en noir, avec un capuchon sur la tête… comme pour incarner la

Mort. C'était lui, Stefan, j'en suis presque sûre. Il était là.

— Mais, alors, comment expliques-tu que l'homme sous le pont ait été retrouvé à moitié mort ?

— Tu as dit toi-même que tu n'as bu qu'un peu de sang ! Peut-être que Damon est venu après ton départ et l'a achevé… Rien n'était plus simple pour lui, surtout s'il t'épiait depuis longtemps, peut-être sous une autre forme…

— Un corbeau, par exemple ?

— Oui. Et pour ce qui est de Vickie, j'ai une petite idée. Voilà, tu m'as dit que tu pouvais subjuguer les esprits plus faibles. Est-ce que Damon n'aurait pas pu faire la même chose avec toi ?

— C'est possible. En me cachant sa présence, il aurait pu contrôler ma volonté.

La voix de Stefan retrouva soudain toute sa vigueur.

— Mais, oui ! s'écria-t-il, c'est sans doute pour cette raison qu'il n'a jamais répondu à mes appels. Il voulait…

— Il voulait te faire douter, et c'est exactement ce qui s'est passé ! Il a cherché à te faire croire que c'était toi le tueur. Mais c'est faux, Stefan ! Maintenant, tu le sais, et tu n'as plus à avoir peur !

Elena s'était levée. Elle était folle de joie à la pensée que cette atroce nuit s'était conclue de manière si merveilleuse.

— Alors, c'est pour ça que tu étais si distant avec moi ! reprit-elle en lui tendant les mains. Tu avais peur de ce que tu pouvais me faire… Mais tu n'as plus rien à craindre, maintenant !

— Tu en es bien sûre ? répondit Stefan, qui fixait avec méfiance les paumes tendues d'Elena. Tu penses que tu n'as plus aucune raison de me craindre ? Peut-être que Damon a effectivement attaqué ces gens. Mais ça ne change rien au fait que je peux être dangereux, et que j'ai été tenté par de terribles pulsions. Même envers toi…

— Je suis sûre que tu n'as jamais voulu me faire de mal.

— Tu crois ça ! Mais tu ignores qu'à la seule vue de ta gorge, j'ai eu envie plus d'une fois de me jeter sur toi devant tout le monde…

La façon dont il regardait son cou lui faisait tant penser à Damon qu'elle sentit les battements de son cœur s'accélérer.

— Tu sais, Stefan, tu n'as pas besoin de m'y forcer… J'ai bien réfléchi, et, en fin de compte, c'est ce que je veux.

— Tu ne sais pas de quoi tu parles…, dit-il d'un air bouleversé.

— Je crois que si… Tu m'as expliqué ce que tu as ressenti quand Katherine a bu ton sang. Je veux que tu fasses la même chose avec moi. Je ne te demande pas de me changer, tu sais… Je sais à quel point tu aimais Katherine. Mais elle n'est plus là. Moi, si. Et je t'aime Stefan. Je veux tout partager avec toi.

— Il n'en est pas question !

Il s'était levé, furieux qu'elle veuille courir un tel risque.

— Personne ne sait de quoi je suis capable, lorsque ma passion se déchaîne… Peut-être que j'en arriverai à te transformer ! Ou même, à te tuer ! Tu n'as pas encore compris qui j'étais et jusqu'où je pouvais aller ?

Le visage d'Elena était resté impassible, ce qui fit de nouveau enrager Stefan.

— Tu n'en as pas vu assez, c'est ça ? reprit-il. Est-ce qu'il faut que je te montre d'autres horreurs pour que tu comprennes enfin ce qui t'attend ?

Il alla jusqu'à la cheminée et ramassa une bûche dans l'âtre éteint. D'un seul geste, il le brisa comme une allumette.

— Voilà ce que je pourrais faire de tes os si fragiles…

Il ramassa ensuite un coussin, et d'un seul coup d'ongle, en lacéra la housse de soie.

— … de ta peau si douce…

Puis il s'élança vers Elena en un éclair, la prit par les épaules, planta son regard dans le sien et, avec un sifflement sauvage, retroussa ses lèvres dans un rictus horrible, qui lui rappela en tous points la scène du belvédère. Elle avait sous les yeux les mêmes canines démesurées, celles d'un prédateur.

— … et de ton cou si blanc.

Elena, pétrifiée par le visage terrifiant de Stefan, fut d'abord incapable du moindre mouvement. Puis elle sembla revenir à elle. Elle glissa ses bras entre ceux de Stefan, qui agrippait toujours ses épaules, et les fit remonter jusqu'à son visage, le prenant entre ses mains. Elle resta longtemps ainsi, sans bouger, les joues fraîches du jeune homme contre ses paumes, en mettant dans son geste toute la tendresse et la douceur dont elle était capable : c'était comme une réponse à la dureté des mains de Stefan sur ses épaules nues. Les yeux de celui-ci prirent une expression de stupeur quand il comprit : elle n'avait pas l'intention de le repousser ! Elle espérait le sentir enfin vibrer de désir, jusqu'à ce que ses yeux la supplient de l'embrasser. Elle entendit sa respiration s'accélérer : il frissonnait, comme lorsqu'il avait évoqué le souvenir de Katherine. Alors, tout doucement, elle attira à elle son visage, où une grimace bestiale flottait encore.

La nuque tendue de Stefan lui fit comprendre qu'il n'avait pas fini de lutter. Pourtant, elle savait qu'il céderait, car sa douceur était une arme plus puissante que sa force à lui, toute surnaturelle qu'elle était. Elle ferma les yeux et chercha à évacuer de son esprit les terribles révélations de Stefan, en se rappelant la tendresse de ses caresses. Ses lèvres allèrent rejoindre celles du prédateur qui l'avait menacée quelques instants plus tôt…

Il céda enfin à la douceur de son baiser : sur les épaules d'Elena, ses doigts lâchèrent prise, et il l'enlaça tendrement.

— Tu n'es pas capable de me faire du mal, murmura-t-elle.

Leur étreinte effaça, dans un élan passionné, toutes les peurs et les moments de désespoir qu'ils avaient traversés. Elena s'abandonna entièrement à la volupté de l'instant. Essoufflée et le cœur battant, elle comprit que le moment était venu.

Tout doucement, elle guida la bouche de Stefan vers sa gorge. Ses lèvres effleurèrent sa peau dans un souffle tiède. Puis ses dents aiguisées trouèrent sa chair. Mais la douleur disparut presque aussitôt, remplacée par un plaisir enivrant qui les submergea tous les deux. Lorsqu'elle ouvrit les yeux, ce fut pour contempler un visage où tout obstacle avait disparu. Elle se sentit faible, soudain.

— Est-ce que tu me fais entièrement confiance ? murmura-t-il.

Elle hocha la tête. Il tendit la main vers quelque chose, près du lit. C'était la dague. Il la tira de son fourreau et se pratiqua une petite entaille à la base du cou. Le sang apparut, aussi rouge que les fruits du houx. Elle le regarda couler sans détourner le regard, et lorsqu'il l'attira contre sa plaie, elle n'eut aucune résistance.

Il la tint un long moment dans ses bras tandis que, dehors, les criquets poursuivaient leur sérénade. Enfin, il fit un mouvement pour se redresser.

— J'aimerais que tu restes toujours ici, et que nous ne soyons jamais séparés, chuchota-t-il. Mais c'est impossible.

— Je sais.

Ils avaient tellement de choses à se dire à présent, et tant de raisons de ne plus se quitter.

— On se reverra demain, reprit-elle en se serrant

contre lui. Quoi qu'il arrive, Stefan, je ne t'abandonnerai pas, je te le jure...

— Oh, Elena, je te crois, murmura-t-il dans ses cheveux. Rien ne nous séparera.

15.

Elena avait à peine quitté la pension que Stefan se précipita dans sa voiture, en direction de la forêt.

Il se gara au même endroit que le jour de la rentrée – où il avait vu le corbeau – et se mit à refaire le trajet emprunté ce matin-là. Son sixième sens lui permit de retrouver sans difficulté son chemin – guidé par la forme d'un taillis, ou l'emplacement d'une racine noueuse – jusqu'à la clairière bordée de chênes. Là, sur un tapis de feuilles mortes, se trouvaient peut-être encore les restes du lapin.

Il inspira profondément et lança une pensée. Pour la première fois, il sentit l'amorce d'une réponse. Mais elle était si faible qu'il ne put la localiser. Un peu déçu, il fit demi-tour… et s'arrêta net.

Damon, les bras croisés, était nonchalamment adossé à un arbre, juste devant lui.

— Tu es là, c'était donc vrai… Ça fait une éternité qu'on ne s'était pas vus…

— Pas si longtemps que tu crois, répondit Damon de son ton désinvolte. Sache que je n'ai jamais perdu ta trace, pendant toutes ces années. Tu ne t'es douté de rien… Tes pouvoirs sont si faibles…

— Prends garde, Damon ! Je ne suis pas d'humeur à supporter tes railleries, ce soir.

— Oh ! C'est qu'il se mettrait en colère, le modèle de vertu ! Mais j'y pense ! Peut-être que tu n'as pas apprécié mes petites excursions sur ton territoire… Il faut dire que tu m'as tellement manqué ! Toi, mon frère !

— Arrête ton baratin ! Tu as commis un crime ce soir, et tu as voulu me faire croire que j'en étais l'auteur.

— Comment peux-tu en être sûr ? Qui te dit que nous n'avons pas agi ensemble ?

Et comme Stefan s'avançait vers lui, il ajouta :

— Attention ! Je ne suis pas non plus très bien luné. Il faut me comprendre : je n'ai réussi à mettre la main que sur un petit prof ratatiné, alors que toi, tu t'es régalé d'une jolie fille toute fraîche.

Stefan bouillait de rage.

— Laisse Elena tranquille, murmura-t-il d'un ton si menaçant que Damon fit un pas en arrière. Tu n'as pas cessé de vouloir l'approcher ces derniers temps, je le sais. Mais je te préviens, si tu essaies encore une fois, je te le ferai regretter.

— Ce que tu peux être égoïste, alors ! Ça a toujours été ton défaut, d'ailleurs. Monsieur ne partage pas. Heureusement que la belle Elena est plus généreuse... Elle ne t'a pas parlé de notre petite aventure ? C'était la première fois qu'elle me voyait, et elle s'est presque donnée à moi corps et âme !

— Tu mens !

— Mais pas du tout, mon cher. Je ne mens jamais à propos des choses importantes. Donc, à moins que ce ne soit qu'un détail... Enfin, ça ne change rien au fait qu'elle s'est pâmée dans mes bras... Elle doit avoir un petit faible pour les hommes en noir.

Et, tandis que Stefan écumait de colère, Damon ajouta d'un ton doucereux :

— Tu sais, tu te trompes complètement sur son compte. Elle t'a rappelé Katherine et tu l'as prise pour une fille douce et docile. Mais ce n'est pas du tout ton type. Elle a un tempérament de feu qui n'est pas fait pour toi.

— Tandis que pour toi, elle est parfaite, c'est ça ?

Damon croisa les bras avec un grand sourire.

— Oh, que oui !

Stefan se retint difficilement de se jeter sur son frère pour lui faire ravaler son sourire arrogant.

— Effectivement, répliqua-t-il, elle n'est pas aussi docile que Katherine : elle trouvera la force de te repousser. Maintenant qu'elle sait qui tu es, elle n'a que de la répulsion à ton égard : elle se mettra à l'abri de tes tentatives de séduction.

Damon haussa les sourcils.

— Vraiment ? Je voudrais bien voir ça ! Elle changera d'avis lorsqu'elle constatera que j'assume pleinement ma nature de créature des ténèbres : le crépuscule que tu renvoies risque de lui paraître bien fade... Mais je suis inquiet pour toi, petit frère. Tu sembles faible et mal nourri. Visiblement, cette petite garce n'est pas à la hauteur de ses promesses...

Stefan eut une irrépressible envie de meurtre. La seule chose qui l'empêcha de taillader la gorge de son frère, c'était la certitude que son festin avait décuplé ses forces : la vie volée quelques heures plus tôt le faisait rayonner de puissance.

— En effet, je me suis abreuvé abondamment ce soir, dit Damon comme s'il avait lu dans les pensées de Stefan.

Il eut un soupir nostalgique à l'évocation de ce plaisant souvenir.

— Il n'était pas bien gros, mais contenait une étonnante quantité de jus. Évidemment, il n'était pas aussi joli qu'Elena, et sentait beaucoup moins bon... Pourtant, je trouve toujours très réjouissant de sentir un autre sang courir dans mes veines.

Il fit quelques pas, jetant un coup d'œil autour de lui : Stefan ne put s'empêcher de remarquer que l'élégance de sa démarche et la grâce de ses mouvements s'étaient accentués au cours des siècles.

— Tiens, d'ailleurs, ça me donne des envies un peu folles, dit Damon en s'approchant d'un jeune arbre.

Le végétal était presque deux fois plus grand que

lui, et quand Damon l'enlaça, ses doigts ne firent pas le tour de son tronc. Pourtant, ses muscles se murent sous sa chemise noire avec aisance, et l'arbre sortit du sol, les racines pendantes, laissant s'échapper une odeur de terre.

— Il ne me plaisait pas planté là, dit Damon en le lançant au loin. Et puis, tiens, j'ai une autre idée.

L'air vibra comme sous l'effet d'une vague de chaleur et Damon avait soudain disparu. Stefan avait beau tourner la tête en tous sens, il restait invisible.

— Là-haut, frérot !

Stefan leva le nez pour découvrir Damon perché sur une branche. Celui-ci disparut presque aussitôt dans un bruissement de feuilles.

— Par ici !

Stefan fit volte-face en sentant une petite tape sur son épaule. Personne !

— Ici !

Il se retourna de nouveau. Toujours rien !

— Essaie par-là plutôt !

Stefan avait beau brasser l'air furieusement, ses mains se refermaient toujours sur le vide.

Ici, Stefan ! Cette fois, la voix parlait à son esprit. Elle était si claire que la supériorité de Damon ne faisait aucun doute : Stefan savait que cette faculté n'était donnée qu'aux plus forts.

Il se retourna pour voir Damon là où il l'avait d'abord trouvé, contre le grand chêne. Mais cette fois, toute ironie l'avait quitté : son regard était impénétrable, et ses lèvres pincées dans une moue méprisante.

De quelles autres preuves as-tu besoin, Stefan ? Tu es sans doute moins faible que ces pitoyables êtres humains, mais mon pouvoir à moi surpasse largement le tien, tu ne peux pas le nier. Je suis bien plus rapide que toi, de toute façon. Et j'ai d'autres pouvoirs dont tu imagines à peine l'existence : ceux qu'utilisaient les tous premiers êtres de notre espèce. Et je n'aurai aucune hésitation à les utiliser contre toi.

— Alors, c'est pour ça que tu es venu ? Pour me torturer ?

J'ai été plus clément envers toi que tu le penses. Tu t'es trouvé sur mon passage plus d'une fois, et je t'ai laissé la vie sauve. Mais, maintenant, c'est différent.

Damon s'écarta de l'arbre, continuant à voix haute :

— Je te préviens Stefan, n'essaie pas de te mettre en travers de ma route. Peu importe la raison de ma venue. Ce que je veux, c'est Elena, et si tu tentes quoi que ce soit pour m'en empêcher, je te tuerai.

— Tu peux toujours essayer…

La rage qui dévorait Stefan était plus ardente que jamais : Damon savait que cette force-là pouvait le pousser à entraver sa volonté.

— Tu ne m'en crois pas capable, sans doute ? Mais quand est-ce que tu comprendras enfin ?

À peine eut-il prononcé ces mots qu'il disparut. Stefan sentit alors de puissantes mains le saisir, et les premières tentatives qu'il fit pour les repousser restèrent inutiles.

Il essaya ensuite d'atteindre son frère sous la mâchoire, sans plus de succès : il fut complètement immobilisé, les bras dans le dos, aussi vulnérable qu'un moineau dans les griffes d'un chat. Il feignit d'abandonner la lutte, puis banda soudain tous ses muscles. La poigne d'acier de Damon ne fit que resserrer son étreinte, réduisant à néant ses efforts.

La petite leçon que je vais te donner te guérira de ta stupide obstination.

Des doigts lui agrippèrent les cheveux, lui renversant la tête pour exposer sa gorge. Il se débattit comme il put. *Tu te fatigues pour rien.* Des dents pénètrent sa chair, et il ressentit l'humiliation de la victime. Puis une douleur l'envahit, celle qui survient lorsque le donneur n'est pas consentant. Il commit l'erreur de vouloir lutter contre cette souffrance : elle ne fit que l'intensifier, à tel point qu'il eut l'impression de mourir. Tout son corps était en feu, en particulier à l'endroit où Damon avait planté ses dents. Un vertige le saisit.

Tout à coup, les mains le lâchèrent, et il s'écroula sur un tapis de feuilles mortes. Épuisé, il parvient péniblement à se mettre à quatre pattes.

— Tu vois bien que je suis plus fort que toi : je peux prendre ta vie quand je veux. Laisse-moi Elena, ou tu mourras.

Stefan fut frappé de l'expression de Damon : le regard fier, les jambes écartées, et le sang de sa victime encore sur les lèvres, il avait tout l'air d'un conquérant savourant sa victoire.

Souvent, Stefan avait regretté ce qu'il avait fait subir à son frère ; il se demandait comment réparer sa faute. À cet instant, submergé par la haine, il aurait voulu l'avoir plus cruellement traité, au contraire.

— Elena ne t'appartiendra jamais, dit-il en se relevant.

Il s'efforça d'avancer. Chaque partie de son corps le faisait terriblement souffrir, mais ce n'était rien par rapport à la honte que Damon lui avait infligée.

Alors, ma leçon ne t'a pas servi ?

Stefan ne se retourna pas. Les dents serrées, il essayait de gagner du terrain, pas à pas, malgré la faiblesse qui avait gagné tous ses membres, luttant contre le besoin de se reposer par terre. Mais la voiture n'était plus très loin…

Il entendit un bruit dans son dos, et il tenta de se retourner. Mais ses réflexes ne répondaient plus : le mouvement derrière lui l'atteignit de plein fouet. Les ténèbres l'engloutirent tout à coup : il se sentit sombrer dans une obscurité absolue. Alors, soulagé, il comprit que c'était fini.

16.

Elena avait hâte d'arriver au lycée. La soirée précédente avait été si mouvementée que la fête d'Halloween lui semblait très lointaine. La jeune fille s'était pourtant préparée aux répercussions immédiates que les terribles événements ne manqueraient pas d'avoir.

Déjà, elle avait dû répondre aux questions angoissées de Judith. Celle-ci avait été bouleversée par la nouvelle du meurtre ; lorsqu'elle s'était rendu compte que personne ne savait où se trouvait Elena, elle était devenue folle d'inquiétude, jusqu'à ce que la jeune fille réapparaisse, vers deux heures du matin.

Les explications d'Elena étaient restées vagues. Elle avait simplement dit à sa tante qu'elle venait de voir Stefan et qu'elle le savait innocent du meurtre dont on l'accusait.

Elle avait passé tout le reste sous silence, craignant que sa tante ne comprenne pas, en supposant d'abord qu'elle la crût.

Ce matin-là, Elena, qui n'avait pas entendu son réveil, était en retard. Les rues étaient désertes, balayées par la brise, et le ciel était gris. Sa nuit avait été hantée par l'image de Stefan : elle mourait d'envie de le voir.

Pourtant, le rêve qui l'avait le plus marqué était cauchemardesque. Stefan, blanc de colère, lui montrait un livre en s'exclamant : « Comment as-tu pu faire une chose pareille, Elena ? » Puis il s'en allait après lui avoir jeté l'objet aux pieds. Elle avait beau le supplier de ne pas la quitter, il s'évanouissait dans la nuit. Et quand elle regardait le livre, elle constatait qu'il était recouvert de velours bleu. C'était son journal intime.

Elena était profondément agacée par la façon dont celui-ci avait disparu.

Que signifiait ce rêve qui semblait si réel ? Qu'est-ce qui pouvait faire réagir ainsi Stefan ? Tout en se posant ces questions, Elena ressentait le pressant besoin d'entendre sa voix et de sentir ses bras autour d'elle. Il était devenu la moitié d'elle-même, désormais.

Elle gravit les escaliers en courant, puis parcourut les couloirs vides en direction des salles de langues étrangères : elle se souvenait que Stefan avait cours de latin, à cette heure-ci. Elle voulait juste le voir un instant.

À travers le carreau de la porte, elle vit sa place vide. L'expression inquiète de Matt, assis à côté, n'avait rien pour la rassurer. Elle se détourna à contrecœur de la porte pour se diriger machinalement vers sa salle de cours. Lorsqu'elle entra, tous les visages se tournèrent vers elle. Elle se glissa vite derrière la table libre, à côté de Meredith. Toute la classe la regardait, y compris Mme Halpern, qui s'était tue. Puis celle-ci reprit son cours. Elena se tourna vers Meredith, qui lui prit la main dans un geste de réconfort.

— Ça va ?

— J'en sais rien, dit-elle d'un air sonné.

En réalité, elle était terriblement oppressée, au point de manquer d'air.

— Meredith, est-ce que tu sais où est Stefan ?

Meredith écarquilla les yeux.

— Tu veux dire que toi non plus, tu n'en sais rien ?

La réplique de son amie lui fit l'effet d'un coup dans l'estomac : elle eut l'impression qu'elle ne parviendrait jamais à reprendre son souffle.

— Ils ne l'ont pas… arrêté ?

— Elena, c'est pire que ça. Il a disparu. Les policiers sont allés à la pension tôt ce matin, mais il n'y était pas. Ils sont venus au lycée aussi : personne ne l'a vu. Sa voiture a été retrouvée pas loin d'ici, vide, à ce qu'il paraît. En fait, tout le monde pense que sa fuite prouve sa culpabilité.

— C'est faux, dit Elena entre ses dents. Il est innocent.

Elle sentait les regards que lui lançaient les autres élèves. Mais elle s'en moquait.

— Alors, pourquoi s'est-il enfui ?

— Il n'a tué personne. Et il n'est pas parti. Il ne serait jamais parti de son plein gré.

Toute son angoisse s'était évanouie. Une colère sourde l'avait remplacée.

— Tu veux dire que quelqu'un l'aurait obligé à s'enfuir ? Mais qui ? Tyler n'aurait jamais…

— À fuir, ou pire.

La classe entière s'était tournée vers elle si bien que Mme Halpern s'apprêtait à intervenir. Elena se leva tout à coup, les fixant sans les voir.

— Ça lui coûtera cher, s'il a fait du mal à Stefan ! Très cher !

Elle se dirigea vers la porte.

— Elena ! Reviens !

Mais elle était déjà dans le couloir, marchant droit devant elle avec une seule idée en tête. Ils devaient penser qu'elle allait demander des comptes à Tyler Smallwood. Tant mieux ! Elle serait tranquille !

Elle quitta le lycée, prit la direction d'Old Creek Road, et de là, bifurqua vers le pont Wickery.

Un vent glacial lui balaya le visage, mais la rage folle qui bouillait en elle la rendait insensible au froid. Lorsqu'elle parvint au centre du vieux cimetière, elle s'arrêta, scrutant les alentours. Les nuages défilaient à grande allure, et autour d'elle, les branches des arbres s'entremêlaient violemment. Une bourrasque lui souffla des feuilles mortes en plein visage. C'était comme si le cimetière lui-même tentait de la dissuader de rester, en lui montrant l'étendue de sa puissance : il semblait vouloir lui faire comprendre quelle terrible épreuve l'attendait.

Elena ignora l'avertissement. Elle fit volte-face plusieurs fois, à la recherche du moindre mouvement, entre les tombes, qui aurait pu trahir une présence. Puis, elle se dressa face au vent en hurlant de toutes ses forces un seul mot, qui le ferait venir à coup sûr :

Damoooon !

PARTIE 2

L'ATTAQUE

1.

— Damooon !

Elena s'obstinait à braver le vent glacial qui lui cinglait le visage.

— Damooon !

Des nuées de feuilles mortes tourbillonnaient entre les tombes, et les branches entremêlées fouettaient l'air, comme prises de folie. La jeune fille se doutait bien que Damon avait déclenché cette tempête pour l'effrayer. Mais imaginer le sort qu'il avait dû réserver à Stefan réveilla en elle une rage qui balaya ses craintes.

— Damon, espèce de salaud ! Montre-toi ! cria-t-elle à la ronde.

Une feuille morte virevolta jusqu'à ses pieds. Elle leva les yeux vers le ciel, d'un gris aussi lugubre que les sépultures autour d'elle. Elle dut se rendre à l'évidence : elle était seule avec le vent déchaîné. La déception ne fit qu'accroître sa fureur.

Elle se retourna, et poussa un cri.

Il se tenait juste devant elle, si proche qu'il la touchait presque. Elle n'avait même pas senti sa présence dans son dos ni entendu le bruit de ses pas. Mais c'était oublier les facultés surnaturelles de Damon.

Elle fit un violent effort pour ne pas prendre la fuite, comme son instinct le lui dictait, et se contenta de serrer les poings.

— Où est Stefan ?

Damon haussa les sourcils.

— Je ne vois pas de quoi tu parles.

Elle s'avança vers lui et le gifla avec une telle force que sa tête valsa. Elle-même n'en revenait pas de son audace. La main en feu, et la respiration saccadée, elle guetta sa réaction.

Il était vêtu de noir de la tête aux pieds, comme lors de leur première rencontre. Elena remarqua pour la première fois sa frappante ressemblance avec Stefan : la même chevelure brune, le même teint pâle, la même beauté troublante… Il se différenciait seulement de son frère par ses cheveux raides, ses yeux noirs comme un puits sans fond et son petit rictus cruel au coin des lèvres.

Il tourna lentement la tête vers Elena. La claque lui avait laissé une marque rouge sur la joue.

— Arrête de te foutre de moi, reprit-elle d'une voix

tremblante. Je sais qui tu es réellement. C'est toi qui as tué M. Tanner. Et tu es forcément pour quelque chose dans la disparition de Stefan.

— Il a disparu ?

— Ne fais pas l'innocent !

Le sourire de Damon s'évanouit.

— Je te préviens, si jamais tu lui as fait du mal..., reprit Elena.

— Et alors, qu'est-ce que tu tenteras ? Tu ne peux rien contre moi !

Dans le silence qui suivit, la jeune fille réalisa que le vent était brusquement tombé. Tout paraissait mort autour d'eux, comme si le temps s'était arrêté ; le ciel de plomb, les chênes décharnés, les hêtres pourpres et la terre elle-même semblaient s'être figés sous les ordres de Damon. La tête rejetée en arrière, il contemplait Elena d'un air étrange.

— Je trouverai bien quelque chose pour te nuire, murmura-t-elle.

Il éclata de rire.

— Je n'en doute pas !

Elena ne put s'empêcher de le contempler. Il était d'une beauté stupéfiante.

— Tu es décidément trop bien pour mon frère, déclara-t-il en lui tendant la main.

Elena résista à l'envie de la repousser d'une tape : l'idée de le toucher à nouveau la répugnait.

— Dis-moi où il est.

— Plus tard, peut-être… Contre une petite récompense.

Comme il retirait sa main, elle remarqua l'anneau d'argent orné d'un lapis-lazuli. C'était le même que celui de Stefan. Elle grava ce détail dans sa mémoire.

— Mon frère n'est qu'un abruti, poursuivit Damon. Il s'imagine que tu es aussi influençable que Katherine, simplement parce que tu lui ressembles. Moi, j'ai senti ta colère vibrer depuis le bout de la ville. Tu as une personnalité hors du commun, Elena. Tu pourrais devenir très puissante, tu sais…

Elena le dévisagea sans comprendre.

— Qu'est-ce que tu entends par là ?

— Je veux parler de certains pouvoirs.

Il s'avança vers elle, les yeux rivés aux siens.

— Tu n'oses pas te l'avouer, mais rien ne te satisfait vraiment, continua-t-il d'une voix pressante. Ce que tu désires de toute ton âme reste désespérément hors de ta portée. Mais moi, je viens t'offrir quelque chose qui te comblera enfin : la puissance, la vie éternelle, et des sensations comme tu n'en as jamais eues.

Elle suffoqua de dégoût en réalisant ce que cela signifiait.

— Jamais !

— Pourquoi ? murmura Damon en la couvant de son regard envoûtant. Tu en meurs d'envie… La force qui est en toi ne demande qu'à grandir. Ça ne te plairait pas d'être la reine des Ténèbres ? Je peux t'aider à le devenir.

— Non !

Consciente du danger, elle tenta de s'arracher à l'emprise de ses yeux.

— Ce sera notre secret, Elena, susurra-t-il. Tu seras enfin heureuse.

Il lui effleura la gorge, et, malgré tous ses efforts, les idées de la jeune fille se brouillèrent.

— Nous serons réunis, toi et moi..., continua-t-il.

Les doigts glacés de Damon se glissèrent sous le col de son pull.

— ... pour toujours.

Il avait atteint la petite blessure, au creux de son cou. Ce contact lui fit l'effet d'une décharge électrique. Elle retrouva brusquement ses esprits. Stefan ! Damon avait failli balayer de sa mémoire les yeux verts et le sourire mélancolique si chers à son coeur... Elena fit un pas en arrière.

— J'ai déjà trouvé celui avec qui je veux partager ma vie, lança-t-elle d'un ton ferme.

Le visage de Damon prit une expression effrayante.

— N'essaie pas de rivaliser de bêtise avec mon frère. Je serais forcé de te réserver le même sort...

Les bourrasques avaient repris de plus belle, comme si la rage du jeune homme s'était diffusée dans l'air glacial. Elena était terrifiée.

— Dis-moi où il est, insista-t-elle pourtant.

— Je n'en sais rien. Tu ne cesseras donc jamais de penser à lui ?

— Non !

Une rafale gelée s'abattit sur elle.

— Méfie-toi, Elena. Ton refus pourrait être lourd de conséquences.

— Tes tentatives d'intimidation sont inutiles : je sais parfaitement comment échapper à ta volonté. Je te déteste. Je te trouve… répugnant. Tu ne peux rien contre moi.

La bouche de Damon grimaça cruellement. Il éclata d'un rire sardonique.

— Ah oui ? Tu n'as pas la moindre idée de l'étendue de mes pouvoirs. Je peux faire ce que je veux de toi, et de tous tes proches. Tu l'apprendras bien assez tôt…

Lorsqu'il recula, le froid pénétra Elena jusqu'aux os. Sa vue se troubla, et des points lumineux se mirent à danser devant ses yeux.

— L'hiver n'est pas loin, Elena, lança-t-il par-dessus les hurlements du vent. C'est une saison impitoyable. Avant sa venue, je te montrerai de quoi je suis capable, et tu m'appartiendras.

Les taches blanches dans son champ de vision lui cachaient la silhouette de Damon. Elena se recroquevilla, frigorifiée, les bras serrés autour d'elle, tremblant de tout son corps.

— Stefan… gémit-elle.

La voix lointaine de Damon s'éleva de nouveau :

— Un dernier détail : inutile de chercher mon frère. Je l'ai tué la nuit dernière.

Elena redressa brusquement la tête, mais elle ne vit rien d'autre qu'une nuée de petits grains blancs. Ils lui picotaient le visage, s'accumulant sur ses cils. Alors, seulement, elle réalisa que c'étaient des flocons de neige.

Il neigeait un 1er novembre !

2.

Le cimetière était noyé dans une obscurité anormale. Malgré la neige aveuglante et ses membres engourdis, Elena renonça à emprunter le chemin du retour : elle se dirigea sans hésitation vers le pont Wickery, qu'elle devinait devant elle. Elle se souvenait effectivement que la police avait découvert la voiture de Stefan quelque part entre Drowning Creek et la forêt. Tête baissée, les bras plaqués contre le corps, et trébuchant à chaque pas, elle parvint tant bien que mal à quitter les lieux.

Sur le pont, le vent redoubla d'intensité au point de lui entraver la respiration. Elle avait la certitude que Damon mentait : si Stefan était mort, elle l'aurait senti. Mais elle ignorait où devaient s'orienter ses recherches. Il pouvait être n'importe où, blessé, à l'agonie, peut-être…

Son être tout entier était tendu vers un seul objectif : le retrouver.

Elle peinait de plus en plus à maintenir le cap. La route était bordée à sa droite par la forêt, et, à sa gauche, par les eaux tumultueuses de la rivière. Titubant de fatigue, elle profita d'une accalmie du vent pour s'arrêter. Elle avait besoin de se reposer, juste une minute.

Elle s'effondra sur le bas-côté. Un idée folle lui apparut alors : Stefan viendrait tout simplement à elle ! Elle n'avait qu'à l'attendre là. Il était sans doute déjà en route… Elle ferma les yeux, appuyant la tête sur ses genoux repliés pour se réchauffer. Le bien-être l'envahit progressivement, et son esprit partit à la dérive.

Stefan se tenait devant elle, souriant. Il la prit dans ses bras, et elle se laissa aller contre lui avec un immense soulagement. Elle ne craignait plus personne maintenant qu'il était là. Soudain, il la secoua comme un prunier. Qu'est-ce qu'il lui prenait ? Elle était si bien ! Elle leva les yeux vers lui et découvrit un visage triste et pâle. « Elena, lève-toi », disait-il.

— Elena, essaie de te lever ! reprit une voix affolée. Je t'en supplie ! T'es trop lourde ! On peut pas te porter…

Elena battit des paupières et finit par distinguer un visage encadré de boucles rousses devant elle. De grands yeux inquiets aux cils blancs de neige la fixaient.

— Bonnie…, articula-t-elle péniblement. Qu'est-ce que… tu fais là ?

— On t'a cherchée partout…, répondit une autre voix, plus grave.

En tournant la tête, Elena reconnut les beaux sourcils et le teint mat de Meredith. Son regard, d'ordinaire rempli d'ironie, trahissait une vive préoccupation.

— Elena, tu vas te transformer en glaçon si tu ne te lèves pas.

Elle s'exécuta tant bien que mal en s'appuyant sur ses amies, qui l'aidèrent à atteindre la voiture de Meredith.

Voyant Elena trembler comme une feuille, celle-ci mit le chauffage à fond. Ses membres frigorifiés revenaient à la vie. « L'hiver est une saison impitoyable », se rappela-t-elle tandis que la voiture démarrait.

— Qu'est-ce qui t'a pris de t'enfuir comme ça ? demanda Bonnie, à l'arrière. Et pourquoi t'es venue ici ?

Elena hésita un instant. Elle avait un irrépressible besoin de déballer toute l'histoire, y compris ce qui concernait Stefan, Damon et la mort de M. Tanner. Mais elle ne devait pas.

— Tout le monde te cherche au lycée, et ta tante est dans tous ses états, expliqua Meredith.

— Désolée…, murmura Elena en essayant de maîtriser le tremblement qui la parcourait encore.

La voiture s'arrêta devant sa maison. Tante Judith l'attendait avec des couvertures.

— Enfin, te voilà ! s'exclama-t-elle en se précipitant vers sa nièce. Tu dois être gelée ! De la neige un lendemain d'Halloween ! C'est incroyable ! Où l'avez-vous retrouvée ?

— Sur la route, après le pont, répondit Meredith.

Judith blêmit.

— Près du cimetière ! Mais c'est là qu'ont eu lieu les agressions ! Elena, qu'est-ce qui t'a pris ?

Elle s'arrêta net en remarquant que la jeune fille claquait des dents.

— Bon, les reproches, ce sera pour plus tard, ajouta-t-elle. Il faut d'abord te débarrasser de tes vêtements mouillés.

— Je dois y retourner ! déclara soudain Elena.

Elle comprit enfin qu'elle n'avait fait que voir Stefan en rêve : elle devait poursuivre les recherches.

— Certainement pas, intervint Robert, le fiancé de Judith, d'un ton catégorique.

Elena ne l'avait pas remarqué, à l'écart dans un coin du salon.

— Les policiers vont retrouver Stefan. Laisse-les faire leur travail, conseilla-t-il.

— Mais ils pensent qu'il a tué M. Tanner !

Tandis que sa tante lui ôtait son pull trempé, Elena les regardait tour à tour. Tous restaient silencieux.

— Vous savez bien qu'il n'a rien fait ! reprit-elle d'une voix désespérée.

Il n'y eut aucune réaction.

— Elena, finit par répliquer Meredith. On voudrait bien te croire. Mais, tu vois, il s'est enfui, et ça ne plaide pas en sa faveur…

— Il ne s'est pas enfui ! hurla Elena.

— Elena, calme-toi, intervint sa tante. Tu dois avoir de la fièvre. Tu n'as dormi que quelques heures la nuit dernière, et avec ce froid…

Elle lui tâta le front. La jeune fille était sur le point d'exploser : personne ne la croyait, pas même sa famille et ses amies. Ils étaient tous contre elle !

— Je ne suis pas malade ! s'écria-t-elle en se dégageant. Et je ne suis pas folle non plus, comme vous avez l'air de le penser ! Stefan ne s'est pas enfui et il n'a pas tué M. Tanner. D'ailleurs, je m'en fous si personne ne me croit !

L'émotion l'empêcha de continuer, et sa tante en profita pour la pousser vers l'escalier. Elle se laissa faire sans protester mais, dans sa chambre, elle refusa de s'allonger. Une fois changée, elle retourna au salon s'installer sur le canapé, près de la cheminée, enveloppée dans des couvertures.

Judith répondit au téléphone tout l'après-midi, assurant aux amis, voisins, et au proviseur qu'Elena allait bien, malgré une légère fièvre ; une bonne nuit de repos la remettrait sur pied.

Bonnie et Meredith étaient restées tenir compagnie à leur amie.

— T'as envie de parler ? demanda cette dernière.

Elena secoua la tête, les yeux fixés sur le feu. Elle avait l'impression de n'avoir que des ennemis autour d'elle. Et tante Judith se trompait : elle n'allait pas bien. Comment le pourrait-elle alors que Stefan était en danger ?

La sonnette de la porte d'entrée retentit. C'était Matt, les cheveux et la parka couverts de neige. Elena leva vers lui des yeux pleins d'espoir. Peut-être avait-il du nouveau ? Lorsqu'elle comprit qu'il ne savait rien, elle se recroquevilla davantage.

— Qu'est-ce que tu viens faire ici ? lui demanda-t-elle durement. Veiller sur moi pour tenir ta promesse ?

Matt la regarda d'un air douloureux.

— Je n'ai pas besoin de ça pour prendre de tes nouvelles. Je m'inquiète pour toi, c'est tout. Écoute…

Mais elle n'était pas d'humeur à entendre un quelconque discours.

— Je vais bien, merci. Tu n'as aucune raison de te faire du souci. Et puis, je ne vois pas pourquoi tu tiendrais une promesse faite à un assassin.

Matt lança un coup d'œil stupéfait à Bonnie et Meredith.

— T'es vraiment injuste, se lamenta-t-il.

— De toute façon, ce ne sont pas tes oignons, ajouta Elena.

Matt, vexé, tourna les talons sans un mot en direction de la sortie. Au même moment, tante Judith apparut, un plateau dans les mains.

Meredith, Bonnie, tante Judith et Robert dînèrent devant la cheminée en s'efforçant de faire la conversation. Elena n'avait pas le cœur à manger ni à parler. Sa petite sœur Margaret, âgée de quatre ans, était la seule à ne pas afficher une tête d'enterrement : elle vint avec entrain se blottir contre Elena en lui offrant ses bonbons d'Halloween. Elena la serra tendrement dans ses bras et enfouit son visage dans ses cheveux blonds en quête de réconfort. Si Stefan avait pu lui téléphoner ou lui faire parvenir un message, il l'aurait déjà fait. À moins qu'il ne fût gravement blessé, pris au piège quelque part, ou pire encore… Elle préféra ne pas penser à cette éventualité. Stefan était vivant. Le contraire était impossible. Damon avait menti.

Pourtant, il devait avoir de gros ennuis. Elle consacra toute sa soirée à tenter de mettre un plan sur pied. Une seule chose était sûre : elle ne pourrait compter que sur elle-même.

La nuit tomba. Elena s'étira en feignant un bâillement.

— Je suis fatiguée, déclara-t-elle d'une voix lasse. Et je ne me sens pas très bien. Je vais me coucher.

Meredith lui lança un regard pénétrant, avant de se tourner vers Judith.

— Il vaudrait mieux qu'on reste avec Elena, Bonnie et moi. On pourrait peut-être passer la nuit ici…

— Excellente idée, approuva la tante. Du moment que vos parents sont d'accord, je n'y vois pas d'inconvénient.

— Je crois que je vais rester là, moi aussi, affirma Robert. La route est longue jusque chez moi. Je dormirai sur le canapé.

Judith eut beau lui répéter qu'il y avait des chambres d'amis à l'étage, il s'entêta. Elena jeta un coup d'œil vers le vestibule : du canapé, la vue sur la porte d'entrée était imprenable. Elle se renfrogna davantage. Ils avaient dû manigancer ça entre eux pour s'assurer qu'elle ne leur fausserait pas compagnie.

Quand, un peu plus tard, Elena sortit de la salle de bains dans son kimono rouge, Meredith et Bonnie étaient assises sur son lit.

— Tiens, le KGB, lança-t-elle d'un ton acide.

Bonnie regarda Meredith d'un air perplexe.

— Elle s'imagine qu'on est restées là pour la surveiller, expliqua cette dernière. C'est faux, Elena. Fais-nous confiance !

— Je devrais ?

— Oui. On est tes amies !

Meredith sauta du lit pour aller fermer la porte. Elle se tourna vers Elena.

— Pour une fois, tu vas m'écouter ! C'est vrai qu'on a des doutes sur Stefan... Mais c'est ta faute aussi. Depuis que vous sortez ensemble, tu n'arrêtes pas de faire des cachotteries. Nous, on veut juste t'aider.

— Oui, renchérit Bonnie en combattant son émotion. Même si tu t'en fous de nous, on t'aime toujours.

Les yeux d'Elena s'embuèrent. Elle leur tomba dans les bras.

— Je suis désolée. Je sais que mon comportement vous paraît étrange mais je ne peux rien vous dire... À part que...

Elle recula d'un pas en s'essuyant les joues, et les regarda avec gravité.

— ... Stefan n'a pas tué M. Tanner, même si tout l'accuse. Je le sais parce que je connais le vrai coupable. C'est celui qui a agressé Vickie et le sans-abri. Et... je crois qu'il a aussi quelque chose à voir avec la mort de Yang-Tsê.

— Yang-Tsê ? s'exclama Bonnie, les yeux écarquillés. Mais pourquoi ?

— J'en sais rien, mais, cette nuit-là, l'assassin était chez toi, dans ta maison. Et il était fou de rage…

Bonnie était horrifiée.

— Pourquoi tu n'as rien dit à la police ? demanda Meredith.

— Ça n'aurait servi à rien. La police ne m'aurait pas cru… Vous devez me faire confiance, même si je ne peux rien vous expliquer.

Bonnie et Meredith échangèrent un regard intrigué. Après un instant de réflexion, celle-ci conclut :

— O.K., c'est d'accord. Comment est-ce qu'on peut t'aider ?

— Je ne sais pas… À moins que…

Elena leva les yeux vers Bonnie.

— À moins que tu m'aides à retrouver Stefan, dit-elle d'une voix pleine d'espoir.

Bonnie la regarda sans comprendre.

— Moi ? Mais comment ?

Elena jeta un coup d'œil à Meredith.

— Tu as deviné que vous me trouveriez dans le cimetière, l'autre fois, continua Elena. Et tu as même prédit l'arrivée de Stefan au lycée.

— Je pensais que tu ne croyais pas aux histoires paranormales, protesta Bonnie.

— J'ai changé d'avis. Et surtout, je suis prête à faire n'importe quoi pour retrouver Stefan.

— Elena, tu ne te rends pas compte, objecta Bonnie. Je n'ai pas assez d'expérience : ça pourrait déraper et se retourner contre nous. D'autant plus qu'il n'est plus question de jouer. C'est très dangereux, tu sais.

Elena se leva d'un air de profonde réflexion, puis, au bout de quelques instants, se retourna.

— Tu as raison : ce n'est plus un jeu, et ce n'est certainement pas sans risque. Mais Stefan est gravement blessé, j'en suis sûre. Il n'a personne pour l'aider, et il est peut-être en train de mourir… Si ça se trouve, il est même déjà….

Elle baissa la tête, prit une profonde inspiration, puis regarda ses amies. Bonnie se redressa, l'air décidé. Une expression grave, sur son visage, avait remplacé sa candeur habituelle.

— On va avoir besoin d'une bougie, dit-elle avec détermination.

L'allumette grésilla dans l'obscurité, et une lueur blême baigna le visage de Bonnie.

— Vous allez m'aider à me concentrer : fixez la flamme et pensez très fort à Stefan. Surtout, ne la quittez pas des yeux et ne dites rien.

Elena hocha la tête avec solennité. La lumière projetait des ombres mouvantes sur les trois filles assises en tailleur, dans un silence troublé seulement par leur respiration. Bonnie, les yeux clos, inspirait de plus en plus profondément. On aurait dit qu'elle était sur le point de s'endormir.

Stefan… Les yeux rivés à la flamme, Elena s'efforçait de mobiliser tous ses sens pour faire apparaître son image dans son esprit : elle se rappelait la laine rugueuse de son pull sur sa joue, l'odeur de sa veste en cuir, ses bras musclés autour d'elle. Oh, Stefan…

Les paupières fermées de Bonnie se mirent à trembloter, et son souffle s'accéléra, comme si elle était en proie à un cauchemar. Elena ne détacha pas le regard de la bougie, mais, lorsque la voix de Bonnie rompit le silence, un frisson la parcourut.

Ce ne fut d'abord qu'un faible gémissement, qui se changea en paroles. Bonnie avait rejeté la tête.

— Je suis seul…

Les ongles d'Elena s'enfoncèrent dans ses paumes.

— … dans le noir, continua Bonnie d'une voix lointaine et accablée.

Il y eut un silence, puis son débit s'accéléra.

— Il fait noir et froid… Je sens quelque chose derrière moi… C'est dur et rugueux. De la pierre, je crois…. Mais je suis tellement engourdi de froid que je n'en suis pas sûr…

Bonnie s'agita, donnant l'impression de vouloir se libérer de quelque chose. Elle éclata d'un rire désespéré qui ressemblait à des sanglots.

— C'est le comble… Je n'aurais jamais pensé que la lumière du soleil me manquerait à ce point. Il fait si noir, ici. Et j'ai de l'eau glacée jusqu'au cou. Ça aussi, c'est plutôt drôle quand on y pense : il y a de l'eau partout, et je meurs de soif…

Le cœur d'Elena battait à cent à l'heure. Bonnie avait pénétré les pensées de Stefan. « Qui sait ce qu'elle va y découvrir ? », songea-t-elle avec angoisse. Elle se concentra davantage : « Stefan, où es-tu ? Regarde autour de toi, dis-nous ce que tu vois. »

— J'ai tellement soif… Il me faut… du sang, poursuivit Bonnie d'une voix hésitante, visiblement déroutée par ce mot. Je me sens si faible…. Il dit que je serai toujours le moins fort. Lui est si puissant… Un tueur. Mais moi aussi… J'ai tué Katherine, je mérite de mourir. Il suffit de me laisser aller…

— Non ! hurla Elena.

— Elena ! s'offusqua Meredith.

Bonnie se redressa, et le flot de paroles s'interrompit. Elena se rendit compte avec horreur de ce qu'elle venait de faire.

— Bonnie, ça va ? Je ne voulais pas… Est-ce que tu peux entrer de nouveau en contact avec lui ?

Mais son amie, les yeux grands ouverts, regardait droit devant elle, l'air hébété. Et quand elle parla, ce fut d'une voix désincarnée qu'Elena, le cœur bondissant, reconnut aussitôt. C'était celle qu'elle avait entendue dans le cimetière.

— Elena, fit-elle d'un ton sépulcral. Surtout, ne vas pas au pont. La mort t'y attend.

Puis elle s'effondra. Elena l'agrippa par les épaules et la secoua vigoureusement.

— Bonnie ! Bonnie !

— Qu'est-ce que... Ça va pas non ? protesta Bonnie d'une voix faible mais identifiable.

Elle porta la main à son front.

— Bonnie, tout va bien ? insista Elena.

— Je crois, oui... C'était super bizarre...

Bonnie leva la tête en clignant des yeux.

— Elena, c'est quoi cette histoire de tueur ? demanda-t-elle aussitôt.

— Tu te souviens de ça ?

— Je me souviens de tout. C'était une sensation hallucinante... et atroce. Qu'est-ce que ça veut dire ?

— Rien, sûrement : il délirait, affirma Elena avec toute la conviction possible.

— Il ? intervint Meredith. Tu penses que Bonnie a établi le contact avec Stefan ?

Elena approuva d'un signe de tête.

— Je ne vois pas d'autre explication. Et je crois que Bonnie nous a révélé l'endroit où il se trouve : dans l'eau, sous le pont Wickery.

7.

Bonnie la dévisagea avec étonnement.

— Comment ça, sous le pont ?

— C'est toi-même qui l'as dit tout à la fin ! s'exclama Elena. Tu ne te souviens de rien, en fait !

— Je me rappelle un endroit glacial et sombre. Une sensation de solitude, de faiblesse… et de soif. Ou de faim, je ne sais plus… un besoin irrépressible de… d'un truc. L'envie de mourir, aussi. C'est à ce moment que tu as crié.

Elena et Meredith échangèrent un regard.

— Après ça, tu as continué à parler, lui expliqua Elena. Avec une voix d'outre-tombe. Tu as dit de ne pas nous approcher du pont.

— C'est *toi* qu'elle a mise en garde, rectifia Meredith. Elle a ajouté que la mort t'y attendait.

— Je me fous de ce qui peut m'arriver là-bas, reprit Elena. Si c'est là que se trouve Stefan, j'y vais tout de suite.

— Dans ce cas, nous aussi, déclara Meredith.

Elena sembla hésiter.

— Non, c'est trop risqué. On ne sait pas ce qui peut nous tomber dessus là-bas. Il vaudrait mieux que j'y aille seule.

— Tu rigoles ? intervint Bonnie. On adooore le danger ! Je croyais t'avoir déjà expliqué que je voulais mourir jeune et belle…

— Arrête, fit Elena avec gravité. Il ne s'agit pas d'un jeu, tu l'as dit toi-même.

— En tout cas, c'est pas en restant plantées là qu'on va aider Stefan…, reprit Meredith.

Elena se résigna enfin à laisser ses amies l'accompagner. Elle se débarrassa de son kimono et ouvrit son armoire.

— Avec ce froid, on a intérêt à bien se couvrir. Prenez ce qu'il vous faut.

Prêtes à affronter les intempéries, elles se dirigèrent vers l'escalier.

— Attendez ! se ravisa Elena. On oubliait Robert, sur le canapé ! Pas moyen de passer par la porte d'entrée. Même s'il dort, on risque de se faire griller…

Elles se tournèrent ensemble vers la fenêtre, la même idée en tête.

Lorsqu'elle en enjamba le rebord pour s'agripper au cognassier, Elena reçut de plein fouet la morsure de l'air glacial : elle se rappela les menaces de Damon, et frissonna.

À terre, les trois fugitives se courbèrent devant les fenêtres sombres du salon en retenant leur souffle. Elena songea soudain qu'elles devraient sans doute pénétrer dans la rivière tumultueuse : elle alla s'emparer d'une corde dans le garage avant de rejoindre la voiture de Meredith.

Le trajet se fit dans un silence tendu. En voyant la forêt défiler par la fenêtre, Elena se souvint des nuées de feuilles qui avaient dansé devant elle dans le cimetière.

— Bonnie, est-ce que les chênes ont une signification particulière ?

— Pour les druides, tous les arbres sont sacrés, en particulier ceux-là. Il paraît que leur esprit est particulièrement puissant.

Elena médita un moment les paroles de son amie. Quand, une fois au pont, elles descendirent de la voiture, la jeune fille ne put s'empêcher de jeter un regard aux arbres avoisinants : dans la nuit claire et étrangement calme, pas un souffle de vent n'en agitait les branches.

— Surtout, ouvrez l'œil et faites gaffe aux corbeaux..., chuchota-t-elle.

— Aux corbeaux ? répéta Meredith. Comme celui qui était là peu avant la mort de Yang-Tsê ?

— Oui, confirma Elena.

Le cœur battant, Elena s'approcha du pont. C'était une

construction rudimentaire en bois, vieille de presque un siècle. Jadis, il était assez résistant pour supporter le passage de chariots. À présent, l'endroit était désert et hostile : personne ne l'empruntait jamais.

Malgré sa précédente bravade, Bonnie ne semblait pas pressée d'avancer.

— Vous vous rappelez la dernière fois qu'on a traversé ce pont ? demanda-t-elle d'une voix mal assurée.

« Et comment... », se dit Elena. Elles s'étaient enfuies du cimetière, prises en chasse par quelque chose de terrifiant.

— On va aller voir en dessous, décida cette dernière.

— Là où le vieux s'est fait trancher la gorge..., compléta cyniquement Meredith.

Elena quitta la lumière des phares pour s'aventurer sur la berge sombre. En dérapant sur les pierres humides, elle songea à la mise en garde de Bonnie. Et si elle était vraiment en danger de mort ?

Elle chassa cette pensée pour concentrer son attention sur les environs. Elle avait beau scruter l'obscurité et tendre l'oreille, elle ne distinguait rien d'autre que la rive déserte, sous la structure fantomatique du pont, et le grondement sourd de la rivière.

— Stefan ? lança-t-elle.

Son appel se perdit dans le fracas de l'eau. Elle en fut presque soulagée : elle avait l'impression d'être comme ces gens qui demandent « Il y a quelqu'un ? » en entrant dans une maison vide tout en redoutant qu'on leur réponde.

— Laisse tomber, il n'est pas là, affirma Bonnie derrière elle.

— Comment ça ?

Bonnie observa attentivement les alentours.

— En fait, je n'ai pas entendu la rivière, tout à l'heure, expliqua-t-elle. Ni rien du tout, d'ailleurs : il y avait un silence de mort.

Elena était désespérée. Elle sentait que son amie avait raison. Stefan ne se trouvait pas là.

— On doit en être tout à fait sûres, déclara-t-elle pourtant en continuant son chemin dans les ténèbres.

Mais elle dut se rendre rapidement à l'évidence : la berge était vierge de toute trace pouvant révéler une présence, et aucune tête ne dépassait de l'eau. Elena essuya ses mains boueuses sur son jean.

— On n'a qu'à aller voir sur l'autre rive, proposa Meredith.

— Ça sert à rien, allons-nous-en, décida Elena.

Elle fit demi-tour à travers les taillis, et se figea.

— Oh, non..., gémit Bonnie.

— Vite, reviens ! ordonna Meredith.

Une silhouette se dessinait dans le faisceau des phares. Elena ne distinguait pas son visage, mais elle reconnut, avec un frisson désagréable, la stature d'un garçon. Il avançait dans leur direction.

Elle fit volte-face pour courir rejoindre ses amies dans l'ombre du pont. Tandis que Bonnie tremblotait derrière elle, Meredith lui serrait le bras de toutes ses forces. De leur cachette, elles ne voyaient rien, mais des pas lourds résonnèrent bientôt au-dessus d'elles. Elles se cramponnèrent les unes aux autres en retenant leur respiration. Enfin, l'individu s'éloigna.

« Faites qu'il s'en aille ! » songea Elena en se mordant la lèvre. Au même moment, Bonnie laissa échapper une plainte, et sa main glacée se crispa sur celle d'Elena : les pas revenaient. « Je vais me montrer, se dit Elena. C'est moi qu'il veut. Il me l'a dit. Si j'y vais, il laissera peut-être Bonnie et Meredith tranquilles. » Mais sa colère du matin était retombée : elle ne trouva pas le courage de lâcher la main de son amie.

Les pas s'arrêtèrent juste au-dessus de leurs têtes. Il y eut un silence effrayant. Puis le bruit d'une glissade.

Bonnie enfouit son visage au creux de l'épaule d'Elena, qui, folle d'angoisse, retint un gémissement. Impuissante, elle vit apparaître des pieds, puis des jambes.

— À quoi vous jouez ?

Dans sa panique, elle ne reconnut pas tout de suite la voix, et lorsque l'inconnu s'avança, elle faillit hurler. Une tête se pencha sous le pont. C'était Matt.

— À quoi vous jouez ? répéta-t-il, sidéré.

Bonnie releva brusquement la tête, et Meredith poussa un énorme soupir de soulagement. Elena se remit d'aplomb, les jambes flageolantes.

— Matt..., murmura-t-elle.

— Et, toi alors ? s'écria Bonnie d'une voix hystérique. Tu veux nous filer une crise cardiaque ? Qu'est-ce que tu fous là, au beau milieu de la nuit ?

Matt fixait les eaux tumultueuses en faisant tinter la

monnaie dans sa poche, comme chaque fois qu'il était mal à l'aise.

— Je vous ai suivies, avoua-t-il enfin.

— Quoi ? s'indigna Elena.

Il se tourna vers elle.

— Je me suis dit que vous trouveriez sûrement un moyen de fausser compagnie à ta tante. Alors j'ai surveillé ta maison depuis ma voiture. Je vous ai vues escalader la fenêtre...

Elena en resta sans voix. Elle était furieuse. Il avait évidemment agi ainsi pour tenir sa promesse à Stefan ; mais en l'imaginant dans sa vieille Ford, sans doute frigorifié et l'estomac vide, elle eut un pincement au cœur. Elle s'approcha du garçon, perdu de nouveau dans la contemplation de la rivière.

— Excuse-moi de t'avoir traité comme ça tout à l'heure, dit-elle doucement. Et aussi de...

Elle chercha vainement ses mots. « De tout ce que je t'ai fait », pensa-t-elle tristement.

— Et moi, je suis désolé de vous avoir filé la trouille. Mais qu'est-ce que vous faites ici ?

— Bonnie pensait que Stefan se trouvait là, confessa Elena.

— C'est faux, protesta celle-ci. Je n'arrête pas de vous affirmer le contraire. Il est dans un endroit silencieux et fermé. C'est en tout cas ce que j'ai vu, dit-elle à Matt.

Il la regarda sans comprendre.

— Il y avait des rochers, continua-t-elle, mais pas comme ceux-là.

Le jeune homme jeta un regard ahuri à Meredith.

— Bonnie a eu une vision, expliqua-t-elle.

Il fit un pas en arrière, l'air d'hésiter entre s'enfuir à toutes jambes et les emmener à l'asile le plus proche.

— C'est pas une blague, intervint Elena. Bonnie est médium… Je sais, j'ai toujours dit que je ne croyais pas à ce genre de trucs, mais tout le monde peut se tromper. Ce soir, elle est entrée en contact avec… l'esprit de Stefan. Elle a vu où il se trouve, ou du moins… presque.

— Ah ! d'accord, tout s'explique…, lança Matt ironiquement.

— Arrête, c'est la pure vérité ! répliqua Elena. Bonnie a capté les pensées de Stefan. Elle nous a dit des choses que lui seul pouvait savoir. Et elle a perçu l'endroit où il est pris au piège.

— Pris au piège, oui, c'est exactement ça ! reprit Bonnie. C'était pas un lieu à ciel ouvert, comme ici. Pourtant, il avait de l'eau jusqu'au cou. Et il était entouré de rochers couverts de mousse. L'eau était glacée, stagnante, et sentait mauvais.

— Qu'est-ce que t'as vu d'autre ? la pressa Elena.

— Rien. Pas la moindre lumière. Il faisait noir comme dans une tombe.

— Une tombe….

Un frisson parcourut Elena. Elle pensa à l'église en ruine et au tombeau des Fell. À la dalle de marbre déplacée.

— Mais dans une tombe, il n'y aurait pas autant d'eau, objecta Meredith.

— Non…, répondit Bonnie. Mais qu'est-ce que ça pourrait être alors ? Et puis, Stefan était presque inconscient : il était faible et blessé. Il avait très soif et…

Elena s'apprêtait à faire taire Bonnie, lorsque Matt intervint.

— J'aurais bien une idée.

Les trois filles avaient presque oublié sa présence.

— Tu penses à un puits ? devina Elena.

— Exactement, approuva Matt. En tout cas, ça y ressemble.

— Qu'est-ce que t'en dis, Bonnie ? demanda Elena.

— Possible, émit Bonnie après un moment de réflexion. C'était étroit, et les rochers pourraient bien être des parois. Mais j'aurai dû voir des étoiles, ou tout du moins un peu de lumière…

— Pas s'il est fermé, reprit Matt. Il y a pas mal de puits désaffectés dans les vieilles fermes de la région. Certains sont couverts pour éviter les accidents. C'est ce que mes grands-parents ont fait.

— Mais oui, c'est sûrement ça ! approuva Elena, tout excitée.

— Exactement ! renchérit Bonnie sur le même ton. Ça expliquerait l'impression de souterrain que j'avais…

— À ton avis, Matt, s'enquit Meredith avec son calme habituel, il y a combien de puits à Fell's Church ?

— Plusieurs dizaines probablement. Mais assez peu de puits fermés. Si quelqu'un a jeté Stefan au fond de l'un d'eux, c'est forcément dans un endroit isolé. Une ferme abandonnée, par exemple.

— Sa voiture a été retrouvée sur cette route, fit remarquer Elena.

— Il y a la ferme des Francher, pas loin, indiqua Matt.

Ils se regardèrent en silence. Il s'agissait d'un vieux bâtiment abandonné depuis presque un siècle, dont la plupart des habitants avaient oublié l'existence. Il se trouvait au milieu de la forêt, envahi par la végétation.

— Allons-y, décida Matt.

— Alors, tu nous crois maintenant ? demanda Elena en posant la main sur son bras.

Il détourna les yeux.

— J'en sais rien. Mais je viens avec vous.

Bonnie monta dans la voiture du jeune homme. Meredith et Elena, après s'être engouffrées dans l'autre véhicule, les suivirent à travers les bois, dans un petit sentier qui devint vite impraticable.

— Il va falloir continuer à pied, décida Matt.

Tous descendirent. Elena se félicita d'avoir emporté une corde : si Stefan se trouvait dans le puits des Francher, elle leur serait bien utile. Mais s'il n'y était pas… Elle préféra ne pas y penser.

Les branches mortes qui jonchaient l'épais sous-bois ralentissaient leur progression. L'obscurité n'arrangeait rien, et, pour achever leur gêne, des papillons de nuit leur effleuraient les joues de leurs ailes invisibles. Ils finirent par déboucher dans une clairière, où ils découvrirent les fondations de la maison en ruine, assaillie par les ronces.

Au milieu de l'amas de pierres bancales, la cheminée se dressait, intacte.

— Le puits doit être quelque part derrière, suggéra Matt.

Ils se dispersèrent à sa recherche. Au bout d'un moment, Meredith les héla, et ils se regroupèrent autour d'une dalle qui disparaissait presque entièrement sous les mauvaises herbes.

Matt s'accroupit pour l'examiner.

— Elle a été déplacée récemment, déclara-t-il.

Elena sentit son pouls s'accélérer.

— Il faut la soulever, dit-elle d'une voix pressante.

Matt entreprit de la faire bouger, mais elle était si lourde que les trois filles durent l'aider : à eux quatre, ils parvinrent à la déplacer de quelques centimètres en s'arc-boutant. Matt eut alors l'idée de glisser une grosse branche dans l'interstice qui s'était formé pour faire levier. Il y eut enfin assez d'espace pour permettre à Elena de passer la tête. Elle scruta le fond, partagée entre espoir et désillusion.

— Stefan ?

Ce fut un moment d'angoisse atroce : penchée au-dessus du sinistre trou, elle attendit une réponse, le cœur battant à tout rompre. Seule la chute de cailloux délogés par ses mouvements vint rompre le silence. Elle allait se relever, découragée, lorsqu'une voix faible résonna tout en bas.

— Elena ?

— Stefan ! s'exclama-t-elle, éperdue. C'est moi ! On va te sortir de là. Ça va ? Tu es blessé ?

Elle était tellement excitée qu'elle faillit elle-même tomber au fond du puits à force de se pencher. Matt la rattrapa de justesse.

— Tiens bon, Stefan ! cria-t-elle. On a une corde pour te remonter. Comment tu te sens ?

Un faible rire lui parvint aux oreilles.

— Je me suis déjà… senti mieux, répondit Stefan d'une voix presque imperceptible. Mais je suis… vivant. Qui est avec toi ?

— C'est moi, Matt, cria le garçon, qui s'accroupit au-dessus du trou. Meredith et Bonnie sont là aussi. Je vais te lancer une corde…

Il se tourna vers cette dernière en ajoutant, moqueur :

— À moins que Bonnie n'arrive à te faire sortir par lévitation…

La jeune fille lui donna un petit coup sur la tête.

— C'est pas le moment de rigoler, rétorqua-t-elle. Sors-le plutôt de là !

— À vos ordres, chef !

Il jeta la corde dans le puits.

— Tiens, Stefan. Noue ça autour de ta taille.

— D'accord, se résigna-t-il.

Il était conscient que son extrême faiblesse allait rendre l'entreprise particulièrement difficile. Ils durent en effet se mettre à quatre pour le sortir. Enfin… à trois, car la contribution de Bonnie consista essentiellement à répéter sur tous les tons « Allez, encore un petit effort », dès qu'ils s'arrêtaient pour reprendre leur souffle.

Au bout d'un quart d'heure éprouvant, les mains ensanglantées de Stefan apparurent enfin. Il agrippa le bord du trou, et Matt l'attrapa sous les aisselles. Tel un pantin désarticulé, il se laissa aller, à bout de forces, dans les bras d'Elena. Il avait les mains glacées et couvertes d'entailles, le teint cireux, et les yeux profondément cernés.

Elena leva un regard angoissé vers ses compagnons.

— On ferait mieux de l'emmener à l'hôpital, déclara Matt, qui partageait l'inquiétude de la jeune fille.

— Non…, fit la voix rauque de Stefan.

Il remua faiblement et leva la tête vers Elena.

— Pas… de médecin…, l'implora-t-il de ses yeux verts. Promets-le-moi, Elena.

Les larmes brouillèrent la vision de la jeune fille.

— Je te le promets.

Et il perdit connaissance.

4.

— Mais il doit absolument voir un médecin ! protesta Bonnie. T'as vu dans quel état il est !

— C'est hors de question ! Je ne peux rien vous expliquer pour l'instant. On va déjà le ramener chez lui. Il est trempé et frigorifié. On discutera de tout ça là-bas.

Transporter Stefan à travers les bois ne fut pas une mince affaire. Quand ils l'allongèrent enfin sur la banquette arrière de la voiture, les quatre amis étaient à bout de forces, couverts d'égratignures, et trempés par les vêtements dégoulinants du blessé. Elena prit place à ses côtés et lui cala la tête sur ses genoux. Meredith et Bonnie s'installèrent dans l'autre voiture.

Après un court voyage, ils s'arrêtèrent devant la grande bâtisse de brique rouge où logeait Stefan.

— Il y a de la lumière, fit remarquer Matt. Mme Flowers est sûrement debout. Mais la porte doit être fermée à clé.

Elena posa délicatement la tête de Stefan sur la banquette pour sortir de la voiture. A l'étage, les rideaux d'une fenêtre s'écartèrent, et une forme humaine se profila dans l'embrasure.

— Madame Flowers, c'est Elena Gilbert ! Nous avons retrouvé Stefan ! Laissez-nous entrer !

La silhouette resta immobile et silencieuse.

— Madame Flowers, Stefan est là, insista Elena en désignant la voiture. S'il vous plaît, ouvrez-nous !

— Elena, cria soudain Bonnie du perron. C'est ouvert !

La jeune fille jeta un œil vers son amie, puis regarda de nouveau la fenêtre. À ce moment, le rideau retomba et la lumière s'éteignit.

« Bizarre », se dit-elle. Elle n'eut pas le loisir d'y réfléchir davantage, car elle dut aider Meredith et Matt à extirper Stefan de la voiture, puis à le porter en haut des marches.

À l'intérieur, Elena guida ses compagnons jusqu'à l'escalier qui faisait face à l'entrée. Ils parvinrent tant bien que mal au premier, où ils entrèrent dans une chambre. Là, Elena demanda à Bonnie d'ouvrir une petite porte qui révéla une autre volée de marches, étroites et très sombres.

Tandis qu'ils reprenaient leur ascension, portant Stefan toujours inconscient, Matt fit remarquer en haletant :

— Faut être dingue... pour laisser... sa porte ouverte... après ce qui s'est passé...

— C'est bien ce qu'elle est..., répliqua Bonnie en atteignant la porte en haut de l'escalier. La dernière fois qu'on est venues ici, elle racontait des trucs très étranges...

Elle poussa un petit cri.

— Qu'est-ce qui se passe ? s'inquiéta Elena.

En arrivant sur le seuil, elle eut la réponse à sa question. Elle avait oublié l'état dans lequel Stefan avait laissé sa chambre. Les malles à vêtements gisaient renversées sur le sol comme si elles avaient volé à travers la pièce. Leur contenu était éparpillé un peu partout, ainsi que les objets qui ornaient d'habitude les meubles, eux-mêmes jetés à terre. Le vent glacial s'engouffrait par une fenêtre brisée. Seule rescapée du désastre, une lampe allumée projetait des ombres sinistres au plafond.

— Quel foutoir ici ! Qu'est-ce qui s'est passé ? s'exclama Matt.

— Je sais pas trop, répondit Elena en l'aidant à étendre Stefan sur son lit. C'était déjà dans cet état hier soir. Matt, tu veux bien m'aider à le déshabiller ? Il faut trouver quelque chose de sec à lui mettre.

— Je vais chercher une autre lampe, proposa Meredith.

— Pas la peine ! s'empressa de déclarer Elena. On voit assez comme ça. Essaie plutôt d'allumer un feu.

Elle saisit un peignoir qui pendait d'une malle béante, puis entreprit avec Matt d'ôter les vêtements trempés de

Stefan. Lorsqu'elle voulut lui enlever son pull, la vue de son cou la pétrifia.

— Matt..., dit-elle comme si de rien n'était. Pourrais-tu... pourrais-tu me passer cette serviette ?

Dès qu'il tourna le dos pour s'exécuter, elle débarrassa à toute vitesse Stefan de son vêtement et l'enveloppa dans son peignoir. Elle lui entoura ensuite le cou avec la serviette que Matt lui avait tendue. Son cœur bondissait dans sa poitrine. Mon Dieu ! Pas étonnant qu'il soit si faible.... Elle devait l'examiner pour évaluer la gravité de son état. Mais c'était impossible avec les autres dans les jambes !

— Je vais appeler un médecin, dit Matt en dévisageant Stefan. Il en a besoin, c'est évident.

Elena fut saisie de panique.

— Non, Matt, surtout pas ! Il... il a une trouille terrible des médecins. Si tu en amènes un ici, il réagira très mal.

C'était la vérité... pour partie, en tout cas. De toute façon, elle seule pouvait aider Stefan. En présence des autres, elle dut se contenter de frotter énergiquement ses mains glacées entre les siennes, tout en réfléchissant au dilemme qui se posait. Si elle décidait de protéger le secret de Stefan, elle ne pourrait pas le soigner et il mourrait sans doute. Mais si elle avouait la vérité à ses amis, elle le trahissait. Sans compter qu'elle ne savait pas comment ils réagiraient.

Non, impossible de prendre ce risque. La réalité l'avait elle-même horrifiée au point qu'elle avait cru devenir folle. Et pourtant, elle l'aimait… Alors, qu'en serait-il de ses camarades ? Et puis, il y avait le meurtre de Tanner. En découvrant la véritable nature de Stefan, ils ne croiraient plus une seule seconde à son innocence.

Elena ferma les yeux. Non, décidément, c'était beaucoup trop dangereux. Elle ne devait confier cette histoire à personne, pas même à ses meilleurs amis. Elle ne devait compter que sur elle-même.

Elle eut soudain une idée.

— Il a peur des médecins, mais peut-être qu'une infirmière l'intimidera moins, déclara-t-elle. Bonnie, est-ce que ta sœur pourrait venir ?

L'intéressée jeta un coup d'œil à sa montre.

— Cette semaine, elle est de permanence le soir… mais à cette-heure-ci, elle doit être rentrée. C'est juste que…

— Dans ce cas, Matt, tu vas aller chercher Mary avec Bonnie. Si elle juge que Stefan a besoin d'un médecin, je ne m'y opposerai pas.

Matt sembla hésiter un instant.

— Bon, d'accord, finit-il par dire. À mon avis c'est une perte de temps, mais puisque tu insistes… Viens, Bonnie, on fonce… J'espère qu'il n'y aura pas de radar sur la route.

— T'as rien à craindre avec ton épave ambulante…, railla celle-ci en lui emboîtant le pas.

Meredith, immobile près de la cheminée, dévisageait Elena avec une insistance gênante. Celle-ci s'efforça de soutenir son regard.

— Tu n'as qu'à les accompagner…, suggéra-t-elle.

— Ah bon ?

Son amie ne cessait de la fixer d'un air interrogateur. Pourtant, elle finit par suivre les autres.

Elena attendit que la porte d'entrée se referme pour redresser en toute hâte la lampe sur la table de nuit et l'allumer. Elle allait enfin établir le bilan des blessures de Stefan.

Il était du même blanc cadavérique que le gisant de marbre, sur le tombeau de Thomas Fell. Les entailles qui lui zébraient les mains étaient à vif. Elle lui tourna la tête pour examiner son cou tout en palpant sa propre gorge : les blessures du jeune homme n'avaient rien de comparable avec les deux petites piqûres qu'il lui avait laissées. C'étaient des lacérations profondes qui ressemblaient à l'œuvre d'un fauve déchaîné…

Une rage noire envahit Elena. Elle n'avait jamais autant haï Damon qu'à cet instant. Il allait lui payer très cher ! La vision d'un pieu de bois frappa son esprit : avec quel plaisir elle lui en transpercerait le cœur !

Elena reporta son attention sur Stefan : il était immobile au point qu'elle le crut soudain mort.

— Stefan ! appela-t-elle.

Elle le secoua. Il n'eut aucune réaction. Plaquant son oreille sur son torse, elle guetta les pulsations de son cœur. Il battait encore, mais si faiblement…

Son regard affolé s'arrêta sur les éclats de verre qui jonchaient le sol, sous la fenêtre. Elle en ramassa un. Son bord tranchant étincela à la lueur du feu : c'était une arme redoutable. Serrant les dents, elle s'en entailla le doigt.

La douleur lui arracha un cri. Mais elle n'avait pas le temps de s'attarder sur sa souffrance. Elle porta son doigt ensanglanté aux lèvres de Stefan et lui prit doucement la main. Puis, elle attendit.

Au bout de quelques minutes, la bouche du jeune homme frémit sur son doigt : elle perçut une faible tentative de succion. Sa cage thoracique se souleva légèrement. Enfin, il battit des paupières et sa main pressa celle d'Elena. Celle-ci n'eut pas l'ombre d'une hésitation : elle baissa son col roulé pour dégager son cou.

— Non, protesta Stefan dans un murmure.

— On n'a pas le choix, Stefan. Les autres vont revenir avec une infirmière. J'ai été forcée d'accepter. Si tu ne te remets pas vite, elle t'enverra à l'hôpital, et là…

Elle laissa sa phrase en suspens, tant l'idée de ce que découvrirait un médecin la terrifiait.

Stefan détourna pourtant la tête.

— Non, reprit-il, trop dangereux. J'ai… déjà… trop bu… hier soir.

Hier soir… Elena avait l'impression que ça faisait un siècle.

— Mais je n'en mourrai pas ! demanda-t-elle. Hein, Stefan ? Ça ne me tuera pas ?

— Non, mais…

— Alors, il n'y a pas à hésiter !

Elena ne put s'empêcher d'admirer sa détermination. Il avait l'air d'un crève-la-faim au supplice devant un banquet, et pourtant, il continuait de protester. Décidément, il était encore plus têtu qu'elle…

— Mets-y un peu du tien, ou je serai obligée de m'ouvrir les veines…

Elle lui avait mis son doigt entaillé sous le nez en espérant que la tentation serait la plus forte. Et en effet, Stefan, les pupilles dilatées, fixait avec convoitise la goutte de sang qui s'y était formée.

— Je… j'ai peur de… de ne pas pouvoir me maîtriser…

— Ne t'inquiète pas, chuchota Elena.

Elle se pencha au-dessus de lui et ferma les yeux. La bouche froide et desséchée de Stefan chercha contre sa gorge la morsure qu'il avait déjà faite. Lorsque ses canines s'enfoncèrent dans la chair de la jeune fille, elle s'efforça de ne pas tressaillir.

Peu à peu, la faim du jeune homme s'apaisa. Elle était si heureuse de le nourrir de son propre sang et de voir ses forces lui revenir grâce à elle !

Au bout d'un moment, Stefan tenta de la repousser sans qu'elle comprenne pourquoi.

— Ça suffit, murmura-t-il d'une voix éraillée.

Elle s'arracha à contrecœur à sa douce béatitude. Au fond des yeux verts de Stefan luisait l'avidité farouche du prédateur.

— Mais non, protesta Elena. Tu es encore faible.

— Ça suffit pour *toi*, insista-t-il avec une note malheureuse dans la voix. Si je continue, je risque de te transformer… Éloigne-toi immédiatement !

Elena s'écarta aussitôt, laissant Stefan se redresser et rajuster son peignoir. Il avait repris des couleurs.

— Tu m'as tellement manqué..., murmura-t-elle.

Elle soupira profondément, soulagée de cette heureuse issue. La tension nerveuse et l'angoisse éprouvées depuis toutes ces heures l'avaient enfin quittée. Stefan était vivant, devant elle... Tout allait s'arranger, finalement.

— Elena...

Aimantée par l'intensité de son regard, elle s'approcha de lui. Soudain, il éclata de rire.

— Dans quel état tu es !

Elle baissa les yeux sur ses vêtements. Son jean et ses chaussures étaient couverts de boue, son anorak déchiré perdait son duvet, et, en passant la main dans ses cheveux, elle sentit d'énormes nœuds. Quant à son visage, elle préférait ne pas y penser. Elena Gilbert, la reine du lycée, toujours impeccable jusqu'au bout des ongles, ressemblait maintenant à une clocharde !

— J'adore ton nouveau look ! continua Stefan, hilare.

Elena éclata de rire à son tour, mais la porte qui s'ouvrit l'interrompit brusquement. Elle remonta hâtivement le col de son pull, et vérifia autour d'elle qu'aucun indice ne pût les trahir. Stefan s'essuya discrètement les lèvres.

— Eh ben, ça va drôlement mieux, on dirait ! s'exclama Bonnie en entrant dans la chambre.

Matt et Meredith, derrière elle, affichaient un air à la fois surpris et soulagé. La fille qui les accompagnait était à peine plus âgée qu'eux, mais l'autorité qu'elle dégageait la vieillissait. Mary se dirigea droit vers son patient et lui prit le pouls.

— Alors comme ça, tu as peur des médecins, dit-elle en guise de préambule.

Un instant décontenancé, Stefan répliqua, embarrassé :

— Oui, c'est une sorte de phobie qui remonte à l'enfance…

Il glissa un regard à Elena, qui eut un petit sourire.

— Enfin, bref, s'empressa-t-il d'ajouter, comme vous pouvez le constater, je n'en ai pas besoin.

— Je vais en juger par moi-même, O.K. ? Le pouls est régulier… même s'il est étonnamment lent… Tu n'as pas l'air en état d'hypothermie, mais tu as encore froid… Voyons ta température.

— Je ne pense pas que ce soit nécessaire, objecta Stefan d'un ton persuasif qu'Elena connaissait bien.

Elle savait ce qu'il tentait de faire. Mais cela sembla sans effet sur Mary.

— Déboutonne ta chemise, s'il te plaît, ordonna-t-elle.

— Donne ! Je vais le faire, intervint Elena.

Dans son empressement pour prendre le thermomètre, il lui échappa des mains et alla se briser en mille morceaux sur le plancher.

— Oh ! Je suis désolée !

— De toute façon, je n'ai pas de fièvre, insista Stefan.

Mary contempla les dégâts par terre. Son regard fut

alors attiré par les objets éparpillés au sol. Les mains sur les hanches, elle se tourna vers Stefan.

— Qu'est-ce qui s'est passé ici ?

— Rien de spécial, répliqua Stefan sans ciller. Mme Flowers n'est pas très douée pour le ménage, c'est tout.

Elena faillit pouffer de rire, et Mary ne put s'empêcher de sourire.

— Je suppose qu'il est inutile d'espérer une réponse sérieuse, dit-elle en croisant les bras. Bon, apparemment, tu n'as rien de grave. Je ne peux pas te forcer à aller à l'hôpital, mais je te conseille fortement de consulter un médecin demain.

— Merci, se contenta de répondre Stefan.

— Elena, qu'est-ce qui t'arrive ? s'exclama soudain Mary. Tu es toute blanche !

— Ça doit être la fatigue. La journée a été longue…

— Dans ce cas, rentre vite te mettre au lit. Tu ne fais pas d'anémie, par hasard ?

Elle était donc si pâle ?

— Non, je suis juste crevée, lui assura-t-elle. On va tous rentrer maintenant que Stefan se sent mieux…

Il l'approuva d'un signe de tête.

— Je voudrais parler à Elena une minute, dit-il aux autres.

Ceux-ci sortirent aussitôt.

— Bonne nuit, repose-toi bien, lui souhaita Elena à voix haute, en le serrant dans ses bras. Puis elle chuchota : Pourquoi est-ce que tu n'as pas utilisé tes pouvoirs sur Mary ?

— C'est ce que j'ai fait, lui souffla-t-il. Du moins, j'ai essayé. Je dois être encore trop faible. Mais, ne t'inquiète pas, ça va revenir.

— Sûrement, répliqua Elena, tentant de cacher son inquiétude. Tu crois que tu peux rester seul ? Et si...

— Ça va aller. C'est toi qui ne devrais pas rester seule, la mit-il en garde. Tu sais, tu avais raison : Damon est à Fell's Church.

— C'est lui qui t'a fait ça ? demanda-t-elle en décidant de passer sous silence sa rencontre du cimetière.

— Je... je ne me souviens pas. Mais il est dangereux. Demande à Bonnie et Meredith de rester avec toi, cette nuit, d'accord ? Et fais en sorte que personne n'invite quiconque chez toi.

— Promis, lui assura-t-elle avec un sourire réconfortant.

— Je suis très sérieux, tu sais.

Elle hocha la tête.

— On fera attention, ne t'inquiète pas.

Ils s'embrassèrent tendrement, puis leurs mains entrelacées se séparèrent à contrecœur.

— Et remercie les autres pour moi....

— D'accord.

Elena rejoignit le petit groupe devant la pension. Mary avait l'air soupçonneux : elle devait s'interroger sur les événements de la nuit. Matt lui proposa de la reconduire pour laisser Bonnie et Meredith rentrer avec Elena.

— Stefan m'a dit de vous remercier tous, se souvint Elena, une fois Matt et Mary partis.

— Hmm… de rien, répondit Bonnie dans un bruyant bâillement, tandis que Meredith ouvrait la portière.

Celle-ci ne fit aucun commentaire. Elle n'avait quasiment pas ouvert la bouche depuis qu'ils étaient allés chercher Mary.

Soudain, Bonnie éclata de rire.

— On a tous oublié un truc…, déclara-t-elle. La prophétie !

— Quelle prophétie ?

— À propos du pont. Tu sais, ce que je suis censée avoir dit. Tu vois, tu y es allée et tu n'es pas morte… Tu as sans doute mal compris.

— Non, intervint Meredith, on a très bien compris.

— Alors, il s'agit peut-être d'un autre pont, réfléchit Bonnie. Ou bien…

Bonnie ferma les yeux, toute frissonnante, sans avoir le courage de finir sa phrase.

« Ou bien, c'est pour plus tard », pensa Elena.

À l'instant où Meredith fit démarrer la voiture, une chouette lança un ululement lugubre, comme un présage funeste.

5.

Samedi 2 novembre

Quand je me suis réveillée tout à l'heure, j'étais dans un état vraiment bizarre : à la fois très faible (je me suis écroulée en mettant un pied par terre !), et très... bien. Comme sur un petit nuage. Je n'ai même pas paniqué en voyant que j'arrivais à peine à marcher.

J'ai aussitôt pensé à Stefan : je me suis traînée en bas, mais tante Judith m'a expédiée illico au lit en me répétant que je devais me reposer. Elle a ajouté que Bonnie et Meredith étaient parties depuis quelques heures après avoir essayé de me réveiller. Mais je dormais trop profondément.

Bref, je suis obligée de rester dans ma chambre. Tante

Judith m'a apporté une télé. C'est sympa, mais je préfère rester allongée à écrire.

J'attends que Stefan m'appelle. Il avait dit qu'il me téléphonerait. Ou peut-être que non. Je ne sais plus. Quand il appellera, il faudra que je

Dimanche 3 novembre, 10 h 30

Je viens de relire ce que j'ai écrit hier, et je suis sciée... Qu'est-ce qui m'a pris de m'arrêter au beau milieu d'une phrase ? Et je ne me souviens même pas de ce que je voulais écrire ! J'étais vraiment dans les vapes...

Bref, ceci est l'inauguration officielle de mon nouveau journal. Je l'ai acheté à la papeterie du coin. Il n'est pas aussi beau que l'ancien, mais tant pis ! De toute façon, ça m'étonnerait que je retrouve l'autre. Quand je pense que quelqu'un doit être en train de lire mes pensées les plus intimes, j'ai des envies de meurtre ! C'est l'humiliation de ma vie... Ce n'est pas que j'ai honte, pas du tout. Mais j'ai écrit des trucs vraiment perso, notamment tout ce que je ressens quand Stefan m'embrasse, et me serre dans ses bras... Je sais que Stefan n'apprécierait pas non plus...

Heureusement, je n'ai rien écrit sur son secret puisqu'à ce moment-là, je n'en savais rien. Depuis que je suis au courant, je me sens encore plus proche de lui. J'ai l'impression de l'avoir attendu toute ma vie... Ça peut paraître bizarre que j'aime quelqu'un comme lui : c'est vrai qu'il est parfois violent et que son passé n'est pas très clair. Mais je suis certaine qu'il ne me fera jamais de mal. Il souffre tellement... Je veux le guérir de sa culpabilité.

Je ne sais pas comment les choses vont tourner. Pour le moment, l'essentiel, c'est que Stefan soit sain et sauf. Je suis passée à la pension tout à l'heure : Stefan m'a dit qu'il avait eu la visite des flics. Il n'a pas pu s'en débarrasser grâce à ses pouvoirs parce qu'il était trop faible. De toute façon, ils l'ont juste interrogé comme témoin. Ils ont été plutôt sympas avec lui, ce qui me paraît louche. C'est peut-être une tactique pour essayer de le coincer...

D'accord, les crimes ont commencé après son arrivée à Fell's Church. Et alors ? Ça ne prouve rien ! Et le fait qu'il se soit engueulé avec Tanner cette nuit-là n'est pas une preuve non plus : tout le monde se disputait avec ce prof. Il a disparu après la découverte du corps ? Maintenant, il est là et il a lui-même été attaqué par l'assassin, c'est évident. Mary a raconté à la police dans quel état on l'a retrouvé. Et Matt, Bonnie, Meredith et moi pouvons tous témoigner. Il n'y a aucune preuve contre lui.

Stefan et moi en avons longuement parlé. C'est tellement génial d'être de nouveau ensemble ! Mais il est encore très faible. Il ne se souvient toujours pas comment il s'est retrouvé au fond de ce puits. Il m'a raconté qu'il est allé voir Damon après mon départ, mardi soir. Ils se sont battus... Alors, pas la peine d'être un génie pour comprendre comment il a atterri dans ce trou !

Je ne lui ai toujours pas dit que j'ai vu Damon dans le cimetière. Je lui raconterai ça demain. Il va être furieux, surtout quand il saura tout ce que Damon m'a balancé.

Bon, j'arrête pour aujourd'hui. Je suis crevée. Cette fois, ce journal sera bien caché...

Après avoir relu sa dernière phrase, Elena ajouta :

P.-S. : Je me demande qui sera notre prochain prof d'histoire.

Elle glissa le journal sous son matelas et éteignit la lumière.

Depuis le matin, le vide se faisait autour d'Elena. D'habitude, où qu'elle aille, tout le monde s'empressait de lui dire bonjour. Aujourd'hui, rien. Les regards se détournaient à son approche, les élèves faisant mine de se plonger dans des occupations qui les obligeaient, comme par hasard, à lui tourner le dos.

Elle s'arrêta sur le seuil de la salle d'histoire. Plusieurs lycéens étaient déjà installés à leur place, et un inconnu se trouvait au tableau. Avec ses cheveux blonds mi-longs et son allure sportive, il ressemblait à un type de leur âge. Après avoir inscrit son nom à la craie – Alaric Saltzman – il se retourna en lui adressant un sourire.

Au moment où elle s'asseyait, Stefan entra, précédé d'un petit groupe. Il s'installa à ses côtés sans un mot. D'ailleurs, un silence inhabituel régnait dans la classe.

Bonnie prit place non loin d'elle. Quelques sièges plus loin, Matt gardait les yeux fixés droit devant lui.

Caroline et Tyler arrivèrent les derniers. Son ex-meilleure amie affichait une mine réjouie. Qu'est-ce qu'elle mijotait encore celle-là ? Son sourire rusé et la lueur sournoise dans ses yeux ne lui disaient rien qui vaille. Quant à cet abruti de Tyler, il avait l'air très fier de lui. Ses coquards ne se voyaient presque plus. Dommage !

— Pour commencer, on va mettre les tables en cercle.

L'attention d'Elena se reporta sur le nouveau professeur.

— De cette façon, celui qui prendra la parole s'adressera à tout le monde, expliqua-t-il sans se départir de son expression joyeuse.

Les élèves s'exécutèrent sans enthousiasme, et le remplaçant de M. Tanner s'installa au milieu du cercle, à califourchon sur sa chaise.

— Parfait ! Mon nom est écrit au tableau : Alaric Saltzman. Mais vous pouvez m'appeler Alaric. Avant de me présenter, j'aimerais que vous vous exprimiez. Je sais que vous traversez un moment difficile : un de vos enseignants est décédé, et c'est douloureux pour tout le monde. Je veux vous donner l'occasion d'extérioriser cette souffrance. Ensuite, nous pourrons travailler ensemble dans la sérénité, et bâtir entre nous une relation de confiance. Qui veut commencer ?

On aurait entendu une mouche voler.

— Voyons… si nous commencions par toi ? proposa-t-il avec un sourire encourageant à une blonde au premier rang. Donne-moi ton nom et tes impressions sur ce qui s'est passé.

La jeune fille se tortilla sur sa chaise puis se leva.

— Je m'appelle Sue Carson et… euh…

Elle respira un bon coup.

— … et j'ai peur parce que l'assassin court toujours. La prochaine fois, ça sera peut-être mon tour…

Elle se rassit précipitamment.

— Merci, Sue. Je suis sûr que beaucoup de tes camarades partagent tes craintes. J'ai cru comprendre que certains d'entre vous se trouvaient là au moment du drame, c'est bien ça ?

Les élèves étaient visiblement très mal à l'aise. Seul Tyler semblait content d'aborder le sujet. Il se leva avec assurance, dévoilant ses dents blanches dans un grand sourire.

— La plupart d'entre nous étaient là, corrigea-t-il.

Il glissa un regard en coin vers Stefan, et plusieurs autres en firent autant.

— Je suis arrivé après que Bonnie a découvert le corps, poursuivit Tyler. C'est dramatique ! Un psychopathe se balade dans les rues sans que personne ne fasse rien pour l'arrêter !

Il se rassit.

— D'accord, merci. Donc, pas mal d'entre vous se trouvaient là. Cela rend le problème encore plus délicat… Peut-on avoir le témoignage de l'élève qui a découvert le corps ?

Bonnie leva une main hésitante.

— C'est moi qui l'ai trouvé, murmura-t-elle timidement. Enfin… plus exactement, je me suis aperçue que M. Tanner ne faisait pas semblant d'être mort.

— Pas semblant ? répéta Alaric Saltzman, stupéfait. C'était donc une habitude pour lui de faire le mort ?

Il y eut quelques rires étouffés, ce qui sembla plaire au professeur, qui sourit de plus belle. Elena jeta un œil à Stefan : il arborait sa mine des mauvais jours.

— Non, non, répondit Bonnie d'un air grave. Il jouait un sacrifié dans la Maison Hantée et il était donc couvert de faux sang. C'est moi qui ai insisté pour qu'il s'en asperge… Mais comme il ne voulait pas en entendre parler, Stefan s'est disputé avec lui… Enfin, bref, nous avons réussi à le convaincre, et le spectacle a pu commencer. Il devait se relever pour effrayer les visiteurs, mais, comme il ne bougeait pas, je suis allée voir ce qui se passait. Et là, j'ai constaté qu'il fixait le plafond sans répondre à mes questions. Je l'ai touché et alors il… C'était affreux… Sa tête a basculé….

La voix de Bonnie se brisa dans un sanglot. Elena s'était levée, aussitôt imitée par Stefan, Matt, et quelques autres, tout aussi écœurés par les méthodes de Saltzman. Elle posa une main sur l'épaule de son amie dans un geste de réconfort.

— Ça va aller, Bonnie, ne t'en fais pas.

— J'avais du sang plein les mains… Il y en avait partout…

— O.K., on va s'arrêter là, intervint Alaric. Je suis désolé, je ne voulais pas te bouleverser à ce point. Il faudrait peut-être que tu vois un psychologue pour t'aider à surmonter ce traumatisme…

Tandis que Bonnie reniflait, le jeune professeur se mit à arpenter le plancher avec nervosité.

— J'ai une idée ! s'exclama-t-il soudain en retrouvant son grand sourire. Pour prendre un nouveau départ, il faut créer une atmosphère plus détendue. Que diriez-vous de venir ce soir chez moi pour une discussion entre amis ? Ainsi, nous apprendrions à nous connaître, et ceux qui le souhaitent pourront parler de ce qui est arrivé. Vous pouvez amener un ami si vous voulez… Qu'en pensez-vous ?

Un silence consterné lui répondit.

— Chez vous ? s'étonna quelqu'un.

— Oui… enfin chez les Ramsey. Ils habitent Magnolia Avenue, dit-il en écrivant l'adresse au tableau. Ils me prêtent leur maison en leur absence. Je viens de Charlottesville. Votre proviseur m'a appelé vendredi pour ce remplacement. J'ai saisi cette chance : c'est mon premier vrai poste d'enseignant.

— Tout s'explique…, murmura Elena entre ses dents.

— Tu crois ? lui glissa Stefan d'un air ironique.

— Alors, ça vous dit ? demanda Saltzman à la ronde.

Personne n'eut le courage de protester.

— Parfait ! Alors, je m'occupe des boissons. Ah oui, j'oubliais…. Dans mon cours, la participation compte pour la moitié dans la moyenne, annonça-t-il joyeusement. Voilà, vous pouvez y aller.

— Quel plaie, ce mec ! marmonna quelqu'un.

Comme Bonnie se dirigeait vers la porte, elle fut rappelée par le professeur :

— Attendez une minute ! Que tous ceux qui se sont exprimés restent ici.

— Je vais voir si l'entraînement de foot a toujours lieu, déclara Stefan à Elena dans le couloir.

— Tu es sûr d'avoir repris assez de forces pour jouer ? demanda Elena, inquiète.

— Ça devrait aller, répondit-il en dépit de ses traits tirés et de sa démarche hésitante. On se retrouve tout à l'heure, d'accord ?

Elena approuva. Quand elle parvint à son casier, elle trouva Caroline en grande conversation avec deux autres filles. Elle sentit leurs regards peser sur elle tandis qu'elle rangeait ses livres. Lorsqu'elle releva la tête, Caroline continuait à la fixer effrontément. Elle se pencha même vers ses camarades pour leur chuchoter quelques mots à l'oreille.

Cette fois, c'en était trop. Elena claqua la porte de son casier et se dirigea droit vers elles.

— Salut Beckie, salut Sheila. Oh, et salut Caroline ! lança-t-elle avec insistance.

Les deux premières marmonnèrent un vague bonjour avant de se diriger vers la sortie.

— Y a un problème ? demanda Elena.

— Un problème ? fit Caroline d'un air faussement étonné.

Elle se délectait visiblement de la situation, la faisant durer avec un malin plaisir.

— Te fous pas de moi. Je te connais par cœur. Tout le monde m'évite comme si j'avais la peste. Et comme par hasard, tu as l'air très fier de toi. Qu'est-ce que t'as été raconter derrière mon dos ?

Un sourire narquois se dessina sur le visage de Caroline.

— Tu ne te souviens pas ? Je t'ai dit il y a quelque temps que la fin de ton règne était proche… Mais je n'y suis pour rien, après tout. Ce qui se passe, c'est simplement… comment dire… la loi de la jungle…

— Qu'est-ce que tu racontes ?

— Disons que sortir avec un assassin n'est pas forcément un atout pour briller en société…

L'insulte lui fit l'effet d'une gifle. Bouillant d'une colère sourde, elle fit un effort gigantesque pour ne pas se jeter sur Caroline.

— Stefan n'a rien fait, protesta-t-elle entre ses dents. La police l'a interrogé, et il a été mis hors de cause.

Caroline prit un air condescendant.

— Elena, je te connais depuis la maternelle, alors permets-moi de te donner un conseil d'amie : laisse tomber Stefan. À moins que tu tiennes absolument à t'acheter une clochette de lépreuse…

Caroline tourna les talons, l'air très satisfait de sa pique. Elena écumait de rage. Elle se retint de lui balancer les pires insultes.

— Caroline ?

Celle-ci se retourna.

— Tu vas à la soirée de Saltzman ?

— Sans doute. Pourquoi ?

— Parce que j'y serai aussi. Avec Stefan. Rendez-vous dans la jungle…

Elle passa devant elle d'un air très digne pour gagner la porte principale. Cependant, en apercevant une silhouette noire au bout du couloir, sa démarche se fit hésitante, ce qui gâcha un peu sa sortie. En reconnaissant Stefan, elle lui adressa un sourire forcé. Celui-ci ne fut pas dupe.

— L'entraînement de foot a été annulé ? demanda-t-elle en pénétrant avec lui dans la cour.

Il approuva d'un signe de tête.

— Qu'est-ce qui s'est passé ? s'enquit-il.

— Rien. Je demandais à Caroline si elle venait ce soir.

Elle leva la tête vers le ciel gris.

— Ah bon ? Vous parliez vraiment de ça ?

— Oui, affirma-t-elle avec aplomb, les yeux toujours fixés sur les nuages menaçants.

— Et c'est ce qui t'a mise en colère ?

— Oui.

— C'est faux, Elena, affirma-t-il sans la quitter du regard.

— Si tu arrives à lire dans mes pensées, tu n'as pas besoin de me poser toutes ces questions…

— Tu sais très bien que je ne m'amuserais pas à ça. Mais je croyais que tu voulais une relation basée sur la franchise, non ?

— Cette pétasse de Caroline faisait des insinuations

au sujet du meurtre, lâcha-t-elle. De toute façon, qu'est-ce que t'en as à faire ?

— Elle a peut-être raison, lança durement Stefan. Pas à propos du crime, mais à propos de nous deux… Je savais qu'ils allaient nous mettre dans le même sac toi et moi. J'ai ressenti de l'hostilité et de la peur toute la journée… Ils sont toujours persuadés que je suis l'assassin, et c'est sur toi que ça va retomber.

— Je me fous de leur opinion ! éclata Elena. Ils finiront bien par se rendre compte de leur erreur, et tout redeviendra comme avant !

— Tu crois vraiment ? demanda Stefan avec un sourire triste. Et s'ils ne comprennent pas ? ajouta-t-il, les traits soudain durcis. La situation risque de devenir invivable…

— Qu'est-ce que tu racontes ?

— Je crois qu'il vaudrait mieux ne plus se voir pendant quelques temps… S'ils pensent qu'on n'est plus ensemble, ils te laisseront tranquille.

Elle le dévisagea avec horreur.

— Quoi ? Tu pourrais arrêter de me voir pendant je ne sais pas combien de temps ?

— S'il le faut, oui… On a qu'à faire semblant d'avoir cassé…

Elena le fixa sans rien dire. Puis, elle se mit à arpenter le sol en cercles concentriques autour de lui.

— Il n'y a qu'à une seule condition que j'annoncerai aux autres qu'on n'est plus ensemble : si tu me dis que tu ne m'aimes plus et que tu ne veux plus me voir. Alors, dis-le-moi, Stefan. Dis-moi que tu ne veux plus de moi !

Stefan resta sans voix.

— Allez, le défia-t-elle. Ose me dire que tu me jettes… Ose me dire que…

La fin de sa phrase fut étouffée par un baiser.

6.

Assis sur le canapé des Gilbert, Stefan acquiesçait poliment aux propos de tante Judith. Elle s'efforçait visiblement d'être aimable, et Stefan s'évertuait à en faire autant pour ne pas froisser Elena.

La jeune fille, à ses côtés, lui renvoyait des ondes bienfaisantes. Il l'aimait tant… Elle était si différente de Katherine, finalement. Certes, elle avait les mêmes cheveux blonds, le même teint d'albâtre, les mêmes traits délicats, les mêmes yeux bleus. Mais, la ressemblance s'arrêtait là : contrairement à Katherine, elle était dotée d'une force de caractère exceptionnelle.

L'intensité de leur amour n'était cependant pas sans danger : la semaine précédente, il avait été incapable de refuser le sang qu'elle lui avait offert. C'était beaucoup trop risqué… Pour la centième fois, il scruta son visage, guettant l'apparition des premiers symptômes. Il avait l'impression que son visage avait légèrement pâli… que son regard était plus froid.

Désormais, ils devaient se montrer d'une extrême vigilance. Surtout lui. Il irait assouvir son appétit dans la forêt. Rien que d'y penser, la faim recommençait à le tourmenter. Ce picotement insistant dans les mâchoires, cette brûlure familière dans les veines. Il devrait déjà être dans les bois, à l'affût d'une proie… loin de ce salon… et de la gorge tendre d'Elena qu'il ne pouvait pas quitter du regard.

Elle se tourna vers lui en souriant.

— Ça te dit d'aller à la soirée de Saltzman ? Tante Judith nous prête sa voiture.

— Vous allez quand même rester dîner ! intervint celle-ci.

— T'inquiète pas, on achètera un truc en route, affirma Elena.

Stefan se rembrunit. Il avait perdu depuis longtemps le goût de la nourriture du commun des mortels, et s'ils se rendaient à cette soirée, il devrait patienter encore quelques heures avant de pouvoir apaiser sa faim.

— Comme tu veux, dit-il pourtant à Elena.

— Super, je vais me changer.

Il la suivit jusqu'au pied de l'escalier.

— Mets un col roulé, lui souffla-t-il.

— Pas de problème, c'est presque guéri, regarde,

répondit-elle après s'être assurée que le salon était désert.

Stefan contempla les deux petites marques rondes et d'un rose rappelant le vin coupé d'eau. Il détourna les yeux, les mâchoires crispées. Quel supplice !

— Ce n'est pas pour cette raison...

Elena surprit enfin son air affamé : elle comprit ce qu'il voulait dire et laissa retomber ses cheveux sur son cou.

Quand ils franchirent le seuil de la maison, les conversations s'interrompirent brusquement. Les visages tournés vers eux reflétaient la plus grande méfiance. Elena n'était pas habituée à ce genre d'accueil.

Le professeur d'histoire n'était pas en vue. Caroline, en revanche, exhibait ses longues jambes fuselées sur un tabouret de bar. Elle glissa un commentaire au garçon assis à sa droite avec un sourire narquois en direction d'Elena. Il s'esclaffa. Elena sentait le feu lui monter aux joues. Heureusement, une voix familière l'interpella.

— Elena ! Stefan ! On est là !

Elle repéra, soulagée, Bonnie et Meredith assises avec Ed Goff dans un coin du salon. Les discussions reprirent comme par enchantement. Elena décida d'agir comme si de rien n'était, de même que ses amies.

— T'as retrouvé tes couleurs, on dirait ! J'adore ton pull !

— Il lui va bien, hein, Ed ? renchérit Meredith avec un enthousiasme forcé.

Ed, interloqué, fut bien obligé d'approuver.

— Ta classe aussi est invitée, à ce que je vois, dit la nouvelle venue à Meredith.

— Je ne sais pas si « invitée » est vraiment le mot, répliqua celle-ci. Vu que la participation compte pour la moitié de la note, on n'a pas trop le choix…

— Vous croyez qu'il était sérieux ? demanda Ed.

— C'est en tout cas l'impression que j'ai eue, intervint Elena. Où est Ray ? demanda-t-elle à Bonnie.

— Ray ? Euh… il doit traîner près du buffet. Il commence à y avoir foule, dis donc.

Le salon s'avérait effectivement bondé, à tel point que le monde débordait dans la cuisine et la salle à manger.

— Qu'est-ce que Saltzman te voulait tout à l'heure ? demanda Stefan à Bonnie.

— *Alaric*, s'il te plaît ! corrigea celle-ci en minaudant. Il essayait juste d'être sympa, et s'est excusé de m'avoir fait revivre cette sale expérience. En fait, il ne savait pas comment était mort Tanner, ni à quel point j'étais émotive. Il est lui-même très sensible, alors, il me comprend parfaitement. Il est Verseau…

— Ascendant Embobineur de première, ironisa Meredith. Bonnie, tu crois quand même pas son baratin ? Un prof qui drague ses élèves, je trouve ça vraiment nul.

— Il me draguait pas, je te jure ! Il a sorti exactement la même chose à Tyler et Sue. Il nous a dit qu'on devait former un groupe de soutien ou écrire une dissert pour évacuer notre traumatisme. Il pense que les adolescents sont influençables, et il ne veut pas que ce drame ait d'impact sur le reste de notre existence.

— N'importe quoi ! s'esclaffa Ed.

Son rire s'interrompit net devant l'expression de Stefan. Elena savait qu'il éprouvait envers le professeur la plus grande méfiance. Comme la plupart des gens envers lui-même, d'ailleurs…

Bonnie fit écho sans le savoir à la suspicion de Stefan :

— Je suis sûre qu'il avait l'idée de cette soirée depuis longtemps, contrairement à ce qu'il a essayé de nous faire croire. Bizarre, non ?

— Ce qui est encore plus étonnant, renchérit Stefan, c'est qu'il n'ait pas su comment Tanner était mort. C'est écrit dans tous les journaux…

— Oui, mais pas toute l'histoire… La police n'a pas voulu révéler certains détails pour faciliter la capture de l'assassin. Mary m'a raconté un truc vraiment étrange, poursuivit-elle à mi-voix : le légiste qui a pratiqué l'autopsie a affirmé que le cadavre n'avait plus de sang en lui… Plus une seule goutte !

Elena attendit la suite, pétrifiée.

— Comment c'est possible ? demanda Ed.

— Il a entièrement coulé par terre, sans doute. C'est sur ce fait que la police est en train d'enquêter. En général, il reste toujours un peu de sang dans la partie inférieure d'un cadavre. C'est ce qu'on appelle la lividité cadavérique. Ça ressemble à des ecchymoses violacées.

Qu'est-ce qui t'arrive ? demanda-t-elle devant le visage blême de Meredith.

— Ton extrême sensibilité me donne envie de gerber, maugréa celle-ci. Tu veux pas parler d'autre chose ?

— C'est facile pour toi : tu n'étais pas couverte de sang.

— Bonnie, est-ce que tu sais si l'enquête a avancé ? demanda Stefan.

— Non.

Soudain le visage de la jeune fille s'éclaira.

— Au fait, Elena, tu disais que tu avais ton idée sur…

— Ferme-la ! lui souffla Elena.

S'il y avait bien un endroit où il ne fallait pas aborder le sujet, c'était dans ce salon bondé, au milieu de gens qui détestaient Stefan. Bonnie écarquilla les yeux avant de comprendre sa maladresse.

Toute cette discussion avait mis Elena sur les nerfs : puisque seuls Stefan et elle connaissaient l'existence de son frère, la piste qu'emprunteraient les enquêteurs les mènerait droit à Stefan… Damon devait déjà être tapi dans l'ombre, à l'affût de sa prochaine victime. Ça pouvait être n'importe qui. Stefan, peut-être, ou elle-même…

— Je crève de chaud, déclara-t-elle soudain. Je vais me chercher à boire.

Stefan voulut l'accompagner, mais Elena refusa : elle voulait rester seule quelques minutes, le temps de se calmer. Mais elle dut affronter de nouveau les coups d'œil furtifs et les dos tournés. Cette fois, ça la rendit furieuse :

elle traversa la foule en soutenant d'un air arrogant les regards qui croisèrent par hasard le sien.

Elle se dirigea vers le buffet et eut aussitôt l'eau à la bouche. Ignorant les gens massés autour de la table, elle déposa quelques bâtonnets de carotte dans une assiette en carton. Hors de question de leur adresser la parole la première ! Elle se servit tranquillement à boire, passa longuement en revue les fromages avant d'en choisir un morceau, puis saisit une grappe de raisin en jouant énergiquement des coudes. Elle fit même une dernière fois le tour de la table pour voir si elle n'avait rien oublié.

Comme elle sentait tous les yeux fixés sur elle, elle coinça nonchalamment un long bretzel entre ses dents avant de tourner les talons.

— Je peux en avoir un bout ?

Le choc la laissa sans voix. Elle était sonnée, complètement désemparée devant l'individu qui emplissait son champ de vision. Des yeux sombres la contemplaient, et un subtil parfum, reconnaissable entre tous, montait jusqu'à elle.

Damon se pencha vers elle et, d'un coup de dents précis, coupa l'extrémité du bretzel. Il s'était arrêté à quelques centimètres de sa bouche. Voyant qu'il préparait un nouvel assaut, Elena recula brusquement et jeta le reste du biscuit d'un air dégoûté. Damon le rattrapa avec une dextérité étonnante.

Elena avait perdu tout contrôle de soi. Elle n'avait qu'une envie : hurler aux autres de s'enfuir de cette maison. Elle était au bord de l'hystérie.

— Du calme, du calme…, lui souffla Damon en refermant doucement les doigts sur son poignet.

Devant l'air terrorisé d'Elena, il lui caressa délicatement la main.

— Du calme, tout va bien, répéta-t-il.

« Qu'est-ce qu'il fout là, celui-là ? » pensa-t-elle. La lumière de la pièce lui parut soudain lugubre et irréelle, comme dans le pire des cauchemars. Ce monstre allait tous les tuer !

— Elena ? Ça va ?

Sue avait posé la main sur son épaule.

— Elle a dû avaler de travers…, mentit Damon en la lâchant. Mais je crois que ça va, maintenant. Tu nous présentes, Sue ?

Il allait tous les tuer…

— Elena, voici Damon, euh…

— Smith, termina Damon.

Il leva son gobelet vers Elena :

— À la tienne !

— Qu'est-ce que tu fais là ? chuchota-t-elle.

— Damon est étudiant, expliqua Sue devant le silence du garçon. Il est à la fac, en Virginie, c'est bien ça ?

— Entre autres, répondit Damon sans quitter Elena des yeux. J'aime voyager.

Elena prit enfin conscience des gens qui l'entouraient : ils ne perdaient pas une miette de leur conversation, et elle était dans l'impossibilité absolue de s'expliquer avec le jeune homme. Pourtant, leur présence lui donnait un certain sentiment de sécurité. Il ne tenterait rien devant tout ce monde. Du moins, elle l'espérait. Faire semblant d'être des leurs semblait beaucoup l'amuser. Elle, en revanche, avait l'impression d'être une souris dans les griffes d'un chat…

— Il n'est ici que pour quelques jours, expliqua Sue. Tu rends visite à des amis, c'est ça ?

— Oui.

— Tu as de la chance de pouvoir voyager comme tu veux, dit soudain Elena, avec l'envie de le démasquer.

— La chance n'a pas grand-chose à voir là-dedans, répondit-il. Tu aimes danser ?

— Et qu'est-ce que tu étudies ?

— Le folklore américain. Savais-tu par exemple qu'un grain de beauté dans le cou est un présage de richesse ? Ça ne te dérange pas si je regarde ?

— Moi, si, interrompit une voix sèche derrière Elena.

Elle n'avait entendu Stefan parler sur ce ton qu'une seule fois : lorsqu'il avait empêché Tyler de l'agresser dans le cimetière. Les doigts de Damon s'étaient figés à quelques centimètres de sa gorge. Délivrée de son attraction, elle recula.

— Tu crois vraiment que ton avis m'intéresse ? murmura Damon d'un ton mielleux qui n'augurait rien de bon.

Les deux frères se toisaient sous la lumière du lustre. Tandis que les spectateurs massés autour d'eux se délectaient de la scène, Elena essayait d'analyser la situation avec plus ou moins de lucidité. « Tiens, je n'avais pas remarqué que Stefan était plus grand que Damon…

Bonnie et Meredith se demandent ce qui se passe… Stefan est fou de rage… S'il se bat avec Damon maintenant, il sera vaincu. Il est encore trop faible… » Tout d'un coup, l'évidence s'imposa à son esprit : « Mais bien sûr ! C'est pour ça que Damon est venu : pour forcer Stefan à l'attaquer et donner à tout le monde la preuve de sa violence… si jamais il gagne. Et dans le cas où il perd… Stefan, surtout n'entre pas dans son jeu. Il est bien plus fort que toi, et il n'a qu'une idée, te tuer… »

Elle s'approcha de Stefan et lui prit la main.

— Viens, on rentre.

Mais tout son corps était tendu dans l'attente du combat, et ses yeux brillaient de haine. Elena ne l'avait jamais vu dans cet état. C'était terrifiant.

— Stefan… Stefan…, l'implora-t-elle.

Au bout d'un moment qui lui parut une éternité, il finit pas prendre conscience de sa présence.

— On s'en va, murmura-t-il.

Elena l'entraîna vers la sortie en s'efforçant de ne pas se retourner. Elle sentait le regard de Damon comme un poignard prêt à se planter dans son dos. Celui-ci se contenta d'un dernier sarcasme.

— Et sais-tu qu'embrasser une rousse guérit les boutons de fièvre ?

Bonnie eut un rire bête qui horripila Elena.

En quittant le salon, ils croisèrent enfin leur hôte.

— Vous partez déjà ? s'exclama Alaric. Mais je n'ai même pas eu l'occasion de vous parler !

L'air de chien battu de leur professeur remplit Elena

de culpabilité : elle abandonnait Alaric et ses invités à un monstre redoutable. Elle espérait seulement que Damon ne se déciderait pas à passer à l'attaque tout de suite. Il prendrait peut-être plaisir à faire durer son petit jeu... Pour l'instant, elle devait fuir au plus vite avec Stefan avant que celui-ci ne change d'avis.

— Je suis désolée, je ne me sens pas très bien, improvisa-t-elle en attrapant son sac sur le canapé.

Elle serra fermement le bras de Stefan, craignant de le voir faire demi-tour.

— C'est moi qui suis désolé, dit Alaric. Au revoir.

Sur le seuil, elle remarqua un bout de papier violet qui dépassait de la poche latérale de son sac. Elle le déplia machinalement, l'esprit ailleurs.

Il y avait un message. Une écriture nette, vigoureuse... et inconnue. Juste trois lignes. Elle les lut, et l'univers bascula.

— Qu'est-ce que c'est ? demanda Stefan.

— Rien, répondit-elle en fourrant le mot dans sa poche. Viens, on y va.

Ils sortirent sous une pluie battante.

7.

— La prochaine fois, je ne me défilerai pas, déclara froidement Stefan en démarrant.

Elena s'efforça de garder son calme. Les propos du jeune homme la terrifiaient, mais elle n'avait plus le courage de lui faire entendre raison.

— Quand je pense qu'il a osé apparaître dans cette maison, au milieu de gens ordinaires… s'indigna-t-elle. Il n'avait pas le droit !

— Ah, et pourquoi ? demanda Stefan, visiblement vexé. J'y étais bien, moi…

— Ce n'est pas ce que je voulais dire. Mais la seule fois où je l'ai vu en public, c'était dans la Maison Hantée, et il était masqué. En plus, il faisait noir. Jusque-là, il était toujours apparu dans des endroits déserts, comme le gymnase ou le cimetière….

Elena s'arrêta net en prenant conscience de sa gaffe. Les mains de Stefan se crispèrent sur son volant.

— Dans le cimetière ?

— Euh, oui… tu sais, quand on s'est fait courser, Bonnie, Meredith et moi… Ça devait être Damon.

Plutôt mentir que lui rapporter les menaces de celui-ci : il irait tout droit se jeter sur son frère ! Elle devait à tout prix les empêcher de s'affronter, car Stefan n'était pas de taille à remporter la lutte pour le moment. Il ne saurait jamais rien de l'épisode du cimetière, c'était juré ! Elle refusait de reproduire l'erreur de Katherine, qui les avait amenés au duel malgré elle. Il fallait être stupide, aussi, pour espérer qu'un suicide réconcilierait deux prétendants : elle n'avait fait que transformer la rivalité des deux frères en haine implacable. Et, depuis, Stefan était rongé par une culpabilité qui n'avait pas lieu d'être…

— Tu crois que quelqu'un l'a amené ? s'enquit-elle, désireuse de changer de sujet.

— C'est évident.

— Alors, c'est vrai que… les êtres comme vous doivent être invités pour entrer quelque part ? Pourtant, Damon a pénétré dans le gymnase sans l'être.

— Parce que ce n'est pas un lieu d'habitation. Pour entrer dans un endroit où les humains mangent et dorment, comme une maison, une tente, ou un appartement, nous devons y être conviés. C'est l'unique condition.

— Ce n'est pourtant pas ce que j'ai fait, le soir où tu m'as raccompagnée chez moi.

— Mais si... Tu as ouvert la porte en me faisant signe. L'invitation n'a pas besoin d'être verbale. L'intention suffit. Et la personne qui invite ne doit pas forcément habiter là.

Elena réfléchit un instant.

— Ça marche aussi sur une péniche ?

— Oui, bien qu'un cours d'eau puisse empêcher certains d'entre nous de passer.

Elle se revit soudain sur le pont Wickery : elle avait su que si elle parvenait à l'autre rive, elle serait hors de danger.

— C'est donc pour ça..., murmura-t-elle. Mais toi, tu as franchi la rivière, ce soir-là...

— C'est parce que je n'ai pas beaucoup de pouvoirs. C'est paradoxal : plus on est puissant, plus les lois des Ténèbres sont contraignantes.

— Il y en a d'autres ? s'enquit Elena.

— Je pense qu'il est temps que tu saches, répondit Stefan en se tournant vers elle. Tu seras plus à même de te défendre contre Damon en apprenant le maximum sur lui.

Se défendre contre lui ? Stefan en savait sans doute plus qu'elle ne croyait... Il bifurqua dans la rue d'Elena et se gara.

— Je dois faire des stocks d'ail ? demanda-t-elle.

— Seulement si tu veux faire fuir tout le monde, s'esclaffa Stefan. Mais certaines plantes peuvent garder

Damon à distance. La verveine, par exemple, permet de conserver l'esprit clair même si ton adversaire te lance un sortilège. Autrefois, les gens la portaient autour du cou. Bonnie adorerait cette plante : les druides la considéraient comme sacrée.

— La verveine, répéta Elena, pour qui le mot évoquait simplement une tisane. Quoi d'autre ?

— Le soleil direct, ou n'importe quelle lumière vive, sont particulièrement douloureux. Tu n'as pas remarqué que le temps a changé ?

— Tu crois que c'est Damon ?

— Sans doute. La maîtrise des éléments nécessite un pouvoir et une énergie gigantesques. Mais tant qu'il parvient à faire venir des nuages, il peut apparaître en plein jour.

— Et… les croix ?

— Ça ne sert à rien… sauf si la personne qui la brandit est persuadée qu'il s'agit d'une protection. Dans ce cas, ça renforce considérablement sa capacité de résistance.

— Et… les balles d'argent ?

Stefan se mit à rire.

— Ça, c'est contre les loups-garous. Ils ne supportent ce métal sous aucune forme. En ce qui nous concerne, le pieu en bois reste la meilleure défense. Mais il y a d'autres moyens plus ou moins efficaces : le feu, la décapitation, les clous dans les tempes… Ou mieux encore…

— Arrête, Stefan !

L'expression de profonde amertume sur son visage était effrayante.

— Et les métamorphoses ? continua-t-elle. Tu disais que certains d'entre vous y arrivaient. Si Damon peut se transformer, on risque de ne pas le reconnaître…

— Il ne peut pas le faire à sa guise : il est limité à un ou deux animaux, tout au plus, même si ses pouvoirs sont très étendus.

— Donc, il faut toujours se méfier des corbeaux !

— Exact. Et le comportement des autres animaux peut t'aider à déceler sa présence : ils montrent des signes d'agitation lorsqu'ils sentent un prédateur.

— Yang-Tsê n'arrêtait pas d'aboyer contre ce corbeau, se souvint Elena. Il devait savoir que ce n'était pas un oiseau ordinaire.

Une autre idée lui vint.

— Et les miroirs ? Je ne me rappelle pas t'avoir vu dedans…

Stefan garda le silence un long moment.

— D'après la légende, ils sont le reflet de l'âme, finit-il par répondre. Voilà pourquoi les peuples primitifs les redoutent : ils ont peur de se la faire voler en s'y regardant. On prétend que mon espèce n'a pas de reflet… parce que nous n'avons pas d'âme.

Il la regardait avec une tristesse infinie qui la bouleversa.

— Je t'aime, murmura-t-elle, en le serrant dans ses bras.

C'était le seul réconfort qu'elle pouvait lui donner. Le visage enfoui dans ses cheveux, il se laissa bercer.

— C'est toi, mon miroir…, répliqua-t-il.

Comme elle était bien dans son étreinte ! Et comme elle était heureuse d'être parvenue à lui mettre un peu de baume au cœur ! Elle en oublia un instant de lui demander la signification de ses derniers mots.

— Je suis ton miroir ?

— Oui, c'est toi qui détiens mon âme...

Ils arrivèrent devant chez elle et il fut temps de se quitter.

— Ferme bien à clé derrière toi et surtout n'ouvre à personne, conseilla-t-il en guise d'adieux.

— Elena ! Enfin, te voilà ! s'exclama tante Judith en la voyant entrer. Bonnie a téléphoné, ajouta-t-elle devant l'air étonné de sa nièce. Elle a dit que vous étiez partis brutalement, et comme tu n'arrivais pas, je commençais à me faire du souci.

— J'ai fait un tour en voiture avec Stefan, répondit Elena, qui n'aimait pas l'expression inquiète de sa tante. Il s'est passé quelque chose ?

— Non, non, c'est juste que...

Elle semblait particulièrement embarrassée.

— Elena, reprit-elle, je me demande si... c'est une bonne idée de continuer à voir autant Stefan.

La jeune fille n'en crut pas ses oreilles.

— Tu ne vas pas t'y mettre toi aussi !

— Ce n'est pas que j'accorde de l'importance aux rumeurs, mais, pour ton bien, tu devrais prendre tes distances avec lui, et...

— Tu veux que je le largue, c'est ça ? Et si je te disais

que tu dois quitter Robert, comment tu réagirais, toi ? Remarque... peut-être bien que tu le jetterais !

— Elena, je t'interdis de me parler sur ce ton !

— Ça tombe bien, j'ai fini ! hurla-t-elle en se précipitant dans l'escalier.

Elle ferma la porte à clé, se jeta sur son lit et éclata en sanglots.

Lorsqu'elle fut remise de ses émotions, elle téléphona à Bonnie. Celle-ci avait l'air tout excitée.

— Quoi, s'il s'est passé un truc bizarre après votre départ ? La seule chose étrange, c'est que vous soyez partis comme ça ! En tout cas, le type en noir, Damon, n'a fait aucun commentaire, et il a disparu au bout d'un moment... Et, pour répondre à ta question, je ne sais pas s'il est parti avec quelqu'un... Pourquoi, t'es jalouse ? C'est vrai qu'il est super mignon ! Presque plus beau que ton Stefan, pour celles qui aiment les yeux noirs... Mais certains blonds aux yeux noisette ne sont pas mal non plus...

Elena comprit qu'elle faisait allusion à Alaric. En raccrochant, elle se souvint du bout de papier trouvé dans son sac. Elle aurait dû demander à Bonnie si elle avait vu quelqu'un s'approcher de ses affaires... La seule vue du billet violet lui donna envie de vomir. Mais elle ne put s'empêcher de le relire, ne serait-ce que pour vérifier qu'elle n'avait pas rêvé. C'était bien le même message que la première fois :

Il a évité de me toucher, même si on en mourait d'envie tous les deux... C'est la première fois que je ressens une attirance aussi intense pour quelqu'un.

Ses propres mots. Ceux de son journal intime volé.

Le lendemain matin, Meredith et Bonnie sonnèrent à sa porte.

— Stefan m'a appelée hier soir, expliqua Meredith. Il voulait s'assurer que tu n'ailles pas au lycée toute seule. Comme il ne vient pas aujourd'hui, il m'a demandé de venir te chercher avec Bonnie.

— De te servir d'escorte, quoi ! renchérit Bonnie, à l'évidence d'excellente humeur. Je trouve adorable tant d'attention de sa part !

— Il est sans doute Verseau, lui aussi, plaisanta Meredith. Grouille-toi, Elena, avant qu'elle ne la ramène encore avec son Alaric.

Elena était préoccupée : qu'est-ce qui pouvait bien empêcher Stefan d'aller en cours ? Elle était si vulnérable sans lui, au point que le moindre petit bruit la faisait sursauter.

Lorsqu'elles arrivèrent au lycée, Elena découvrit un autre papier violet punaisé sur le tableau d'affichage. Elle aurait dû s'en douter : ça ne suffisait pas au voleur de lui prouver que ses pensées n'avaient plus rien d'intime. Il voulait l'humilier en public.

Elle arracha violemment le message du panneau et le parcourut.

J'ai l'impression que quelqu'un lui a fait beaucoup de mal et qu'il ne s'en est jamais vraiment remis. Mais il doit aussi avoir un secret qu'il veut à tout prix garder pour lui, et qu'il a peur que je découvre.

Elle froissa rageusement le papier et s'élança dans le couloir.

— Elena, qu'est-ce qui t'arrive ? Reviens ! s'exclama Meredith, qui la suivit en courant, avec Bonnie, jusqu'aux toilettes.

Elles y trouvèrent leur amie faisant des confettis avec le message au-dessus d'une corbeille.

Les deux filles échangèrent un regard entendu et se mirent à inspecter les lieux, à la recherche d'oreilles indiscrètes. Meredith tambourina à la seule porte close :

— Sors de là immédiatement ! Priorité aux Terminales !

Après un moment d'agitation à l'intérieur, une collégienne effarée apparut.

— Mais, je n'ai même pas…

— Dehors ! ordonna Bonnie. Et toi, lança-t-elle à une fille qui se lavait les mains, tu vas garder la porte !

— Mais pourquoi ? Qu'est-ce que vous…

— Magne-toi ! Si quelqu'un entre, tu auras affaire à nous !

La porte refermée, elles se tournèrent vers Elena, qui oscillait entre le rire et les larmes.

— C'est un hold-up ! continua Bonnie. Allez donne-nous ça !

Elena déchira le dernier petit bout de papier. Elle aurait voulu tout leur dire, mais c'était impossible. Elle leur raconta juste l'affaire du journal.

Meredith et Bonnie furent indignées.

— Le voleur était forcément à la soirée, affirma Meredith. Mais avec tout ce monde, difficile de le démasquer. Je ne me rappelle pas avoir vu quelqu'un de louche près de ton sac…

— Quel est l'intérêt de faire un truc pareil ? intervint Bonnie. À moins que… Dis donc, Elena, la nuit où on a retrouvé Stefan, tu croyais savoir qui était l'assassin…

— Je ne crois pas savoir, je sais. Par contre, j'ignore s'il y a un lien entre les meurtres et le vol de mon journal. C'est juste une hypothèse.

— Mais si c'est le cas, ça veut dire que l'assassin est un élève du lycée ! s'exclama Bonnie, horrifiée.

Elena fit un signe de tête négatif.

— Mais si ! insista son amie. Hier soir, à la fête, il n'y avait que des Terminales… à part Alaric et le mec en noir.

Les traits de son visage s'affaissèrent brusquement.

— Alaric n'a pas tué Tanner ! continua Bonnie. Il n'était même pas à Fell's Church quand c'est arrivé !

— Je sais. Ce n'est pas lui.

Elena ne pouvait plus se taire.

— C'est Damon, lâcha-t-elle.

— Quoi ??? C'est lui l'assassin ? Le beau mec qui m'a embrassée ? hurla Bonnie au comble de l'hystérie.

— Bonnie, calme-toi, ordonna Elena. Oui, c'est lui

l'assassin, et nous devons toutes les trois nous méfier de lui. Voilà pourquoi je préfère tout vous raconter. Surtout, ne l'invitez jamais chez vous. Jamais, compris ?

Ses deux amies la dévisageaient d'un air dubitatif. L'espace d'un instant, Elena eut l'horrible impression qu'elles la prenaient pour une folle.

Mais Meredith finit par demander d'une voix posée :

— Tu es sûre ?

— Absolument. C'est lui l'auteur des crimes, c'est lui qui a jeté Stefan au fond du puits… et je meurs de trouille qu'il s'en prenne un jour à l'une d'entre nous.

— Eh bien, je comprends pourquoi vous étiez si pressés de partir, Stefan et toi, commenta Meredith.

En entrant dans la cafétéria, Elena fut accueillie par le sourire mauvais de Caroline. Elle fit mine de ne pas la voir. D'ailleurs, son attention fut aussitôt attirée par la présence inattendue de Vickie Bennett.

Celle-ci n'était pas revenue au lycée depuis son agression. Elle était, paraît-il, suivie par plusieurs psychiatres qui lui avaient fait essayer différents traitements.

Pourtant, elle n'avait pas l'air folle. Juste pâle et amorphe. En passant devant elle, Elena croisa son regard effarouché.

La jeune fille rejoignit Bonnie et Meredith. Leur table était vide. Ça lui fit tout drôle : d'habitude, on se battait pour lui tenir compagnie !

— Nous allons reprendre notre conversation de ce

matin, attaqua aussitôt Meredith. Va te chercher à manger, après on réfléchira à une solution pour coincer Damon.

— Je n'ai pas faim, répondit Elena. De toute façon, il n'y a rien à faire contre lui. La police ne nous serait d'aucune aide : c'est pour ça que je ne l'ai pas dénoncé. On a aucune preuve, et ils ne croiraient jamais que... Eh, Bonnie, tu m'écoutes ?

— Il se passe un truc bizarre, là-bas, fit celle-ci, les yeux par-dessus l'épaule d'Elena.

Vickie se tenait au milieu de la cafétéria, le sourire aux lèvres, jetant des regards aguicheurs à la ronde.

— C'est vrai qu'elle a pas l'air dans son assiette, la pauvre, commenta Meredith, mais de là à dire qu'elle est bizarre... Quoique....

Vickie déboutonnait son gilet avec de petites chiquenaudes maniérées sans rien perdre de son expression racoleuse. Le dernier bouton défait, elle fit langoureusement glisser ses manches l'une après l'autre.

— ... finalement, t'as peut-être raison..., acheva Meredith, sidérée.

Les autres élèves semblaient partager sa stupeur, et lorsque Vickie se mit à enlever ses chaussures, certains s'arrêtèrent pour contempler la scène. Elle effectua cette cérémonie avec beaucoup de grâce, coinçant le talon de la première avec la pointe de l'autre pour s'en débarrasser d'un élégant petit coup de pied.

— Elle ne va quand même pas se foutre à poil..., murmura Bonnie tandis que Vickie posait les doigts sur les boutons nacrés de son chemisier.

Elle commençait à faire sensation. Un petit attroupement s'était formé devant elle, et les élèves se poussaient du coude en s'esclaffant. Le vêtement tomba sur le carrelage, dévoilant un caraco blanc orné de dentelle. Presque tout le monde avait interrompu son repas pour venir grossir le groupe de spectateurs. Au milieu des chuchotements et des rires étouffés, Vickie défit sa jupe, qui atterrit par terre. Au fond de la salle, un garçon se leva, hilare.

— À poil ! À poil ! scanda-t-il, aussitôt imité par d'autres.

— Il faut l'arrêter ! fulmina Bonnie.

Elena se décida. Cette fois, Vickie ne se mit pas à hurler à son approche ; au contraire, elle lui adressa un sourire complice en lui murmurant quelque chose. Mais Elena n'entendit rien à cause du brouhaha.

— Viens, Vickie, on s'en va.

Comme sa camarade, sourde à ses paroles, s'apprêtait à ôter son dernier vêtement, Elena ramassa le gilet et l'en enveloppa. Au contact de ses mains sur ses épaules, Vickie eut un violent sursaut. Elle posa alors les yeux sur les spectateurs, puis les abaissa sur sa tenue avec une expression horrifiée, et recula d'un pas chancelant en étreignant son gilet.

Les effusions de l'assemblée s'arrêtèrent net.

— Tout va bien, lui dit Elena. Viens.

Au son de sa voix, Vickie sursauta comme si elle avait reçu une décharge électrique. Elle fixait Elena d'un air terrorisé.

— Tu es l'une des leurs ! explosa-t-elle soudain. Je t'ai vue… Suppôt de Satan !

Elle s'enfuit à toutes jambes sans prendre la peine de se rhabiller, sous le regard interloqué d'Elena.

8.

— Vous savez ce qui m'a vraiment marquée chez Vickie ? demanda Bonnie en léchant le chocolat sur ses doigts.

— Quoi donc ? dit Elena d'un air las.

— Eh bien, j'ai eu l'impression qu'elle revivait en quelque sorte son agression. Elle a voulu se mettre toute nue, or c'est bien comme ça qu'on l'a retrouvée, sur la route. Les griffures en plus, évidemment.

— Des blessures faites par un chat, on s'était dit, ajouta Meredith en finissant son gâteau, les yeux fixés sur Elena. Mais ça ne me semble pas très plausible.

— Elle est peut-être tombée dans les ronces, répliqua Elena en soutenant son regard. Bon, maintenant que vous avez mangé, vous voulez voir le premier message ?

Elles déposèrent leur vaisselle dans l'évier et montèrent dans la chambre d'Elena. Lorsque ses amies se penchèrent sur le billet, celle-ci se sentit rougir malgré elle. Certes, il lui était arrivé de leur lire des passages de son journal. Mais là, c'étaient ses sentiments les plus intimes qui étaient exposés.

— Qu'est-ce que t'en penses ? s'enquit-elle auprès de Meredith.

— La personne qui a écrit ça mesure 1 mètre 83, boite légèrement, et porte une fausse moustache, déclara celle-ci. Bon, O.K., c'est pas drôle..., ajouta-t-elle en voyant les éclairs que lui lançait Elena. Mais faut dire qu'on n'a pas grand-chose comme indice. L'écriture ressemble à celle d'un garçon, mais le papier fait penser à une fille.

— A mon avis, c'est une nana qui a fait le coup, intervint Bonnie. C'est vrai, insista-t-elle. Y a qu'une fille pour faire ce genre de vacheries. Les mecs s'en foutent complètement des journaux intimes.

— Arrête de vouloir disculper Damon, rétorqua Meredith. Ce type n'est pas un simple voleur. C'est un dangereux psychopathe.

— Faut dire que les assassins ont un côté tellement romantique... Imagine ses doigts délicats autour de ton cou. La dernière chose que tu vois quand il t'étrangle, c'est son beau visage penché vers toi...

Les mains enserrant sa gorge, Bonnie émit un râle tragique et s'effondra de tout son long sur le lit.

— Il est tellement canon... Je pourrais pas lui résister..., soupira-t-elle, les yeux fermés.

Elena s'apprêtait à exploser d'indignation, lorsqu'une ombre, dehors, attira son attention.

— Oh, mon Dieu !

Par la fenêtre ouverte, elle vit un corbeau posé sur une branche. Elle ferma le battant avec tant de vigueur que la vitre vibra. L'oiseau, dont le plumage luisait de reflets irisés, la fixait de son œil perçant.

— T'aurais pas pu la boucler ? s'écria-t-elle en se tournant vers Bonnie.

— Qu'est-ce qui te prend ? s'étonna Meredith. Ne me dis pas que cet oiseau te fout la trouille !

Elena jeta un nouveau regard à l'extérieur : le volatile avait disparu.

— Excuse-moi, finit par dire Bonnie d'un air piteux. Toutes ces histoires de meurtres m'ont perturbée… Et puis Damon est tellement… craquant que j'ai du mal à le croire dangereux. Mais c'est sûrement vrai…

— Soit dit en passant, il ne t'étranglerait pas, corrigea Meredith, imperturbable. Il te trancherait le cou, comme pour Tanner. Mais j'y pense, le SDF s'est carrément fait déchiqueter la gorge… Est-ce que Damon a un animal ? demanda-t-elle à Elena.

— Euh, non… En fait, je n'en sais rien.

Elena était particulièrement préoccupée par les paroles imprudentes de Bonnie : elles pouvaient être lourdes de conséquences. Elle n'avait que trop en mémoire les menaces de Damon : « Je peux faire ce que je veux de toi, et de tous tes proches. »

Quelle serait la prochaine tentative de son ennemi ?

C'était bien ce qu'elle aurait voulu savoir. À chaque rencontre, il se montrait sous un jour différent. Dans le gymnase, il n'avait pas cessé de se moquer d'elle. Lors du souper muet, en revanche, il avait voulu la persuader le plus sérieusement du monde de partir avec lui. Dans le cimetière, il s'était montré particulièrement menaçant. Et les sarcasmes de la dernière soirée ne présageaient rien de bon. Elle ne savait vraiment pas sur quel pied danser avec lui.

Quoi qu'il en soit, elle devait absolument protéger Bonnie et Meredith. C'était d'autant plus difficile qu'elle ne pouvait leur dire toute la vérité.

Elle aurait eu grand besoin des conseils de Stefan… Que pouvait-il bien faire ?

Matt, adossé à la carrosserie cabossée de sa Ford, avait d'abord écouté Stefan sans broncher.

— Si j'ai bien compris, tu veux que je te prête ma bagnole ? finit-il par demander.

— Oui, répondit Stefan.

— Pour aller chercher des fleurs à Elena ?

— C'est ça.

— Et cette variété est tellement spéciale qu'elle ne pousse pas dans la région ?

— Si, mais à cette époque, on n'en trouve plus ici. Et, en plus, avec la neige qui est tombée…

— Donc, tu veux descendre plus au sud pour en trouver ?

— Ou au moins quelques pieds, répliqua Stefan. Même si je préférerais des fleurs…

— Et comme les flics ont toujours ta voiture, tu veux m'emprunter la mienne ?

— Oui, comme ça je pourrai quitter la ville discrètement, sans les avoir aux trousses.

— Tu crois vraiment que je vais filer ma bagnole au mec qui m'a piqué ma copine, tout ça parce qu'il veut lui rapporter un bouquet ? T'es malade ou quoi ?

Le regard de Matt, d'ordinaire si joyeux, en disait long sur sa méfiance. Stefan détourna les yeux. Il aurait dû s'en douter. Matt en avait déjà assez fait pour lui, c'était ridicule d'en attendre davantage. Surtout en ce moment. La plupart des élèves tressaillaient au son de ses pas. Alors, Matt, qui avait, lui, de sérieuses raisons de lui en vouloir, ne pouvait raisonnablement pas lui rendre un tel service.

— Non, je ne crois pas être malade…, rétorqua Stefan en faisant demi-tour.

— Et moi je ne suis pas assez cinglé pour te prêter ma Ford. Non, pas question, je viens avec toi !

Stefan fit volte-face.

— C'est vrai, quoi, dit-il en effleurant la carrosserie abimée. On ne sait jamais, tu pourrais rayer la peinture…

Elena reposa le combiné. À chaque fois qu'elle appelait à la pension, elle entendait quelqu'un décrocher, puis il y avait un silence suivi du déclic de la déconnexion. Ça ne pouvait être que Mme Flowers... La jeune fille devait pourtant parler à Stefan. Elle mourait d'envie d'aller chez lui, mais il lui avait bien recommandé de ne pas se promener la nuit, encore moins près du cimetière ou de la forêt. Et elle devait justement passer par là pour se rendre à la pension.

— Toujours pas de réponse ? demanda Meredith quand Elena revint dans la chambre.

— La vieille sorcière m'a encore raccroché au nez ! bougonna Elena en se jetant sur son lit.

— Tu sais, si Stefan veut te parler, il appellera ici, fit remarquer Bonnie. Alors je ne comprends vraiment pas pourquoi tu veux absolument dormir chez moi.

Elena avait pourtant une raison sérieuse. Damon avait embrassé son amie : peut-être qu'il s'en prendrait à elle. Elle ne devait pas quitter Bonnie d'une semelle.

— Je ne suis pas toute seule à la maison : ma sœur et mes parents sont là. Et, de toute façon, nous fermons toutes les portes à double tour. Je ne vois pas ce que ta présence changerait.

Elena ne le savait pas davantage. Pourtant, un vague pressentiment l'obsédait. Elle laissa un mot à sa tante, non dans le souci de la rassurer, mais dans le cas où Stefan demanderait où la trouver. Il y avait toujours une légère tension entre elles, et tant que sa tante ne réviserait pas son jugement sur le garçon, Elena n'avait pas l'intention de faire le moindre effort.

Bonnie l'installa dans la chambre de sa seconde sœur, partie à l'université. Elena s'empressa de vérifier la fenêtre : elle était verrouillée de l'intérieur, et inaccessible du dehors. Elle inspecta ensuite, le plus discrètement possible, la chambre de son amie, et celles dans lesquelles elle put jeter un coup d'œil. Toutes les ouvertures étaient en effet fermées à double tour. Personne ne pouvait pénétrer dans une telle forteresse.

Elena resta longtemps éveillée à contempler le plafond. Elle n'arrêtait pas de penser à l'étrange strip-tease de Vickie. Qu'est-ce qui lui était arrivé ? Peut-être que Stefan aurait une petite idée. Stefan… La pensée de l'être cher la réconforta. Le sourire aux lèvres, elle s'abandonna à sa rêverie : le jour où toute cette affreuse histoire serait finie, ils pourraient songer à leur avenir. Pour elle, il n'y avait aucun doute. C'était Stefan qu'elle voulait comme mari.

Elle sombra dans le sommeil sans en avoir conscience mais, curieusement, elle sut qu'elle rêvait.

Elle était assise dans un long couloir pourvu de hautes fenêtres d'un côté et de grands miroirs de l'autre. Elle attendait quelqu'un. Soudain, elle vit apparaître Stefan derrière un carreau. Son visage blême était défiguré par la colère, et il criait derrière la vitre. Il tenait un livre à couverture de velours bleu qu'il ne cessait de désigner. Puis il le laissa tomber et disparut.

Elle bondit à la fenêtre et plaqua les mains sur le carreau.

— Stefan, ne t'en vas pas ! hurla-t-elle. Ne m'abandonne pas !

Remarquant un loquet sur le côté de la fenêtre, elle

l'actionna. Lorsqu'elle passa la tête à l'extérieur, Stefan n'était plus là. À sa place demeurait un nuage de brouillard blanc. Désespérée, elle s'aventura le long des miroirs. Soudain, elle fut frappé par l'un de ses reflets : les yeux étaient bien les siens, mais une lueur étrange, malicieuse, y brillait, comme dans ceux de Vickie. Et son sourire avait quelque chose de cruel. Alors qu'elle-même était parfaitement immobile, son image se mit brusquement à danser. Saisie d'horreur, elle se mit à courir. Mais tous les reflets semblaient dotés d'une vie propre : certains s'agitaient en tous sens, d'autres lui faisaient des signes ou se moquaient d'elle. Elle accéléra comme si elle avait le diable aux trousses, et finit par atteindre une porte à double battant qu'elle poussa à toute volée.

La vaste salle dans laquelle elle se retrouva était magnifique. De délicates moulures dorées ornaient un plafond d'une hauteur spectaculaire. L'encadrement des portes était en marbre blanc, et des niches le long des murs abritaient des statues antiques. Elena n'avait jamais vu une telle splendeur. Elle devina aussitôt où elle se trouvait : dans l'Italie de la Renaissance…

Elle baissa les yeux sur son vêtement : c'était une robe en soie semblable à celle qu'elle portait lors de la soirée d'Halloween. Seulement, celle-ci était d'un rouge profond. Autour de sa taille brillait une fine ceinture de rubis, et ses cheveux étaient rehaussés de pierres précieuses assorties. À chaque mouvement, l'étoffe miroitait comme les flammes de centaines de torchères.

L'immense porte s'ouvrit à l'extrémité de la salle, et

une silhouette se dessina dans l'embrasure. Un jeune aristocrate en pourpoint et manteau d'hermine s'avança vers elle. Stefan ! Elle s'élança vers lui, un peu gênée par le poids de sa robe qui l'entravait à chaque pas. Soudain, elle s'arrêta, réprimant un cri.

C'était Damon. Il venait à sa rencontre d'une démarche assurée, arborant un sourire victorieux. Lorsqu'il parvint à sa hauteur, il posa la main sur son cœur et s'inclina, avant de la lui tendre d'un air narquois.

Tu veux danser ? demanda-t-il sans que ses lèvres ne bougent. La terreur d'Elena se changea brusquement en gaieté. Elle se mit à rire. Qu'est-ce qu'il lui avait pris d'avoir peur de lui ? Ils se comprenaient si bien ! Pourtant, elle lui refusa sa main, pivotant sur ses talons pour se diriger vers l'une des statues dans un bruissement de soie. Elle n'eut pas besoin de tourner la tête pour savoir qu'il la suivait. Elle feignit de s'absorber dans la contemplation de la sculpture, et, au moment où il la rejoignit, elle s'éloigna en étouffant un rire. Elle se sentait merveilleusement bien, si vivante et si belle ! Elle avait tout à fait conscience de jouer avec le feu. Mais elle avait toujours aimé le danger…

Lorsque Damon s'approcha, elle s'échappa de nouveau en lui lançant un regard espiègle. En voulant la retenir, ses doigts se refermèrent sur la ceinture de pierreries. Il retira vivement sa main : il s'était piqué à la monture d'un rubis.

La goutte de sang qui perlait au bout de son index était du même rouge que celui de sa robe. Damon lui tendit son doigt blessé d'un air provocant. « Tu n'oseras pas… » semblaient dire ses yeux. « Tu crois ça ? » lui répondirent ceux d'Elena. Elle lui prit la main et la tint un moment en suspens devant sa bouche. Puis, elle attrapa avidement son doigt entre ses lèvres pour en aspirer le nectar. Enfin, elle planta son regard dans celui de Damon.

J'ai très envie de danser. Elle aussi pouvait communiquer par télépathie ! C'était une sensation incroyable ! Elle s'avança au centre de la pièce, et il la rejoignit avec la grâce d'un félin s'élançant sur sa proie. Tandis que sa main chaude et ferme se refermait sur la sienne, une musique lointaine résonna. Damon lui enserra la taille. Elle releva délicatement le bas de sa robe, et ils se mirent à danser. C'était merveilleux. Elle avait l'impression de voler, accordant sans aucune difficulté ses pas à ceux du jeune homme : ils tourbillonnaient dans la salle en parfaite harmonie. Lui riait à en perdre haleine, et ses yeux brillaient de plaisir. Elle se sentait si belle, et si pleine de vie. Jamais elle ne s'était autant amusée !

Peu à peu, le sourire de Damon s'évanouit, et leur danse ralentit jusqu'à ce qu'elle se retrouve immobile dans le cercle de ses bras. Les yeux de son cavalier étaient devenus ardents et passionnés. Mais elle n'avait pas peur, car elle savait que cette scène aux accents si réels n'était qu'un rêve. La pièce se mit à tourner autour d'elle, et son champ de vision fut tout entier empli des yeux de Damon : les fixer lui donnait une irrésistible envie de dormir. Ses paupières palpitèrent, et sa tête partit sur le côté. Elle sentit alors le jeune homme lui caresser les lèvres du regard, puis la gorge. Ses yeux se fermèrent complètement, et elle sourit. Il posa sa bouche brûlante sur son cou : deux aiguilles lui transpercèrent aussitôt la peau. La douleur passée, elle s'abandonna dans ses bras.

Elle avait l'impression de flotter sur un nuage : une délicieuse lassitude gagnait ses membres. La tête de Damon plaquée contre son cou, elle caressait langoureusement ses cheveux bruns. Ils étaient incroyablement soyeux. Elle entrouvrit les yeux : leurs reflets irisés, dans la lumière du candélabre, lui faisaient vaguement penser à ceux d'un plumage.

Soudain, une douleur insupportable lui irradia la gorge. Damon lui fouillait la chair comme s'il voulait la tuer. Elle riposta en lui enfonçant de toutes ses forces les ongles dans le dos. Lorsqu'elle parvint à se dégager, elle se rendit compte que ce n'était pas le jeune homme. C'était un corbeau, dont les ailes immenses lui fouettaient le visage.

Ses hurlements l'avaient enfin réveillée. La salle de bal s'était évanouie pour laisser place à une chambre, où le cauchemar se poursuivait. Quand elle parvint à allumer la lampe de chevet, l'oiseau fondit sur elle, cherchant à atteindre son cou. Elle se débattit en hurlant, une main devant les yeux, essayant vainement de se débarrasser du volatile. Les battements d'ailes frénétiques l'assourdissaient.

La porte s'ouvrit à toute volée. Quelqu'un cria. Le corbeau choisit ce moment pour plonger son bec dans la gorge de sa victime, qui hurla de plus belle. Soudain, elle fut tirée du lit et se retrouva à l'abri derrière M. McCullough, qui, armé d'un balai, s'efforçait de chasser le volatile. Elena se jeta dans les bras de Bonnie, pétrifiée sur le seuil. Elle entendit les vociférations de son sauveur, puis un claquement de fenêtre.

— Ça y est, il est parti, annonça celui-ci, essoufflé.

— Tu es blessée ! s'exclama la mère de Bonnie, qui s'était avancée dans la pièce avec Mary. Cette sale bête t'a donné des coups de bec !

— Ce n'est rien, la rassura Elena en essuyant son visage ensanglanté.

Elle tremblait pourtant de tous ses membres.

— Comment est-ce qu'il est entré ? s'étonna Bonnie.

Son père inspecta la fenêtre.

— Pourquoi as-tu repoussé le verrou ? demanda-t-il.

— Mais… je n'y ai pas touché ! se récria Elena.

— Quand je suis entré dans la chambre, la fenêtre était grande ouverte. À part toi, je ne vois pas qui a pu l'ouvrir.

Elena s'approcha en ravalant ses protestations. Effectivement, le verrou avait été actionné. On n'avait pu l'ouvrir que de l'intérieur.

— Tu es peut-être somnambule, avança Bonnie. Viens, on va désinfecter ta blessure.

Somnambule ? Elle se rappela brusquement son rêve. Elle revit les miroirs du couloir, la salle de bal… et Damon. Elle avait dansé avec Damon ! Saisie d'effroi, elle libéra brusquement son bras.

— C'est bon, je peux m'en occuper toute seule…, bafouilla-t-elle.

Elle se réfugia dans la salle de bains où elle s'enferma, et s'adossa, essoufflée, contre la porte. Elle était terrorisée à l'idée de se regarder dans la glace. Pourtant, elle devait absolument dissiper ses doutes. Elle s'approcha lentement du lavabo, et tressaillit à la vue de son reflet.

Elle était pâle comme la mort. Ses yeux cernés étaient écarquillés d'effroi. Lentement, elle pencha la tête pour soulever ses cheveux. Elle faillit pousser un cri en découvrant ce qu'ils dissimulaient.

Deux petites plaies à vif sur la peau délicate de son cou.

9.

Après avoir jeté un regard sur la banquette arrière, Matt tourna vers Stefan ses yeux rouges de fatigue :

— Excuse-moi d'être si direct, mais je ne vois pas en quoi le bouquet que tu as cueilli pourrait plaire à Elena…

Les brins de verveine, derrière Stefan, avaient en effet piètre allure : leurs fleurs minuscules, à moitié desséchées, ne pouvaient vraiment pas être appréciées pour leur aspect décoratif.

— C'est parce que tu ignores qu'on en fait un excellent collyre, cent pour cent naturel, répondit l'intéressé après un moment de réflexion. Ou une délicieuse tisane.

— Continue à te foutre de moi et je te mets un pain, feignit de s'énerver Matt.

Stefan eut un sourire : ça faisait une éternité qu'on ne l'avait pas charrié. Enfin quelqu'un qui l'acceptait tel qu'il était ! Sans compter Elena, bien sûr. Cette confiance le réconfortait tellement… même s'il n'était pas sûr de la mériter. Il eut l'impression, l'espace d'une seconde, d'être redevenu l'être humain de jadis.

Elena fixait son reflet avec horreur. La découverte qu'elle venait de faire la traumatisait au plus haut point. Ce n'était donc pas un rêve…

Elle comprit soudain comment la fenêtre avait pu s'ouvrir : comment avait-elle pu oublier qu'elle-même avait invité Damon chez Bonnie, lors du souper muet ? Et cette invitation était manifestement valable pour l'éternité… Son ennemi pouvait revenir à n'importe quel moment, et même à cet instant s'il le désirait. Dans l'état où elle était, il n'aurait aucun mal à la persuader d'ouvrir la fenêtre, comme il l'avait visiblement déjà fait dans son sommeil.

Elle quitta précipitamment la salle de bains et passa devant Bonnie sans s'arrêter. Dans sa chambre, elle attrapa son sac et y entassa ses affaires en toute hâte.

— Elena ! Qu'est-ce que tu fais ? Tu rentres chez toi ? s'étonna Bonnie.

— Il faut que je parte immédiatement !

Elle s'avança vers le pied du lit à la recherche de ses chaussures, et s'arrêta net. Sur l'extrémité du drap blanc qui traînait par terre se détachait une immense plume d'un noir luisant. Elena recula en poussant un cri, au bord de la nausée.

— Bon, O.K., finit par consentir Bonnie, je vais demander à mon père de te ramener.

— Tu dois partir toi aussi, affirma Elena.

— Quoi ?

Elle n'avait pas oublié les menaces de Damon à l'encontre de son entourage : Bonnie n'était pas plus en sécurité qu'elle dans cette maison.

— Viens avec moi, Bonnie, la supplia-t-elle en lui agrippant le bras.

Redoutant une crise de nerfs, les parents de son amie finirent par accepter d'emmener les deux filles chez les Gilbert, où elles pénétrèrent sur la pointe des pieds.

De retour dans sa chambre, Elena ne parvint pas pour autant à trouver le sommeil. Allongée à côté de Bonnie paisiblement endormie, elle guetta le moindre mouvement derrière la vitre. Mais à part les branches du cognassier agitées par le vent, rien ne bougea jusqu'à l'aube.

Au petit matin, elle entendit un moteur asthmatique, dans la rue. À n'en pas douter, c'était celui de la vieille Ford de Matt, reconnaissable entre tous. Elle se précipita à la fenêtre pour s'en assurer, puis dévala les marches jusqu'au perron.

— Stefan !

Elle lui sauta au cou, folle de joie, sans lui laisser le temps de claquer la portière. Le garçon, un peu surpris par tant d'effusions, dut s'adosser à la carrosserie pour ne pas tomber en arrière.

— Eh, attention aux fleurs, se plaignit-il.

Malgré ses traits tirés, ses yeux brillaient de joie. Quant à Matt, il avait le visage bouffi de fatigue et les yeux injectés de sang.

— Dans quel état vous êtes ! s'étonna-t-elle. Venez, entrez.

— C'est de la verveine, lui expliqua Stefan un peu plus tard.

Ils étaient assis côte à côte à la table de la cuisine. La porte entrebâillée laissait voir Matt endormi sur le canapé du salon. Il s'y était affalé après avoir englouti trois bols de céréales. Tante Judith, Bonnie et Margaret dormaient encore en haut.

— Tu te rappelles ce que je t'ai dit sur cette plante ? murmura Stefan.

— Elle aide à garder l'esprit clair lors d'une tentative d'hypnose, répondit Elena, d'une voix dont elle réussit à maîtriser le chevrotement.

— Exact. C'est ce que pourrait tenter Damon. Même pendant ton sommeil.

À ces mots, Elena eut grand-peine à retenir ses larmes. Elle fixait les minuscules fleurs de verveine toutes desséchées.

— Même endormie ? demanda-t-elle en tremblant.

— Oui, il peut te persuader de sortir de chez toi, ou bien de le laisser entrer. Mais, avec cette plante, tu n'as rien à craindre !

En dépit de tous ses efforts, une larme roula sur sa

joue. Si seulement il savait... Il était arrivé trop tard ! Le mal était fait...

— Elena ! Qu'est-ce qui se passe ?

Il essaya de lui relever le menton, mais elle s'obstina à garder la tête baissée, pressée contre son épaule.

— Dis-moi, insista-t-il en l'entourant de ses bras.

C'était le moment ou jamais de lui dire la vérité. Mais ses aveux risquaient de le monter davantage contre son frère...

— C'est que... j'étais inquiète pour toi, improvisa-t-elle. Je ne savais pas où tu étais passé...

— Excuse-moi... J'aurais dû te prévenir. Et... c'est tout ?

— Oui, c'est tout.

Elle allait devoir demander à Bonnie de garder le secret au sujet du corbeau. Pourquoi un mensonge en amenait-il toujours un autre ?

— Et cette verveine ? Comment est-ce que je dois m'en servir ? demanda-t-elle, un peu calmée.

— Une fois que j'aurai extrait l'huile des graines, tu t'en enduiras la peau ou tu en mettras dans l'eau de ton bain. Tu peux aussi glisser les feuilles séchées dans un sachet que tu porteras sur toi.

— J'en donnerai aussi à Bonnie et Meredith. Elles en ont autant besoin que moi, maintenant...

Il hocha la tête, puis lui tendit un brin.

— En attendant, prends toujours ça. Je rentre chez moi pour préparer ce qu'il te faut.

Il resta un moment silencieux.

— Elena…

— Oui ?

— Si ça pouvait te débarrasser de Damon, je n'hésiterais pas à partir. Mais je sais que ça ne servirait à rien. C'est toi qu'il veut.

— Ne fais jamais ça, surtout ! Je ne le supporterais pas. Jure-moi que tu ne m'abandonneras pas !

— Je ne te laisserai pas seule, promis, répondit Stefan.

Ce n'était pas la même chose, mais Elena n'eut pas le courage de le lui faire remarquer.

Stefan sortit avec Matt après l'avoir réveillé, et Elena monta se préparer pour les cours.

Bonnie, qui n'avait cessé de bâiller pendant le petit déjeuner, finit par émerger de sa torpeur, dehors, au contact de l'air froid.

— J'ai fait un rêve très étrange, déclara-t-elle.

Elena tressaillit. Et si Damon s'en était pris à son amie ? La verveine qu'elle avait glissée dans son sac à son insu ne servirait à rien…

— Ah bon ? C'était quoi ? s'enquit-elle en se préparant au pire.

— J'ai rêvé de toi. Tu étais sous un arbre et le vent soufflait très fort. C'était très bizarre parce que… tu étais effrayante : très pâle, presque transparente. Je n'osais pas t'approcher. Tout à coup, un corbeau perché dans l'arbre s'est envolé dans ta direction. Tu l'as attrapé avec une agilité incroyable. Puis tu m'as regardée avec un drôle de sourire, vraiment flippant, et tu lui as tordu le cou.

Elena en avait la chair de poule.

— Mais c'est horrible ! s'écria-t-elle.

— C'est aussi mon avis. Je me demande si ça veut dire quelque chose. Les corbeaux sont des oiseaux de mauvais augure. On dit qu'ils annoncent la mort…

— Faut peut-être pas pousser, feignit de s'indigner Elena. Ce corbeau dans ma chambre t'a foutu la frousse, et tu en as rêvé, c'est tout !

— Sauf que j'ai fait ce rêve *avant* que tu réveilles tout le monde avec tes hurlements…

À midi, un autre message violet se détachait sur le panneau d'affichage. Pour une fois, il ne citait pas son journal :

Jette un coup d'œil aux petites annonces.

— Quelles petites annonces ? s'étonna Bonnie.

À ce moment, Meredith les rejoignit, brandissant le dernier exemplaire de *Wildcat Weekly*, l'hebdomadaire du lycée.

— Vous avez vu ça ? demanda-t-elle, tout excitée.

Elle leur montra un texte sans signature ni destinataire.

Je ne supporte pas l'idée de le perdre, mais s'il n'a pas assez confiance en moi pour me parler de ses pro-

blèmes, je ne vois pas comment ça peut marcher entre nous.

Elena était folle de rage. Elle avait des envies de meurtre envers le salaud qui s'amusait à la tourmenter. Elle s'imaginait déjà en train de lui tirer violemment les cheveux en arrière pour lui planter ses dents vengeresses dans le cou. Tout au plaisir de cette horrible et délicieuse vision, elle en oublia ses amies, qui la dévisageaient avec stupeur.

— Qu'est-ce qu'il y a ? demanda-t-elle, troublée.

— Tu pourrais écouter ce qu'on te raconte, s'exaspéra Bonnie. Je disais donc que, d'après moi, ce n'est pas le genre de Da… enfin de l'assassin d'agir comme ça. C'est trop mesquin.

— Pour une fois, je crois que tu as raison, approuva Meredith. Ça m'a tout l'air d'un règlement de comptes. C'est quelqu'un qui a visiblement une dent contre toi et qui est prêt à toutes les vacheries pour te nuire.

— C'est forcément un élève du lycée, conclut Elena. On est obligé de remplir un formulaire en salle de journalisme pour faire passer une annonce.

— Et cette personne doit savoir que tu écris un journal intime, ajouta Bonnie. Elle était sûrement en cours avec toi un jour où tu l'as sorti. Par exemple, quand Tanner a failli te choper.

— C'est d'ailleurs ce qu'a fait la prof de maths, ajouta Elena. Elle a même lu un passage à voix haute. Et ça concernait Stefan, en plus… On sortait ensemble depuis peu. Mais... j'y pense, Bonnie. Le soir du vol, combien de temps vous êtes-vous absentées du salon ?

— Juste quelques minutes. Je n'entendais plus mon chien aboyer. On est allées voir dans le jardin, et c'est là qu'on l'a découvert..., acheva tristement son amie.

— Alors, ça veut dire que le voleur est déjà venu chez toi, Bonnie ! s'exclama Meredith. Sinon, comment expliquer qu'il ait pu si rapidement s'emparer du journal et disparaître. Il connaissait les lieux, c'est évident ! Donc, si on résume, le voleur connaît la maison de Bonnie, a au moins un cours en commun avec toi, est du genre mesquin, et t'en veut au point de... Oh, je sais !

Les trois amies se regardèrent : la réponse leur vint en même temps.

— Mais oui, murmura Bonnie. C'est obligé !

— On est vraiment trop bêtes ! ajouta Meredith. Ça fait longtemps qu'on aurait dû deviner !

La rage d'Elena s'était changée en fureur.

— Caroline, souffla-t-elle entre ses dents.

Une envie incontrôlable d'aller étrangler la coupable la saisit. Elle partait de ce pas la punir ! Meredith la retint par le bras.

— Attends la fin des cours. On s'expliquera avec elle dans un endroit tranquille. Tu peux tenir jusque-là, quand même !

Sur le chemin de la cafétéria, Elena aperçut la présumée voleuse disparaître en direction des salles de travaux manuels. Elle se rappela alors ce que Stefan lui avait dit :

en début d'année, Caroline l'avait souvent emmené au labo photo à l'heure de déjeuner.

— Allez-y, déclara-t-elle à Bonnie et Meredith, qui venaient de prendre leur plateau. Je vous rejoins…

Elle ne leur laissa pas le temps de protester, et se lança à la poursuite de Caroline. La porte du labo photo n'était pas fermée à clé, bien que plongée dans l'obscurité. Elena tourna tout doucement la poignée et se glissa à l'intérieur sur la pointe des pieds. Qu'est-ce que Caroline pouvait bien faire dans le noir ? Encore fallait-il qu'elle soit là…

Au premier coup d'œil, la salle était déserte. Mais, en tendant l'oreille, Elena perçut un murmure provenant d'une porte entrebâillée qui donnait sur la chambre noire. Elle s'approcha à pas de loup et entendit distinctement une voix. Celle de Caroline.

— Comment peux-tu être sûr qu'elle sera choisie ?

Une voix masculine lui répondit :

— Mon père fait partie du conseil d'administration du lycée. Je m'arrangerai pour que ce soit elle.

Elena ne mit pas beaucoup de temps à reconnaître l'interlocuteur de Caroline : Tyler Smallwood. Son père, un avocat renommé, était membre d'une quantité de comités.

— Et puis, de toute façon, qui veux-tu que ce soit d'autre ? continua-t-il. L'élève qui doit représenter Fell's Church est censée être belle et intelligente.

— Et moi, ce n'est pas ce que je suis, peut-être ?

— Écoute, si tu tiens absolument à être choisie pour défiler à côté du maire à la commémoration du lycée,

O.K. Mais alors, tu n'auras pas le plaisir de voir Stefan trahi par le journal de sa copine et chassé de la ville...

— Je n'ai pas la patience d'attendre jusque-là.

— Mais tu ne comprends pas ! répliqua Tyler avec un soupir impatient. Ça gâchera par la même occasion cette fête ridicule. Les Fell sont des usurpateurs. Ils n'ont pas le droit à tous ces honneurs. Ce sont les Smallwood les véritables fondateurs de la ville : ils étaient là les premiers.

— Je me fous de savoir qui a fondé Fell's Church. Tout ce que je veux, c'est qu'Elena soit humiliée devant tout le monde.

— Quant à Salvatore..., ajouta Tyler, les yeux brillants de haine, il risque de passer un sale quart d'heure quand tout le monde aura la preuve de sa culpabilité. D'ailleurs, tu es sûre que c'est écrit noir sur blanc dans le journal ?

La voix de Tyler était si vibrante de méchanceté qu'Elena en eut froid dans le dos.

— Mais oui ! Je te l'ai déjà expliqué vingt fois : elle a laissé son ruban le 2 septembre dans le cimetière. Stefan l'a trouvé le jour même. Or, le pont Wickery se trouve juste à côté. C'est donc la preuve formelle que Stefan rôdait dans les parages le 2 septembre, le jour où le vieux a été agressé. Et tout le monde sait déjà qu'il était là quand Vickie et Tanner ont été attaqués. C'est assez clair comme ça, non ?

— Ça ne tiendra jamais la route devant un tribunal. Il faudrait que je rassemble des preuves plus convaincantes.

Par exemple, demander à Mme Flowers à quelle heure il est rentré cette nuit-là.

— On s'en fout ! La plupart des gens le soupçonnent déjà. Le journal parle d'un mystérieux secret : il ne leur faudra pas longtemps pour tirer leurs conclusions.

— Tu le gardes en lieu sûr, j'espère ?

— Non, non. Il traîne chez moi bien en évidence sur la table du salon… Tu me prends vraiment pour une débile, ou quoi ?

— En tout cas, tu l'es assez pour narguer Elena avec des messages à la con.

Ses paroles furent aussitôt suivies par le froissement d'un papier journal.

— Non mais, regarde-moi ça ! reprit Tyler. T'es tarée ou quoi ? Faut que tu arrêtes tout de suite ! Et si elle découvre que c'est toi, hein ?

— Et alors, qu'est-ce qu'elle peut me faire ? Me dénoncer aux flics ?

— Peu importe ! Tu dois m'écouter et attendre patiemment jusqu'à la commémoration. Tu verras la tête qu'elle va faire… *Exit* la pétasse…

— Et *exit* Stefan Salvatore. Au fait, qu'est-ce que tu crois qu'ils vont lui faire ? Pas trop de mal, quand même ?

— T'occupe pas de ça. Mes potes et moi, on s'en charge. Contente-toi de jouer ton rôle.

— Oui, mais… il faut me donner une petite avance…, minauda Caroline.

Il y eut un silence, puis des rires étouffés et un soupir. Elena en profita pour s'éclipser le plus discrètement possible.

Elle gagna son casier et s'y adossa, le cerveau en ébullition. Son ex-meilleure amie voulait que tout le lycée la méprise ! Et elle avait sous-estimé le danger que Tyler représentait pour Stefan… C'était loin d'être juste un pauvre con. Le pire, c'est qu'ils se servaient de son propre journal comme arme contre Stefan ! Elle comprit soudain la signification de son dernier rêve. L'air furieux et accusateur, il avait jeté un livre bleu à ses pieds avant de partir. Ce qu'elle avait pris pour un bouquin était en fait son journal intime ! Et celui-ci pouvait effectivement accuser Stefan : il détenait la preuve que son petit ami se trouvait sur les lieux des trois agressions… Ça suffisait pour faire de lui le coupable idéal, y compris aux yeux de la police.

Et impossible de leur dire la vérité. On la prendrait pour une folle ! Elle s'entendait déjà : « Vous faites fausse route, commissaire. Ce n'est pas Stefan l'assassin, mais son frère Damon, qui lui en veut à mort. Il commet les pires agressions partout où Stefan passe pour faire croire que c'est lui le coupable. Tout ça en espérant le rendre fou. Il se cache quelque part dans les parages. Peut-être dans le cimetière abandonné ou dans la forêt. Mais il est plus probable qu'il se balade sous la forme d'un corbeau… Et, au fait, un dernier petit détail : c'est un vampire ! »

Évidemment, personne ne voudrait croire un seul mot de cette histoire. Pourtant, la petite entaille douloureuse à son cou était là pour lui rappeler que c'était la pure vérité. D'ailleurs, elle se sentait bizarre depuis le matin, un peu fébrile. La tension nerveuse et le manque de sommeil n'arrangeaient rien à son état. Elle avait même des vertiges. On aurait dit les symptômes de la grippe… sauf que ce n'était pas un virus, elle en était sûre. Ce salaud de Damon y était évidemment pour quelque chose.

En revanche, elle ne pouvait plus l'accuser du vol de son journal. Elle ne devait s'en prendre qu'à elle-même, cette fois. Si seulement elle n'avait pas écrit tous ces trucs sur Stefan ! Si seulement elle n'avait pas apporté son journal au lycée ! Si seulement elle ne l'avait pas laissé traîné chez Bonnie ! Si seulement, si seulement…

Mais à quoi bon se lamenter ? Pour l'instant, tout ce qui comptait, c'était récupérer son journal.

10.

La sonnerie ne laissa pas le temps à Elena d'aller se confier à ses amies. Elle dut se rendre directement en classe et affronter seule les regards hostiles, devenus son lot quotidien.

Le cours suivant était celui d'histoire et elle eut toutes les peines du monde à ne pas dévisager Caroline d'un air accusateur. Alaric lui demanda des nouvelles de Matt et Stefan, absents pour la deuxième journée consécutive. Elle feignit l'ignorance, gênée par les têtes tournées vers elle. Ce prof ne lui inspirait décidément pas confiance : son sourire de gamin et sa curiosité déplacée au sujet de la mort de Tanner la mettaient mal à l'aise. Bonnie ne partageait visiblement pas son point de vue : elle ne pouvait détacher les yeux du jeune homme.

En sortant de la classe, elle surprit des bribes de conversation entre Sue Carson et une autre fille :

— Il va à la fac de… je ne sais plus où…

Elena se décida à sortir de son silence. Elle se tourna vers Sue :

— À ta place, j'arrêterais de traîner avec Damon. Je suis très sérieuse, tu sais.

Sa mise en garde fut aussitôt ponctuée de rires embarrassés. Sue était l'une des rares à ne pas avoir fui Elena. À cet instant, on voyait bien qu'elle le regrettait.

— Tu veux dire…, hésita l'autre fille, que tu sors aussi avec lui ?

Elena ne put s'empêcher de s'esclaffer.

— Je veux dire qu'il est dangereux, répliqua-t-elle.

Leurs mâchoires s'affaissèrent sous l'effet de la stupeur. Elena tourna aussitôt les talons pour aller récupérer Bonnie au milieu des admiratrices d'Alaric. Elle l'entraîna vers les casiers, où elles retrouvèrent Meredith.

— Alors, on va s'expliquer avec Caroline ? demanda Bonnie.

— Plus maintenant, déclara Elena. On va chez moi. Je vous raconterai là-bas.

— Alors, c'était vrai ! s'exclama Bonnie une heure plus tard. C'est Caroline !

— Caroline *et* Tyler, insista Elena. Alors, laquelle d'entre vous prétendait que les mecs ne s'intéressent pas aux journaux intimes ?

— Finalement, ça nous arrange qu'il mette son grain

de sel dans cette histoire, commenta Meredith. Grâce à lui, on a un peu plus de temps pour agir. Une chance qu'il en veuille aux Fell !

— Mais ils sont tous morts ! s'étonna Bonnie.

— Ce n'est pas ce qui le dérange, expliqua Elena. Il m'en avait déjà parlé dans le cimetière. D'après lui, ils ont volé la place de ses ancêtres, ou un truc dans le genre.

— Elena, dit soudain Meredith avec gravité, y a-t-il autre chose dans ton journal qui pourrait nuire à Stefan ? À part l'histoire du ruban, je veux dire.

— Tu trouves que ce n'est pas assez ? rétorqua Elena.

Le regard insistant de Meredith commençait à la mettre mal à l'aise. Qu'est-ce qu'elle avait derrière la tête ?

— Assez en tout cas pour qu'il déguerpisse comme ils l'espèrent…, renchérit Bonnie.

— C'est pour ça qu'on doit récupérer mon journal en vitesse. La question est de savoir comment.

— Caroline a bien dit qu'elle l'avait caché en lieu sûr ? s'assura Meredith. Ça veut dire chez elle, à mon avis. Elle a un frère en troisième, je crois. Et sa mère ne travaille pas, mais elle part souvent faire des courses. Est-ce qu'ils ont toujours une femme de ménage ?

— Qu'est-ce que ça peut bien nous faire ? objecta Bonnie.

— On serait mal si on croisait quelqu'un pendant qu'on fouille la maison, répliqua Meredith d'une voix posée.

— Pendant qu'on *quoi* ? s'étrangla Bonnie. Tu délires ?

— Qu'est-ce que tu proposes d'autre ? Qu'on attende

sagement que Caroline lise le journal d'Elena devant toute la ville ? On emploie la même méthode qu'elle, c'est tout, argumenta Meredith avec un calme exaspérant.

— On va se faire choper et virer du lycée... si on ne finit pas en prison, protesta Bonnie en sollicitant du regard l'appui d'Elena. Essaie de la raisonner, toi...

Ce projet n'enchantait pas franchement l'intéressée. Ce n'était pas tant la perspective du renvoi, ni même de la prison, qui l'effrayait, mais celle de se faire prendre la main dans le sac. Elle imaginait déjà le visage rouge d'indignation de la mère de Caroline, pointant un index accusateur sur les trois voleuses tandis que son ex-amie éclaterait d'un rire mauvais.

Et puis entrer ainsi chez quelqu'un, fouiller dans ses affaires, ce n'était vraiment pas son genre. Elle détesterait qu'on viole son intimité.

Mais justement, Caroline l'avait fait.

— On n'a pas le choix, finit-elle par décider. Il faudra juste être prudentes.

— Et si on en discutait d'abord ? proposa Bonnie sans grande conviction.

— Discuter de quoi ? demanda Meredith. Tu viens, un point c'est tout. De toute façon, tu as promis.

— Pas du tout ! protesta Bonnie. Le pacte de sang, c'était seulement pour aider Elena à sortir avec Stefan !

— Faux ! Tu as juré que tu ferais tout ce qu'Elena te demanderait concernant Stefan. Nuance. Et le serment n'est pas limité dans le temps...

Bonnie était à court d'arguments. Elle regarda Elena, qui réprimait son envie de rire.

— Meredith a raison, approuva celle-ci d'un ton faussement solennel. Tu as toi-même affirmé qu'il fallait respecter ce genre de pactes quoi qu'il arrive...

Bonnie leva des yeux pleins de rancune.

— O.K., je suis condamnée à obéir à Elena jusqu'à la fin de mes jours, lâcha-t-elle d'un air sinistre. Génial !

— Je vous promets que c'est la dernière chose que je vous demande, assura Elena. Je vous jure que....

— Non, ne jure pas ! l'interrompit Meredith. Tu pourrais le regretter.

— Toi aussi tu deviens superstitieuse ? plaisanta Elena. Bon, il faut trouver un moyen de piquer discrètement sa clé à Caroline...

Samedi 9 novembre

Ça fait un bout de temps que je n'ai pas écrit. Il faut dire que j'étais trop occupée ou trop déprimée pour le faire. Et puis, maintenant, j'ai la frousse de tenir un journal. Pourtant, il faut absolument que je me débarrasse de ce que j'ai sur le cœur. Il n'y a plus une seule personne pour qui je n'ai pas de secret.

Bonnie et Meredith ne connaissent pas la vérité sur Stefan. Je cache à ce dernier certaines choses concernant Damon. Et tante Judith, elle, ne sait rien du tout. Bonnie et Meredith sont en revanche au courant au sujet de Caroline et du journal ; pas Stefan. Mais elles ignorent que je leur ai glissé de la verveine dans leur sac. Moi-même, je ne m'en sépare plus. Et ça a l'air de faire son effet, puisque je n'ai pas été somnambule depuis la fameuse nuit. Mais ça ne m'empêche pas de rêver de Damon. Il est même dans tous mes cauchemars.

Ma vie n'est plus qu'un tissu de mensonges... Ce journal est le seul témoin de la vraie Elena. Je vais le cacher sous une latte de plancher, dans mon placard, celle qui ne tient pas bien. Comme ça, personne ne le trouvera, même si je meurs et qu'on vide ma chambre. Peut-être qu'un jour, un des petits-enfants de Margaret viendra fureter dans mon placard et soulèvera la latte...

Je me demande pourquoi l'idée de la mort m'obsède tant. Je suis en train de devenir comme Bonnie ! Mais elle trouve le fait de mourir très romantique, alors que moi c'est tout le contraire : l'accident de papa et maman n'avait rien de poétique. Moi, je veux vivre longtemps, me marier avec Stefan et être heureuse. Une fois que j'aurai traversé cette mauvaise passe, je suis sûre que mes vœux se réaliseront.

Quoique... parfois, j'aie quelques doutes. En fait, ce sont surtout des petits détails qui me tracassent. Par exemple, je ne comprends pas pourquoi Stefan porte toujours au cou l'anneau de Katherine, alors que c'est moi qu'il aime. Ou pourquoi il ne m'a jamais fait de déclaration d'amour.

Enfin, bref, tout finira par s'arranger. Je l'espère... Et nous serons heureux ensemble. Il n'y a aucune raison pour que ça ne marche pas. Aucune raison... Vraiment aucune...

Elena cessa d'écrire, gênée par les pleurs qui brouillaient sa vue. Les mots dansaient devant ses yeux. Elle referma brusquement le cahier pour éviter que la larme sur sa joue n'aille tacher sa prose. Elle se leva, ouvrit le placard, souleva la planche disjointe à l'aide d'une lime à ongles, et y dissimula le journal.

Elle avait toujours cet instrument dans la poche quand, une semaine plus tard, elle se retrouva dans le jardin de Caroline avec Bonnie et Meredith.

— Grouille-toi, Meredith, trépigna Bonnie.

Elle jetait des regards inquiets autour d'elle comme si elle redoutait une attaque soudaine.

— Ça y est ! s'exclama Meredith.

La clé tourna enfin dans la serrure.

— T'es vraiment sûre qu'il n'y a personne là-dedans ? demanda Bonnie. Et si les Forbes rentrent plus tôt ? On ferait mieux de faire ça en plein jour, non ?

— Bonnie, tu vas entrer, oui ou non ? s'énerva Elena. Tu sais très bien qu'on n'avait pas le choix : la femme de ménage est là toute la journée. Quand aux Forbes, ils sont au restau. On est donc tranquilles pour un bon moment, à moins que l'un d'eux ait une indigestion. Maintenant, tu viens !

— T'inquiète, Bonnie, intervint Meredith. Personne

ne tombera malade pendant l'anniversaire de M. Forbes. Ils feront un effort...

— Ils auraient au moins pu laisser quelques lumières allumées, bougonna Bonnie qui suivit ses amies à contrecœur.

Sans vouloir l'avouer, Elena partageait ses craintes : s'aventurer dans une maison inconnue plongée dans le noir ne l'enchantait guère. Quand elles montèrent l'escalier, son cœur s'emballa, et sa main moite se crispa sur sa lampe torche. Elle sut pourtant garder l'esprit parfaitement clair.

— Il est sûrement dans sa chambre, avança-t-elle.

La pièce où dormait Caroline donnait sur la rue : le faisceau lumineux, si minuscule fût-il, pouvait trahir leur présence à un passant. Elena devait s'en servir avec précaution.

En entrant dans la chambre, elle se trouva devant une difficulté imprévue. Il y avait tellement de cachettes possibles ! Et elles allaient devoir fouiller tous les coins sans laisser la moindre trace de leur passage...

Bonnie et Meredith avaient l'air aussi déconcerté qu'elle.

— Si on laissait tomber ? murmura la première.

Pour une fois, Meredith ne la contredit pas.

— Il faut au moins essayer, répondit Elena d'une voix mal assurée.

Elle ouvrit précautionneusement un des tiroirs de la commode et braqua la lampe sur son contenu : des sous-vêtements en dentelle. S'étant assuré qu'ils ne cachaient rien, elle referma le tiroir.

— Vous voyez, c'est pas si dur. Il suffit de nous partager la pièce. Chacune va fouiller un secteur de fond en comble. Chaque tiroir, chaque meuble et chaque objet assez grand pour dissimuler mon journal doit être examiné.

Elle s'attribua le placard et commença par inspecter le plancher à l'aide de sa lime à ongles. Mais les lattes semblaient bien fixées et les murs ne sonnaient pas creux. En farfouillant dans les vêtements de Caroline, elle en reconnut quelques-uns qui lui appartenaient : elle les lui avait prêtés l'année précédente. Elle fut un instant tentée de les reprendre, mais se maîtrisa. La fouille des chaussures et des sacs se révéla infructueuse. Montée sur une chaise, elle explora méticuleusement l'étagère du haut. Rien.

Meredith, assise par terre, inspectait un tas de peluches reléguées dans un coffre avec d'autres souvenirs d'enfance. Elle les tâtait une à une, passant les doigts le long des coutures. En prenant un caniche, elle s'interrompit.

— C'est moi qui lui ai offert celui-ci, murmura-t-elle. Pour ses dix ans, je crois. Je croyais qu'elle l'avait jeté.

La torche que Meredith braquait sur la peluche lui laissait le visage dans l'ombre. Pourtant Elena devinait, au ton de sa voix, ce qu'elle ressentait.

— Tu sais, Meredith, commença-t-elle doucement, j'ai essayé de me réconcilier avec elle. Je te jure. Mais elle m'a dit qu'elle ne me pardonnerait jamais de lui avoir pris Stefan. J'aurais vraiment aimé que ça se passe autrement…

— Et maintenant, c'est la guerre.

— Oui. C'est la guerre ! répéta Elena d'un ton catégorique.

Elle regarda un moment Meredith continuer son inspection, puis reprit sa tâche.

Elle n'eut pas plus de chance avec les autres meubles. Sa nervosité grandissait au fil des minutes : elle croyait entendre à chaque instant la voiture des Forbes vrombir dans l'allée.

— On a fait tout ça pour rien, finit par soupirer Meredith en glissant une main sous le matelas. Elle a dû le cacher ailleurs… Attendez, il y a quelque chose… Je sens un angle dur.

Ses deux complices firent volte-face.

— Je l'ai ! C'est ton journal !

Un immense soulagement envahit Elena. Elle le savait : depuis le début, elle avait pressenti qu'il ne pouvait rien arriver à Stefan de vraiment terrible. La vie ne pouvait pas être aussi cruelle. Pas envers elle. Tout allait bien, maintenant !

— C'est un journal, reprit Meredith d'une voix étonnée, mais il est vert, pas bleu. Ce n'est pas le bon.

— Quoi ???

Elena lui arracha le carnet des mains. L'obscurité avait peut-être induit Meredith en erreur… Elle braqua sa lampe sur la couverture, dans l'espoir qu'un bleu saphir apparaîtrait. En vain : la couleur émeraude de la couverture prouvait que ce n'était pas son journal.

— C'est celui de Caroline, murmura-t-elle en essayant de surmonter sa déception.

Bonnie et Meredith s'approchèrent, puis échangèrent un regard avec Elena.

— On peut y trouver des indices, suggéra cette dernière.

— Après tout, elle l'aura bien cherché, approuva Meredith.

Bonnie s'empara du carnet. Elena, par-dessus son épaule, essaya de déchiffrer l'écriture pointue et inclinée, si différente de celle des messages violets : Caroline l'avait évidemment contrefaite pour ne pas être reconnue. Un mot accrocha soudain son regard. *Elena.*

— Attends, qu'est-ce qui est écrit là ? demanda-t-elle à Bonnie, qui avait le nez sur la page.

— Alors ça ! répliqua-t-elle avec un ricanement, après avoir silencieusement parcouru le passage en question. Écoutez bien : *Elena est la fille la plus égoïste que j'ai jamais connue. Et elle est loin d'être aussi équilibrée que tout le monde le pense. Et dire qu'ils sont tous à ses pieds, alors qu'elle n'en a rien à foutre d'eux ! Mais ça, ils ne le voient pas ! Il n'y a qu'elle qui compte.*

— C'est Caroline qui ose écrire ça ? Elle s'est pas regardée ! s'exclama Bonnie.

Mais Elena sentit le rouge lui monter aux joues. C'était plus ou moins ce que lui avait reproché Matt quand elle avait commencé à s'intéresser à Stefan.

— Continue, demanda Meredith en poussant Bonnie du coude.

Celle-ci prit un air scandalisé pour lire la suite :

— *Ces derniers temps, Bonnie ne vaut pas mieux. Elle ne cesse de vouloir se rendre intéressante. Son dernier truc, c'est de faire croire qu'elle est médium. Ça me fait bien rigoler ! Si elle l'était vraiment, elle devinerait qu'Elena se sert d'elle, point final.*

Un silence pesant suivit cette lecture.

— C'est tout ? demanda enfin Elena.

— Non, Meredith s'en prend aussi de belles : *Meredith ne fait rien pour empêcher ça. Elle reste là, à observer, comme si elle était incapable d'agir. Et puis, j'ai entendu mes parents parler de sa famille... Pas étonnant qu'elle ne se soit jamais étendue sur le sujet.* Qu'est-ce que ça veut dire ? s'étonna Bonnie.

Le profil de Meredith resta immobile dans la pénombre.

— Ça n'a aucune importance, répondit-elle calmement. Continue à chercher, Bonnie. Elle fait peut-être allusion quelque part au journal d'Elena.

— Regarde aux environs du 18 octobre, ajouta cette dernière en laissant ses interrogations de côté. C'est le jour où il a été volé.

Mais la recherche fut vaine : à part quelques brèves notes, il n'y avait pas grand-chose d'écrit ce jour-là, ni même la semaine suivante. Et aucune ne mentionnait le journal.

— Merde ! soupira Meredith. Il n'y a rien à tirer de ce

truc. À moins de la faire chanter avec... On pourrait lui dire qu'on ne montrera pas le sien si elle ne montre pas le tien.

L'idée était tentante. Seulement il y avait un hic, et Bonnie le pointa immédiatement :

— Je ne vois pas ce qui pourrait nuire à Caroline, là-dedans. Elle n'arrête pas de se plaindre, en particulier de nous. Je parie au contraire qu'elle adorerait qu'on lise sa prose devant tout le lycée. Ce serait son jour de gloire.

— Alors qu'est-ce qu'on fait ? demanda Meredith.

— Remets-ça où tu l'as trouvé, dit Elena.

Elle promena le faisceau de sa lampe dans la pièce pour s'assurer que tout était en place. Mais elle était persuadée que Caroline s'apercevrait d'infimes changements passés inaperçus à ses yeux.

— Il nous reste plus qu'à attendre une autre occasion, conclut-elle.

— O.K., fit Bonnie.

Celle-ci continuait cependant à feuilleter le carnet, laissant de temps en temps échapper un ricanement ou un sifflement indigné.

— Eh, écoutez ça ! lança-t-elle soudain.

— On n'a plus le temps, l'arrêta Elena. Il faut...

— Une voiture ! s'exclama Meredith.

Elles réalisèrent aussitôt que le véhicule était en train de remonter l'allée. Bonnie, les yeux écarquillés et la bouche béante, était clouée sur place.

— Vite, partez, ordonna Elena.

Meredith attrapa Bonnie et la poussa dans le couloir, tandis qu'Elena s'approchait du lit. Elle repoussa la couette, souleva d'une main le matelas et, de l'autre, tenta d'y glisser le journal le plus loin qu'elle put. Mais le poids de la literie rendait son entreprise difficile. Elle donna un dernier petit coup au carnet et remit la couette en place.

Avant de partir, elle jeta un coup d'œil inquiet à la chambre. Plus le temps de rectifier quoi que ce soit. Elle descendit en toute hâte l'escalier. À cet instant, une clé tourna dans la serrure de la porte d'entrée.

Elle rebroussa aussitôt chemin, ne se doutant pas qu'une atroce partie de cache-cache s'ensuivrait : les Forbes, sans en avoir conscience, la traquèrent dans tous les coins de la maison. À peine avait-elle remonté les marches que la lumière s'alluma en bas, puis à l'étage : les habitants des lieux s'avançaient déjà dans l'escalier ! Elena s'engouffra dans une chambre, tout au fond. Pas de chance, c'était celle des parents ! Les pas se rapprochèrent dangereusement, et, la seconde d'après, ils étaient devant la porte. La jeune fille fit volte-face vers la salle de bains adjacente. Non, ce n'était pas une bonne idée ! Cette voie était immanquablement sans issue. Elle devait immédiatement trouver une échappatoire : ses poursuivants pouvaient entrer à tout instant. Son regard se posa sur la porte-fenêtre de la chambre, qui menait à un balcon. Elle n'hésita pas une seconde.

Dehors, l'air était si froid que de petits nuages se formèrent à chacune de ses expirations. La lumière éclaira aussitôt la chambre, et Elena se recroquevilla dans l'ombre. Soudain, le bruit qu'elle redoutait tant retentit avec une insupportable netteté : celui d'une poignée qu'on actionnait. Les rideaux se gonflèrent, et la porte-fenêtre s'ouvrit toute grande.

Elena jeta des regards affolés autour d'elle. Impossible de descendre par là : elle risquait de se rompre le cou, d'autant plus qu'il n'existait aucun appui. Il ne restait que le toit. Et, là encore, rien pour s'accrocher. Mais elle n'avait pas le choix. Elle se hissa sur la balustrade et chercha une saillie à tâtons. Tout à coup, une ombre se projeta sur les voilages. Elena n'eut même pas le temps de lever la tête pour voir à qui elle appartenait : une main, écartant brusquement les rideaux, chassa l'ombre, et une silhouette apparut à sa place. À l'instant même, des doigts se refermèrent sur le poignet d'Elena. Elle se sentit hissée en hauteur. Par réflexe, elle pédala dans le vide et prit pied tant bien que mal sur le toit. Tout essoufflée, elle leva des yeux reconnaissants vers son sauveur. Et tressaillit.

11.

— Je porte décidément bien mon nom : Salvatore, ça veut dire « sauveur » en italien.

L'interlocuteur d'Elena eut un sourire d'une blancheur éclatante.

La jeune fille, alertée par des mouvements en contrebas, baissa les yeux. Le surplomb du toit lui cachait le balcon, mais les voix calmes qu'elle perçut la rassurèrent : personne ne s'était rendu compte de sa présence. Un instant plus tard, la porte-fenêtre se referma.

— Je croyais que tu t'appelais Smith, répliqua-t-elle.

Damon partit d'un éclat de rire particulièrement sensuel, dénué de toute amertume, contrairement à celui de Stefan. Il était tout aussi agréable de l'entendre que de contempler les reflets irisés sur le plumage du corbeau…

Mais Elena n'était pas dupe. Sous ses dehors charmeurs, Damon était terriblement dangereux. Son corps svelte et gracieux cachait une force inouïe ; avec ses yeux langoureux, il était parfaitement nyctalope ; la main aux longs doigts effilés qui l'avait hissée sans effort pouvait réagir avec une incroyable rapidité ; et surtout, il avait la cruauté d'un tueur.

La véritable nature de Damon lui apparaissait parfaitement : il vivait depuis si longtemps en prédateur qu'il n'avait plus rien d'humain. À la différence de Stefan, il ne cherchait pas à combattre ses instincts de carnassier, mais s'en délectait sans aucune préoccupation morale. Et Elena se retrouvait piégée avec lui sur ce toit, seule, au beau milieu de la nuit.

Elle se tenait prête à bondir au moindre signe d'attaque, bouillant de rage muette en pensant à ce qu'il lui avait infligé dans ses rêves. Mais cette fois, elle ne lui ferait pas le plaisir de lui lancer sa haine au visage. Elle s'efforça au calme, tout en guettant son prochain mouvement.

Il ne bougea pas : ses mains, capables de frapper aussi vite qu'un serpent, reposaient tranquillement le long de son corps. L'expression de son visage était la même qu'à leur première rencontre : elle lisait dans ses yeux un respect identique, nuancé d'une pointe de moquerie. Cependant, la surprise y avait disparu.

— Eh bien, tu ne m'injuries pas, cette fois ? C'est vrai

que ma présence devrait plutôt te faire tourner de l'œil…, dit-il d'un air narquois.

Elena, le regard rivé sur lui, tentait de réfléchir : il était beaucoup plus fort et plus rapide qu'elle, mais elle pensait pouvoir atteindre le bord du toit avant qu'il ne la rejoigne. Si elle ratait le balcon, elle ferait une chute de dix mètres. Mais elle était prête à prendre le risque.

— Je n'ai pas l'habitude de m'évanouir, répliqua-t-elle sèchement. Et je ne prendrai pas le risque de t'insulter. Tu ne m'as pas fait de cadeau la dernière fois.

Damon détourna brusquement les yeux.

— J'ai toujours eu toutes les femmes que je désirais parmi les plus belles d'Europe. Y compris des filles de ton âge. Mais, tu vois, c'est toi que je veux pour régner avec moi. Nous vivrons au gré de nos envies, et serons craints et vénérés par toutes les âmes faibles. Ça ne te tente pas ?

— Je fais aussi partie de ces âmes faibles, répondit Elena. Toi et moi sommes ennemis. Définitivement.

— Ah oui ?

Il la regarda au fond des yeux : elle sentit son esprit essayer de s'immiscer dans le sien. Elle n'éprouva cependant ni vertige ni sensation de faiblesse. Peu avant, elle avait pris, comme chaque jour, un bain additionné d'une bonne dose de verveine.

Damon sembla démasquer sa parade et accepter ce revers de bonne grâce.

— Qu'est-ce que tu fais là, au fait ? demanda-t-il avec désinvolture.

Curieusement, elle ne ressentit pas le besoin de lui mentir.

— Caroline m'a volé un objet qui m'appartient. Mon journal intime. J'étais venue le récupérer.

Une lueur menaçante brilla dans les yeux de Damon.

— Certainement dans le but de protéger mon abruti de frère, devina-t-il, exaspéré.

— Stefan n'a rien à voir là-dedans !

— Ah oui ? Pourtant, il a un don exceptionnel pour créer des problèmes. Mais si quelqu'un t'en débarrassait…

— Essaie encore de t'en prendre à Stefan et je te jure que tu le regretteras.

— Je te crois. Dans ce cas, je vais devoir m'occuper de toi…

Elena garda le silence. À force de vouloir avoir le dernier mot, elle se retrouvait acculée au mur, entraînée malgré elle dans le jeu dangereux de Damon.

— Quoi qu'il en soit, je finirai par t'avoir, tu sais, dit-il d'une voix caressante. De gré ou de force, comme vous dites, tu m'appartiendras avant la prochaine chute de neige.

Elena s'efforça de dissimuler sa peur, même si elle savait que ça ne servait à rien : Damon pouvait lire ses émotions comme dans un livre ouvert.

— C'est bien, fit-il. Tu as raison de me craindre. Tu es une fille pleine de bon sens… car je suis la créature la plus dangereuse qui soit. Mais pour l'instant, j'ai un marché à te proposer.

— Un marché ?

— Tu es venue ici chercher ton journal. Et tu ne l'as pas trouvé... Quel cruel échec ! Et mon frère ne peut pas t'aider puisque tu refuses de le mettre au courant. Moi, je peux. Et c'est d'ailleurs ce que je compte faire.

— Pardon ?

— Je suis prêt à t'aider... contre une récompense.

Elena sentit le feu lui monter aux joues.

— Quel genre de... récompense ?

Un sourire satisfait éclaira le visage de Damon.

— Un peu de ton temps, Elena. Et quelques gouttes de ton sang. Une heure en tête-à-tête avec toi. Rien que tous les deux.

— Tu es..., commença Elena.

Sa phrase resta en suspens : elle était à court d'adjectifs capables de qualifier sa monstruosité.

— De toute façon, je finirai par t'avoir, répéta Damon. Tu le sais très bien.

Sa voix se fit chaude et caressante.

— Et puis, ce ne sera pas la première fois... Tu ne te souviens pas...

— Plutôt me trancher la gorge !

— Quelle idée délicieuse... Mais ça manque un peu de délicatesse. Je connais un moyen tellement plus agréable de faire couler ton sang...

Elena n'était pas disposée à supporter ses railleries.

— Tu me donnes envie de vomir, Damon ! Plutôt crever que de t'obéir ! Plutôt...

Elle n'aurait su dire ce qui la poussait. Quand elle était

face à Damon, une sorte d'instinct prenait possession d'elle. Et, à cet instant, il lui soufflait qu'elle devait lui échapper coûte que coûte. Damon savourait d'un air détendu le tour pris par son petit jeu. Tout en gardant un œil sur lui, elle calculait la distance entre le bord du toit et le balcon.

— Plutôt sauter ! termina-t-elle en joignant le geste à la parole.

Damon, qui n'était pas sur ses gardes, n'eut pas le réflexe assez rapide : Elena tomba dans le vide. Elle se rendit compte aussitôt que le balcon était beaucoup plus en retrait qu'elle ne le croyait. Elle allait s'écraser sur la terrasse en contrebas !

C'était sans compter sur Damon : sa main jaillit comme un éclair pour attraper juste à temps celle d'Elena. La jeune fille resta un moment suspendue dans les airs puis agrippa d'une main le bord du toit et tenta d'y hisser un genou.

— Petite sotte ! lui lança-t-il d'une voix furieuse. Si tu es si pressée de mourir, je peux m'en charger moi-même !

— Lâche-moi, siffla Elena.

Elle espérait que quelqu'un finirait par sortir sur le balcon, alerté par le bruit.

— C'est vraiment ce que tu veux ?

Elle lut dans son regard qu'il était on ne peut plus sérieux : si elle approuvait, il la lâchait.

— Ce serait le moyen le plus rapide d'en finir avec

toute cette histoire, non ? répliqua-t-elle, morte de peur malgré sa bravade.

— Mais un tel gâchis…

Il la souleva aussi facilement qu'une plume pour lui faire regagner le toit. Ses bras se refermèrent sur elle, et il la pressa contre lui. Elena ne voyait plus rien. Soudain, elle sentit les muscles de Damon se tendre : il s'élançait dans les airs avec elle.

Ils étaient dans le vide ! Malgré elle, Elena s'accrocha à lui comme à une bouée de sauvetage. Il toucha le sol avec la souplesse d'un félin sans qu'elle sentît le moindre choc. Stefan lui avait déjà fait le coup. En revanche, il ne l'avait pas tenue si près de lui, comme Damon à ce moment-là. Ses lèvres effleuraient les siennes.

— Réfléchis à ma proposition, lui suggéra le jeune homme.

Elena était incapable du moindre mouvement, et encore moins de détourner les yeux. Cette fois, les pouvoirs de Damon n'étaient pas en cause. L'attirance involontaire qu'elle avait toujours éprouvée pour lui refaisait surface.

— Je n'ai pas besoin de ton aide, répondit-elle froidement.

Elle crut un instant qu'il allait l'embrasser. Au-dessus de leurs têtes, la porte-fenêtre s'ouvrit.

— Qui est là ? fit une voix furieuse.

— Tu ne peux pas nier que je t'ai rendu un fier service, murmura Damon. La prochaine fois, je viendrai chercher mon dû.

Elena ne pouvait toujours pas détacher son regard du sien. S'il l'avait embrassée, elle l'aurait laissé faire.

Soudain, l'étau de ses bras se desserra, et le visage de Damon se brouilla, englouti par l'obscurité. Des ailes noires se déployèrent sinistrement, et un immense corbeau disparut dans la nuit. Un projectile provenant du balcon le manqua de peu.

— Sales bestioles ! grommela M. Forbes. Ils ont dû faire leur nid sur le toit.

Elena se tapit dans un coin, les bras serrés autour d'elle, et attendit de le voir rentrer.

Elle retrouva Bonnie et Meredith près du portail, où elles s'étaient cachées.

— Qu'est-ce qui t'est arrivé ? chuchota Bonnie. On a cru que tu t'étais fait prendre !

— Ça a failli. J'ai dû rester cachée jusqu'à ce que la voie soit libre, répondit Elena. Allez, on rentre !

Les mensonges lui venaient tout naturellement à présent. Elle avait tellement pris l'habitude...

— On n'a plus que deux semaines avant la commémoration, fit remarquer Meredith au moment de se séparer.

— Je sais, répliqua Elena.

La proposition de Damon effleura son esprit. Mais elle la chassa aussitôt.

— Je vais trouver quelque chose, affirma-t-elle d'un ton faussement assuré.

Le lendemain, elle n'avait toujours pas de plan. Le seul point positif, c'était que l'attitude de Caroline n'avait pas changé ; apparemment, elle n'avait rien remarqué d'anormal dans sa chambre. Tout le reste était déprimant. Le matin, le proviseur, avait annoncé à l'ensemble du lycée qu'Elena avait été choisie pour représenter « l'esprit de Fell's Church ». Caroline avait arboré un sourire mauvais tout au long du discours. Elena avait fait de son mieux pour l'ignorer, de même que les remarques désobligeantes qui avaient fusé juste après. Elle mourait d'envie de se jeter sur tous ces abrutis pour leur faire rentrer leurs sarcasmes dans la gorge.

Cet après-midi-là, alors qu'elle attendait devant la salle d'histoire, Tyler et son ami Dick firent leur apparition. Son agresseur lui avait à peine adressé la parole depuis son retour au lycée. Elena avait remarqué son air triomphant pendant le discours du proviseur. Voyant la jeune fille seule, il poussa Dick du coude.

— Qu'est-ce qu'elle fait là, tu crois ? Le trottoir ?

Elena jeta des coups d'œil désespérés autour d'elle. Stefan ne devait pas être encore sorti de son cours d'astronomie, de l'autre côté de l'établissement.

Mais la réplique de Dick se figea dans sa gorge : son regard fixait quelque chose derrière Elena. Elle se retourna et découvrit Vickie.

Dick et elle avaient commencé à sortir ensemble avant le bal du lycée. Elena supposait que c'était toujours le cas. Pourtant, le garçon n'avait pas l'air très à l'aise. Il faut dire que l'attitude de Vickie avait de quoi le déconcerter : les yeux perdus dans le vague, elle donnait l'impression d'avancer sur un nuage.

— Salut, fit Dick d'un air timide.

Vickie passa devant lui sans lui accorder un regard et se dirigea droit sur Tyler. Elena aurait dû se réjouir de la scène. Pourtant, elle y assista avec un malaise croissant. Vickie posa une main sur le torse de Tyler, qui essayait de se donner une contenance en souriant bêtement. Quand elle glissa sa paume dans son blouson, son air joyeux disparut. Et lorsqu'elle y ajouta l'autre main, il lança un regard désemparé à Dick.

— Eh, Vickie, du calme ! tenta celui-ci sans grande conviction.

Elle repoussa brusquement le blouson des épaules de Tyler, dont les bras encombrés de livres l'empêchaient de se défendre. Vickie en profita pour le plaquer contre le mur et glisser les doigts sous sa chemise.

— Qu'est-ce qu'il lui prend, à cette tarée ? Arrête-la ! lança-t-il à Dick.

— Vickie, lâche-le !

Dick resta néanmoins à une distance respectable, et Tyler le foudroya du regard. Lorsqu'il essaya enfin de repousser Vickie, un bruit étrange retentit. Un grognement sourd qui allait en s'amplifiant. Les yeux de Tyler s'écarquillèrent. Quant à Elena, elle en avait la chair de poule. Elle comprit très vite de quoi il s'agissait. C'était Vickie qui grondait.

Soudain, tout se précipita : Tyler se retrouva à terre, essayant d'échapper aux mâchoires de Vickie, qui tentait d'atteindre sa gorge. Oubliant tous ses griefs, Elena se précipita avec Dick pour tenter de les séparer. Alaric, alarmé par les hurlements de la victime, sortit en toute hâte de la salle.

— Surtout ne lui faites pas de mal ! s'écria-t-il. C'est une crise d'épilepsie. Il faut l'allonger !

Il avait plongé dans la mêlée. Les dents de Vickie manquèrent de peu sa main. Toute menue qu'elle était, elle se débattait avec une rage féroce : ils ne pourraient pas la maîtriser bien longtemps. Heureusement, une voix familière retentit.

— Vickie, calme-toi. Détends-toi, ça va aller…

Stefan avait saisit le bras de la jeune fille tout en la berçant de paroles rassurantes. Sa stratégie semblait marcher : les doigts de celle-ci se détendirent, et Elena prit le risque de la lâcher. Enfin, ils purent libérer Tyler de son étreinte. Vickie se laissa aller, les yeux fermés, au son de la voix de Stefan.

— C'est bien. Maintenant, tu vas dormir. Tu en as besoin.

Contrairement à ses attentes, Vickie ouvrit soudain les paupières. Ses yeux de démente lançaient des éclairs, et elle se remit à grogner en se débattant de plus belle. Ils durent se mettre à six pour la maîtriser tandis qu'un autre appelait la police. Elena tenta en vain de faire entendre raison à Vickie.

Lorsque les gendarmes arrivèrent, elle prit enfin conscience de la foule qui s'était attroupée autour d'eux : Bonnie et Caroline se trouvaient au premier rang.

— Qu'est-ce qui s'est passé ? demanda son amie pendant qu'on emmenait Vickie.

— Je ne sais pas, répondit Elena en remettant de l'ordre dans ses cheveux. Elle est devenue hystérique et a cherché à déshabiller Tyler.

— Effectivement, elle doit être complètement folle pour vouloir faire un truc pareil, fit remarquer Bonnie avec un sourire moqueur en direction de Caroline.

Elena avait les jambes en coton et les mains tremblantes. Elle sentit un bras lui entourer les épaules et se laissa aller avec soulagement contre Stefan.

— M'étonnerait que ce soit une crise d'épilepsie, lui confia-t-elle à mi-voix.

Stefan suivait des yeux le petit groupe qui emmenait Vickie. Apparemment, Alaric avait décidé de les accompagner pour leur faire profiter de ses recommandations.

— J'en conclus qu'on n'a pas cours d'histoire, déclara Stefan. Viens, on s'en va.

Le trajet jusqu'à la pension fut silencieux. Elena ne se décida à parler qu'une fois dans sa chambre.

— Stefan, qu'est-ce qui arrive à Vickie ?

— Je me pose la même question. À mon avis, quelqu'un la manipule.

— Tu veux dire que Damon… Oh, non ! J'aurais dû lui donner de la verveine !

Elle se dirigeait déjà vers l'escalier, prête à aller aider Vickie.

— Ça n'aurait rien changé, crois-moi, lui assura Stefan en lui attrapant le poignet. Certaines personnes sont plus influençables que d'autres, et Vickie en fait partie. Elle lui appartient maintenant. On n'y peut rien.

Elena se rassit, abasourdie.

— Alors, elle va devenir comme Damon et toi ?

— Ça dépend, répondit-il d'une voix morne. Même s'il lui a pris beaucoup de sang, ça ne suffit pas. Pour qu'elle se transforme, il faut aussi que celui de mon frère coule dans ses veines. Dans le cas contraire, elle risque de finir comme Tanner…

Elena poussa un grand soupir. Il lui restait une question à poser à Stefan :

— Tout à l'heure, tu as utilisé tes pouvoirs sur Vickie pour tenter de la calmer, pas vrai ?

— Oui.

— Et pourtant, ça n'a pas marché très longtemps : elle s'est vite remise à se débattre… Ce que je me demande c'est… si tes pouvoirs sont revenus.

Le silence de Stefan était éloquent.

— Pourquoi tu ne m'en as pas parlé ? continua Elena tout en cherchant à croiser son regard. Qu'est-ce qui se passe ?

— Il me faut un peu de temps pour me remettre, c'est tout. Ne t'inquiète pas.

— Mais si, je m'inquiète ! Je peux t'aider, moi !

— Non, répondit Stefan en baissant les yeux.

Elena voulut lui prendre les mains.

— Stefan, écoute…

— Elena, non. C'est dangereux pour nous deux. Et surtout pour toi. Ça pourrait te tuer, ou pire…

— Seulement si tu ne parviens pas à te contrôler, objecta-t-elle avec animation. Mais ça n'arrivera pas. Embrasse-moi.

— Non !

Il se radoucit aussitôt :

— J'irai chasser dès la tombée de la nuit.

— Mais ce n'est pas pareil, tu le sais bien. Je t'en supplie, j'en ai envie. Et toi aussi.

Il se leva, les poings serrés, en lui tournant le dos, tandis que la jeune fille s'obstinait à vouloir le persuader.

— Qu'est-ce qui t'en empêche, Stefan ? Fais-le pour moi ! J'ai tellement besoin…

Elle laissa sa phrase en suspens, à la recherche des mots qui pourraient le mieux exprimer ses sentiments. Elle aurait voulu lui expliquer à quel point elle désirait la communion de leurs deux êtres : elle espérait ainsi effacer son rêve et les bras de Damon autour d'elle.

— … tellement besoin… qu'on se retrouve, finit-elle par murmurer.

Stefan secouait la tête avec obstination.

— Bon… J'ai compris…, chuchota Elena en essayant de cacher son amertume. Tant pis.

Mais ce qui la dominait à cet instant, c'était la peur. Elle tremblait pour Stefan, vulnérable, sans ses pouvoirs, au point d'être à la merci de n'importe quel citoyen ordinaire. Et aussi un peu pour elle, en pensant qu'il ne pourrait plus la défendre.

12.

Elena tendait une main vers une conserve, sur le rayon du magasin.

— De la sauce à la canneberge ? Thanksgiving n'est pourtant que la semaine prochaine !

Elle se retourna.

— Salut Matt ! Eh, oui ! Ma tante aime bien faire une répétition générale le dimanche qui précède. Tu ne te souviens pas ? Comme ça, on risque moins la catastrophe.

— Comme se rendre compte, un quart d'heure avant le repas, qu'il manque la fameuse sauce ?

— Cinq minutes avant, corrigea Elena après avoir regardé sa montre.

Matt s'esclaffa. Elena en fut ravie : c'était devenu tellement rare ces derniers temps ! Elle se rendit à la caisse, puis se retourna. Matt feuilletait un magazine au rayon presse d'un air absorbé. Prise de remords, elle revint vers lui et lança une chiquenaude à son magazine.

— T'as quelque chose de prévu, ce soir ? Tu pourrais venir dîner à la maison… Bonnie sera là. Elle m'attend d'ailleurs dans la voiture. Robert vient aussi, bien sûr.

— À vrai dire, j'avais prévu de manger seul : ma mère n'est pas là. Et Meredith ?

— Elle rend visite à des gens de sa famille, je crois.

Comme toujours, son amie était restée très vague sur le sujet.

— Alors, prêt à goûter la cuisine de ma tante ?

— En souvenir du bon vieux temps ?

— Plutôt… pour célébrer notre amitié, corrigea Elena avec un sourire.

La réplique ne sembla pas beaucoup plaire à Matt, qui se mit à bougonner :

— Je crois que je n'ai pas le choix…

Mais le temps de poser son journal et d'accompagner Elena à la voiture, il s'était déridé.

Quand il entra dans la cuisine à sa suite, tante Judith l'accueillit chaleureusement.

— Le dîner est bientôt prêt, annonça-t-elle. Robert vient d'arriver. Allez vous installer dans la salle à manger. Oh, Elena, va donc chercher une autre chaise ! Avec Matt, on sera sept.

— Non, six, affirma Elena. Robert et toi, Margaret, Bonnie, Matt et moi.

— Robert a amené un invité. Ils se sont déjà attablés.

Le déclic se fit dans l'esprit de la jeune fille à l'instant où elle poussa la porte. Il était trop tard pour reculer…

Robert, l'air tout content, était occupé à ouvrir une bouteille de vin. À l'autre extrémité de la table, derrière les candélabres, se tenait Damon. Elena s'était arrêtée net si bien que Bonnie, qui la suivait de près, lui rentra dedans. Même si elle s'y était préparée, le choc l'avait plongée dans la plus grande confusion. Mais elle n'avait d'autre choix que d'avancer.

— Ah, Elena, te voilà ! s'exclama Robert avec entrain. Nous parlions justement de toi. Je te présente Damon… euh…

— Smith, compléta Damon.

— Figure-toi qu'il fait ses études dans l'université où j'ai moi-même été. On s'est rencontrés à l'épicerie. Comme Damon cherchait un endroit pour passer la soirée, je l'ai invité. Damon, voici les amis d'Elena, Matt et Bonnie.

— Salut, fit Matt avec le plus grand flegme.

Bonnie ouvrait des yeux comme des soucoupes. Elle jeta un regard horrifié à Elena, qui, elle, se demandait si elle devait s'enfuir à toutes jambes, ou bien jeter rageusement son verre de vin à la tête de Damon.

Matt alla chercher un siège dans le salon. Comment faisait-il pour garder son calme ? Elena se rappela soudain qu'il n'était pas à la fête d'Alaric. Bonnie, en revanche, semblait au bord de la crise de nerfs.

Damon tirait déjà une chaise pour inviter Elena à s'asseoir lorsque Margaret vint faire diversion.

— Matt, t'as vu mon chat ? demanda-t-elle de sa petite voix haut perchée. Je viens juste de l'avoir. Il s'appelle Boule de Neige.

— Il est mignon, dit le garçon en lui adressant un sourire bienveillant.

Il se penchait sur la boule de poils, dans les bras de la petite fille, lorsque Elena se précipita pour lui arracher des mains. Une idée lui avait traversé l'esprit.

— Eh Margaret, on va présenter ton chat à l'ami de Robert ! dit-elle en fourrant la petite bête sous le nez de Damon.

Un chaos indescriptible s'ensuivit. La queue de Boule de Neige tripla de volume, et il se mit à cracher furieusement tout en administrant de grands coups de pattes à Damon. Il finit par s'enfuir comme une tornade, non sans avoir, au passage, planté ses griffes dans le bras d'Elena. La jeune fille était néanmoins satisfaite par l'expression d'indéniable surprise que les yeux de Damon avaient trahie. Mais ils retrouvèrent vite leur sérénité d'oiseau de nuit.

Les réactions ne se firent pas attendre : Margaret hurlait à en crever les tympans de l'assistance tandis que Robert s'efforçait de la consoler. Il finit par l'accompagner à la recherche du chat. Bonnie se tenait au mur, l'air profondément choqué. Quant à Matt et tante Judith, ils semblaient consternés.

— Les animaux n'ont pas l'air de beaucoup vous aimer, lança sévèrement Elena à Damon.

Elle s'attabla, faisant signe d'en faire autant à Bonnie, qui s'exécuta en tremblant. Damon s'assit à son tour, sous le regard plein de défiance des deux amies et l'air perplexe de Matt. Quelques instants plus tard, Robert revint avec Margaret, toujours en pleurs. Il décocha un coup d'œil sévère à Elena.

Le repas put enfin commencer. À eux tous, ils incarnaient parfaitement la famille classique réunie autour de la dinde de Thanksgiving. Mais pour qui savait qu'un vampire se tenait dans l'assemblée, le dîner n'était pas si ordinaire que cela. Elena ne percevait que trop l'atmosphère surnaturelle qui régnait dans la pièce. Quant à Bonnie, elle était tellement occupée à lancer des regards interrogateurs à son amie qu'elle ne toucha pas au contenu de son assiette.

Elena ne savait absolument pas comment réagir face à l'intrusion de Damon. Elle se remettait à peine de l'humiliation. Se faire piéger sous son propre toit ! Et pour compléter le fiasco, tante Judith et Robert étaient visiblement charmés du tour agréable de sa conversation. Même Margaret avait fini par lui sourire, et Bonnie, malgré ses craintes, pouvait très bien succomber à son tour.

— Fell's Church commémore sa fondation la semaine prochaine, annonça tante Judith à l'invité. Ce serait l'occasion de revenir nous voir.

— Avec grand plaisir ! répondit-il d'un ton affable qui horripila Elena.

Tante Judith, en revanche, lui adressa un sourire ravi.

— D'autant plus que, cette année, Elena y jouera un rôle de premier plan : elle a été choisie pour représenter Fell's Church.

— Vous devez être fiers d'elle.

— Et comment ! Alors, on peut compter sur vous ?

— J'ai eu des nouvelles de Vickie, interrompit Elena en beurrant rageusement un bout de pain. La fille qui s'est fait agresser, ça vous dit quelque chose ?

Elle regardait Damon droit dans les yeux. Celui-ci laissa passer un silence avant de répondre :

— J'ai bien peur de ne pas la connaître.

— Mais si, je suis sûre que vous l'avez déjà croisée. Elle a à peu près ma taille, les yeux noirs et les cheveux châtains… Son état s'est beaucoup aggravé…

— La pauvre ! s'apitoya tante Judith.

— Et les médecins n'y comprennent rien, poursuivit Elena sans quitter Damon des yeux. C'est comme si, à chaque nouvelle crise, elle revivait l'agression, en pire.

L'invité feignit un intérêt poli.

— Servez-vous donc une nouvelle fois, suggéra la jeune fille en poussant le plat de farce vers lui.

— Non merci. En revanche, je reprendrais bien un peu de cette excellente sauce.

Il leva une cuillerée pleine d'un liquide rouge vif vers l'un des chandeliers.

— Cette couleur est si appétissante…

Comme tous les convives, Bonnie avait suivi du regard le geste de Damon. Mais, au lieu de rebaisser la tête, elle gardait les yeux fixés sur la flamme de la bougie. Lentement, les traits de son visage se figèrent. Cette expression n'était pas inconnue à Elena, qui, sentant le danger, tenta désespérément d'attirer l'attention de son amie. En vain : Bonnie semblait fascinée par la lueur dansante du chandelier.

— ... ensuite, les élèves de primaire présenteront un spectacle, expliquait tante Judith à Damon. Puis ce sera la lecture des poèmes. Elena, combien de Terminales y participent, cette année ?

— On sera seulement trois, répondit-elle en se tournant vers sa tante.

Soudain une voix étrange la fit sursauter.

— La mort...

Tante Judith poussa un cri, la fourchette de Robert s'immobilisa en l'air, et tous les yeux se braquèrent sur Bonnie.

— ... va s'abattre sur cette maison, continua celle-ci, le visage blême.

Elle tourna lentement la tête vers son amie, la fixant d'un regard vide.

— Elle viendra te chercher, Elena... Elle est...

Les mots s'étranglèrent dans sa gorge, et elle s'affaissa sur sa chaise.

Il y eut un moment de stupeur. Puis Robert bondit pour redresser la jeune fille, et tante Judith se mit à lui tapoter énergiquement les tempes avec une serviette humide. Damon observait la scène d'un air songeur.

— Elle n'est qu'évanouie, annonça Robert, rassuré. C'est sans doute une crise de spasmophilie.

Enfin, Bonnie battit faiblement des paupières, au grand soulagement d'Elena.

L'incident mit un terme au dîner, car Robert insista pour ramener immédiatement Bonnie chez elle. Elena profita des allées et venues qui s'ensuivirent pour s'approcher de Damon.

— Va-t'en ! lui souffla-t-elle.

Il haussa les sourcils.

— Pardon ?

— Si tu ne pars pas immédiatement, je leur dis que c'est toi l'assassin !

— Tu ne crois pas qu'un invité mérite davantage de considération ? répliqua-t-il d'un air ironique.

L'air buté de son interlocutrice l'amusait visiblement.

— Merci pour ce délicieux repas, lança-t-il finalement à tante Judith, qui enveloppait Bonnie dans une couverture. J'espère pouvoir vous rendre l'invitation sans tarder. À très bientôt, murmura-t-il à Elena avant de s'en aller.

Accompagné de Matt, Robert emmena Bonnie jusqu'à la voiture, où elle s'endormit aussitôt. Puis ils démarrèrent en trombe, tandis que tante Judith téléphonait à Mme McCullough :

— Moi non plus, je ne comprends pas ce qu'elles ont toutes en ce moment. D'abord Vickie, maintenant Bonnie… et Elena n'a pas l'air dans son assiette…

Pendant ce temps, celle-ci faisait les cent pas dans le salon. Elle ne s'inquiétait pas outre mesure pour Bonnie :

les autres fois, ses visions ne lui avaient laissé aucune séquelle. Et Damon aurait mieux à faire que de s'en prendre à ses amies. En effet, ses dernières paroles ne laissaient aucun doute sur son emploi du temps immédiat : Elena craignait fort de le voir venir chercher sa « récompense » la nuit même. Elle envisagea un instant d'appeler Stefan pour tout lui raconter. Seulement, le jeune homme était loin d'avoir retrouvé toutes ses forces. Il risquait gros face à Damon. Et pas question de passer la nuit chez Bonnie ! Quant à Meredith, elle était partie... Il n'y avait donc personne pour l'aider... La perspective de se retrouver seule avec Damon lui était insupportable.

Lorsqu'elle entendit sa tante raccrocher le combiné, elle se dirigea vers le téléphone, décidée à contacter Stefan. Soudain, elle se retourna vers le salon qu'elle venait de quitter.

Son regard se promena sur les hautes fenêtres, puis sur la somptueuse cheminée surplombée de moulures. Elle songea que cette pièce, ainsi que sa chambre, juste au-dessus, avaient été les seules épargnées par l'incendie qui avait ravagé la maison, très longtemps auparavant. Alors, une lueur de génie lui traversa l'esprit, et elle se précipita, le cœur battant, vers sa tante qui gravissait l'escalier.

— Tante Judith, tu te souviens si Damon est allé dans le salon ?

— Comment ?

— Est-ce que Robert a d'abord emmené Damon dans le salon ? Réfléchis, s'il te plaît, c'est très important !

— Euh... Non, je ne crois pas. Non, non, ils sont allés

directement dans la salle à manger. Elena, pourquoi tiens-tu tant à….

Sa nièce lui sauta au cou.

— Merci, tante Judith, tu ne peux pas savoir comme ça me fait plaisir ! dit-elle en dévalant les marches.

— Eh bien, je me réjouis de voir enfin quelqu'un de bonne humeur. Surtout après ce drôle de dîner ! Pourtant ce gentil garçon, Damon, a eu l'air de passer une bonne soirée. Tu sais, Elena, je crois que tu ne l'as pas laissé indifférent.

La jeune fille fit volte-face.

— Qu'est-ce que tu veux dire ?

— Tu devrais peut-être lui laisser sa chance, non ? Je ne vois pas pourquoi tu t'es conduite comme ça avec lui. Il est charmant. C'est tout à fait le genre de garçons que j'aimerais voir à la maison.

Elena la contempla avec stupeur, puis réprima un rire nerveux. Sa tante lui suggérait de laisser tomber Stefan pour Damon ! Elle l'imaginait plus recommandable ! Elle était complètement à côté de ses pompes !

Elle comprit aussitôt qu'il était inutile de riposter et se contenta de prendre une expression navrée en regardant tante Judith disparaître à l'étage.

Cette nuit-là, Elena laissa la porte de sa chambre grande ouverte. Allongée sur son lit, elle ne quittait pas des yeux le couloir plongé dans l'obscurité, sauf pour jeter un coup d'œil, de temps à autre, au cadran lumineux de son radio-réveil. Pas de danger qu'elle s'endorme, même si les minutes s'égrenaient avec une lenteur désespérante.

À deux heures dix, enfin, elle entendit un bruit étouffé au rez-de-chaussée. Aucune serrure ne pouvait résister au pouvoir de Damon.

Une gamme de notes cristallines et plaintives résonna soudain à ses oreilles : c'était la musique du bal de son cauchemar ! Comme mue par le son, elle se leva pour aller attendre sur le seuil. Une silhouette montait l'escalier. Damon. Il s'arrêta à quelques pas d'elle avec un air de triomphe. À l'autre bout du couloir, Margaret et tante Judith dormaient profondément, inconscientes du drame qui se jouait.

Le jeune homme la contempla en silence. Elena avait revêtu une longue chemise de nuit blanche avec un col montant en dentelle, la plus sage de sa garde-robe. Cependant, à l'inverse de l'effet désiré, Damon semblait la trouver à son goût. Ses yeux brillaient de convoitise. Elena décida que le moment était venu.

Le cœur battant, elle recula dans sa chambre. Damon s'avança sur le pas de la porte… et s'arrêta net. Déconcerté, il essaya encore. Il fut de nouveau stoppé : quelque chose l'empêchait de franchir le seuil. L'étonnement, sur son visage, se mua en stupéfaction, puis en colère.

Elena laissa échapper un rire. Son plan avait fonctionné à merveille !

— Ma chambre et le salon juste en dessous sont tout ce qui reste de l'ancienne maison, expliqua-t-elle. Ces deux pièces font donc partie d'une autre habitation, en un sens. Et c'est un endroit dans lequel tu n'as pas été invité, et où tu ne le seras jamais !

Damon était fou de rage. Ses poings s'ouvraient et se fermaient convulsivement comme s'il voulait abattre les murs à la force de ses poings. Quant à Elena, elle avait envie de sauter de joie.

— Tu ferais mieux de partir, conclut-elle.

Damon la foudroya du regard, puis tourna les talons. Mais au lieu de se diriger vers l'escalier, il s'avança dans le couloir, droit sur la chambre de Margaret, et posa la main sur la poignée. Elena se précipita sur le seuil. Damon tourna la tête vers elle, un rictus cruel au coin des lèvres, et, sans la quitter des yeux, tourna lentement le bouton de la porte.

La jeune fille était glacée d'épouvante. Il n'allait quand même pas s'attaquer à une fillette de quatre ans ! Personne ne pouvait être aussi monstrueux... Mais la grimace bestiale de son visage lui affirmait le contraire. Sa main continuait à actionner la poignée au ralenti, comme s'il prenait un malin plaisir à faire s'éterniser le suspense.

Elena n'y tint plus. Des larmes d'impuissance aux yeux, elle s'élança dans le couloir pour affronter son horrible destin. Bonnie l'avait bien prédit : la mort devait s'abattre sur la maison. Damon avait gagné. C'était fini.

Elle ferma les yeux lorsqu'il se pencha sur elle. Un courant d'air froid la fit frissonner, et les ténèbres l'enveloppèrent comme les ailes d'un grand oiseau de proie.

13.

Quand Elena rouvrit les paupières, de la lumière filtrait sous les rideaux de sa chambre. Elle était allongée dans son lit, les membres tout endoloris. Elle tenta de se remémorer les événements de la nuit.

Damon l'avait menacée de s'en prendre à Margaret, alors elle lui avait cédé. Pourtant, elle vivait encore. Elle porta une main à son cou : la blessure était là, à vif. Pourquoi n'avait-il pas été jusqu'au bout ? Ses souvenirs étaient confus. Seuls des flashes lui revenaient. Le regard brûlant de Damon, la morsure à sa gorge, puis son agresseur ouvrant son propre col, l'entaille qu'il s'était faite… Il l'avait forcée à boire son sang… Enfin, ce n'était pas tout à fait exact, car elle ne se souvenait pas de lui avoir résisté. En fait, c'était horrible à avouer, mais elle avait aimé ça.

Elle ne comprenait pas pourquoi elle était toujours en vie. Damon n'avait aucune conscience. Ce n'était sûrement pas la pitié qui l'avait arrêté. Il devait sans doute vouloir la faire souffrir encore un peu avant de la tuer. Ou bien, il comptait la rendre complètement folle, comme Vickie.

Repoussant les couvertures, elle se leva péniblement. Tante Judith allait et venait dans le couloir. On était lundi, et elle devait se préparer pour le lycée.

Mercredi 27 novembre

Même si je fais tout pour ne rien laisser paraître, je suis terrorisée. Demain, c'est Thanksgiving, et la commémoration du lycée est dans trois jours. Je n'ai toujours rien trouvé pour déjouer le plan de Caroline et Tyler. En plus, elle fait partie des trois élèves désignés pour lire les poèmes : rien de plus facile pour elle que de dévoiler mon journal à tout le monde ! Je vois d'ici la tête du père de Tyler quand il assistera au fiasco. Il se mordra les doigts d'avoir choisi Caroline...

De toute façon, je me fous de ce qu'il pense ! J'aurai d'autres chats à fouetter lorsque Stefan se retrouvera avec tous ces gens à dos. Il finira lynché s'il ne récupère pas ses pouvoirs... Et s'il meurt, j'en crèverai.

Il faut absolument que je récupère mon journal. Le seul moyen est d'accepter le marché de Damon, même si ça m'angoisse au plus haut point. J'ai tellement peur de ce qui va m'arriver, et des conséquences pour Stefan et moi.

C'est tellement horrible ! Et je n'ai personne à qui en parler ! Qu'est-ce que je vais faire ?

Jeudi 28 novembre, 23 h 30

Ça y est, j'ai pris ma décision. Je vais tout raconter à Stefan. De toute façon, je n'ai pas le choix : la commémoration a lieu samedi et je n'ai toujours aucun plan. Stefan, lui, aura peut-être une idée... Quand j'irai chez lui, demain, je lui déballerai tout, y compris bien sûr ce qui concerne Damon. C'est ce que j'aurais dû faire depuis longtemps, d'ailleurs.

Mais je suis terrifiée à l'idée de sa réaction. Je n'arrête pas de rêver qu'il me dévisage avec colère, comme s'il ne m'aimait plus. Pourvu qu'il n'ait pas cette expression demain... Toute cette histoire me donne envie de vomir : j'ai à peine touché au dîner de Thanksgiving. Et je ne tiens pas en place. J'ai l'impression que je vais exploser. Ça m'étonnerait que je ferme l'œil cette nuit.

Pourvu que Stefan comprenne, pourvu qu'il me pardonne ! Et dire que je voulais être digne de son amour ! Tu parles ! Qu'est-ce qu'il va penser de moi quand il découvrira que je lui ai menti ? Est-ce qu'il va me croire si je lui dis que j'ai agi pour le protéger ?

Demain, j'aurai une réponse à ces questions. J'aimerais que ce soit déjà derrière moi. Je me demande comment je vais tenir le coup jusque-là.

Elena se glissa dehors ni vu ni connu. Elle ne voulait pas dire à sa tante qu'elle allait chez Stefan. Elle savait qu'elle aurait encore droit à un sermon. Tante Judith ne jurait d'ailleurs plus que par Damon : à chaque conversation, Elena avait droit à une allusion plus ou moins subtile. Et Robert s'y était mis aussi. Un vrai complot.

Elle appuya plusieurs fois sur la sonnette. Où était donc passée Mme Flowers ? Quand, enfin, la porte s'ouvrit, elle se retrouva nez à nez avec Stefan.

— On va se balader ? demanda-t-il.

— Non, Stefan, remontons. Il faut qu'on parle.

Il consentit d'un hochement de tête surpris, et la précéda dans l'escalier.

Les malles et les meubles avaient depuis longtemps repris leur place, et Elena ne put s'empêcher de contempler la chambre. Son œil fut attiré par les objets sur la commode : les florins d'or du XVe siècle, la dague à manche d'ivoire, le coffret en métal. La première fois qu'elle était venue dans cette pièce, elle avait voulu l'ouvrir, et Stefan l'en avait empêchée.

Elle se retourna vers le jeune homme, dont la silhouette adossée à la fenêtre se découpait sur le ciel gris. Depuis le début de la semaine, le temps était particulièrement maussade, tout comme l'humeur de Stefan à cet instant.

— Bon, qu'est-ce que tu voulais me dire ?

Elena n'eut qu'une courte hésitation. Elle alla chercher le coffret, l'ouvrit, et en sortit un ruban orange. Sa vue lui rappela l'été où elle l'avait porté dans les cheveux. Ça lui paraissait tellement loin ! Elle le tendit à Stefan, qui eut l'air perplexe.

— Voilà, c'est de ce ruban que je voudrais te parler. Je savais qu'il était là : une fois, tu t'es absenté un instant, et j'en ai profité pour y jeter un œil. Et après… j'en ai parlé dans mon journal.

Stefan avait les yeux comme des soucoupes. De toute évidence, ce n'était pas du tout ce à quoi il s'attendait.

— C'était la preuve que tu t'intéressais à moi. C'est pour ça que je n'ai pas pu m'empêcher de l'écrire. Je n'aurais jamais imaginé que ça pourrait se retourner contre toi.

Un aveu en entraînant un autre, elle finit par tout lui raconter : le vol de son journal, les messages anonymes, comment elle avait découvert que Caroline était la coupable. Enfin, tout en tripotant nerveusement le ruban, elle lui révéla le plan de Caroline et Tyler.

— J'avais tellement peur que tu sois fâché contre moi, continua-t-elle les yeux baissés, que je n'ai pas osé t'en parler. Mais je suis encore plus terrifiée par ce qui pourrait t'arriver. J'ai tout fait pour récupérer mon journal, tu sais, je suis même allée fouiller chez Caroline. Sans succès. Et je n'ai rien trouvé pour l'empêcher de le lire devant tout le monde. Je suis désolée…

— Tu peux ! s'exclama Stefan. Pourquoi me cacher une chose pareille, alors que je pouvais t'aider ?

Elena avait blêmi.

— Je me sentais tellement mal… Et puis, j'ai rêvé que

je te disais la vérité et que tu devenais furieux. Tu avais l'air de ne plus m'aimer… C'était horrible…

— Voilà donc ce qui te tourmentait, murmura-t-il comme pour lui-même.

Au grand soulagement d'Elena, son visage n'exprimait plus aucune colère. Il ne lui laissa pas le temps de continuer.

— Je savais que tu me dissimulais quelque chose. Mais je pensais…

Il secoua la tête et un sourire s'ébaucha au coin de ses lèvres.

— Et dire que tu ne songeais qu'à me protéger…

En voyant l'air joyeux et soulagé de Stefan, Elena n'eut pas le courage d'en venir à son dernier aveu.

— Lorsque tu m'as dit que nous devions parler, reprit le jeune homme, j'ai cru que tu avais changé d'avis à mon sujet. J'aurais pu le comprendre d'ailleurs… Au lieu de ça…

Il l'attira tendrement dans ses bras. Blottie contre lui, elle se laissa aller à un bien-être qu'elle n'avait pas ressenti depuis longtemps. Elle avait l'impression d'être revenue à leurs débuts, lorsqu'ils n'avaient pas de secret l'un pour l'autre. Leurs deux cœurs battaient à l'unisson, en parfaite harmonie. Pour que leur félicité soit complète, il ne leur manquait plus qu'une seule chose.

Rejetant ses cheveux en arrière, elle lui offrit son cou. Cette fois, Stefan ne protesta pas : au contraire, ses yeux étaient pleins d'une reconnaissance éperdue. Elle lui renvoya un regard où il lut toute la force de son amour. Sans s'en rendre compte, elle lui avait tendu le côté de son cou épargné par Damon. Lorsque Stefan enfonça ses dents dans sa chair, elle n'éprouva aucune douleur, et quand il décida qu'il était temps de s'arrêter, elle refusa de s'arracher à son étreinte. Il dut la forcer à obéir. Sans la lâcher, il chercha à tâtons la dague, sur la commode, et fit couler son propre sang. Une fois Elena rassasiée, il la déposa sur le lit où ils restèrent un long moment enlacés.

— Je t'aime, murmura Stefan.

Elena, tout à l'ivresse de leur étreinte, mit quelques secondes à réaliser le sens de ses paroles. L'émotion lui serra la gorge. Il l'aimait ! Quelle joie d'entendre de sa bouche la déclaration qu'elle attendait depuis si longtemps !

— Moi aussi, je t'aime, répondit-elle.

Elle s'étonna de le voir aussitôt s'écarter d'elle pour porter les mains à son col et en sortir sa chaîne. Un magnifique anneau d'or orné d'un lapis-lazulis y pendait. La bague de Katherine !

— Quand Katherine est morte, j'ai cru que je ne pourrais jamais aimer quelqu'un d'autre. Je sais pourtant que c'est ce qu'elle aurait voulu. Cet anneau, c'était le symbole de mon amour pour elle, continua-t-il d'une voix hésitante. Maintenant, j'aimerais qu'il prenne une autre signification. Vu la situation, je n'ai pas vraiment le droit de te demander ça, mais…

Stefan se méprit sur le silence d'Elena, restée sans voix. La lueur d'espoir s'éteignit dans ses yeux.

— Tu as raison, c'est impossible. Il y a bien d'autres

obstacles… Quelqu'un comme moi ne peut pas te proposer de…

— Stefan…

— … alors, fais comme si je n'avais rien dit.

— Stefan, regarde-moi !

Il leva lentement les yeux vers elle, et son désespoir s'évanouit en un instant. Elena tendait la main vers lui dans un geste qui lui ôta toute hésitation : il lui passa l'anneau au doigt. On aurait dit qu'il avait été fait pour elle.

— Il faudra garder ça pour nous un bout de temps, murmura Elena, la voix chargée d'émotion. Tante Judith aura une attaque si elle apprend qu'on s'est fiancés. L'été prochain, je m'inscrirai à la fac, et elle n'aura plus son mot à dire.

— Elena, tu es sûre de toi ? Ça ne sera pas facile de vivre avec moi… Malgré tous mes efforts, je suis différent de toi. Tu peux encore changer d'avis…

— Je ne changerai jamais d'avis… à moins que tu ne m'aimes plus…

Stefan l'étreignit avec fougue, et elle s'abandonna dans ses bras. Mais il restait encore une ombre au tableau.

— Qu'est-ce qu'on fera si leur plan marche demain ? demanda Elena.

— On peut encore les en empêcher. Je trouverai un moyen de récupérer ton journal. Et même si je n'y arrive pas, je ne les laisserai pas me chasser comme ça. Je me battrai.

— Mais si tu es blessé… ou pire. Je ne le supporterai pas.

— Fais-moi confiance. Il doit y avoir une solution. De toute façon… rien ne pourra nous séparer.

Vendredi 29 novembre

Je n'arrive pas à dormir. Comme d'habitude, d'ailleurs.

Demain c'est le jour J. On a mis Meredith et Bonnie dans le coup. Le plan de Stefan est d'une simplicité enfantine : comme la lecture des poèmes vient en dernier, Caroline sera obligée de planquer mon journal quelque part pendant la cérémonie. Et si on la file depuis l'instant où elle sort de chez elle jusqu'à ce qu'elle monte sur scène, on verra où elle l'aura caché. Et là, hop, on le récupère.

*C'est un plan infaillible : on sera tous en costumes du XIX*e *siècle, et Mme Grimesby, qui nous sert d'habilleuse, ne veut pas qu'on garde d'affaires personnelles. Pas de blouson, pas de sac… et pas de journal intime ! Caroline sera donc forcée de s'en séparer.*

On va la surveiller à tour de rôle : Bonnie montera la garde devant sa maison pour nous dire ce qu'elle portera en partant. Je prendrai la relève chez Mme Grimesby pendant l'habillage. Et lors du défilé, Stefan et Meredith s'arrangeront pour entrer chez elle, ou pour forcer la voiture de ses parents, si le journal s'y trouve…

Ce plan ne peut pas échouer. Je suis tellement sou-

lagée ! J'ai vraiment bien fait de parler de tout ça à Stefan. Je ne lui cacherai plus jamais rien maintenant !

Demain, je mettrai sa bague. Si Mme Grimesby veut me la faire enlever sous prétexte qu'elle est anachronique, je lui dirai qu'elle remonte à la Renaissance ! Elle va en faire une tête !

Je vais essayer de dormir, maintenant. En espérant que je ne rêve pas...

14.

Bonnie, transie de froid, montait la garde devant la maison de Caroline. Il avait gelé la nuit précédente et les premiers rayons du soleil avaient du mal à percer à travers le ciel brumeux.

Elle battait la semelle pour se réchauffer lorsque la porte des Forbes s'ouvrit. Bonnie plongea aussitôt derrière le buisson qui lui servait de cachette : la famille au grand complet se dirigeait vers la voiture. M. Forbes emportait un appareil photo ; sa femme, son sac à main et un pliant ; Daniel, le frère cadet de Caroline, un autre siège. Quant à Caroline…

Bonnie risqua un nouveau coup d'œil, et étouffa une exclamation de triomphe. Vêtue d'un jean et d'un gros pull de laine, elle tenait à la main un petit sac blanc fermé par un cordon. Il était assez grand pour contenir un journal.

Bonnie en oublia le froid. Elle attendit que la voiture disparaisse pour se hâter vers le lieu du rendez-vous, à quelques rues de là.

— La voilà ! dit Elena.

Tante Judith se gara le long du trottoir pour permettre à Bonnie de se glisser sur la banquette arrière, à côté de son amie.

— Elle a un sac blanc, lui murmura-t-elle à l'oreille tandis que la voiture démarrait.

Elena lui pressa la main, tout excitée.

— Génial ! Il faut qu'on vérifie si elle l'emporte chez Mme Grimesby. Dans le cas contraire, dis à Meredith de fouiller la voiture.

Bonnie lui fit un signe approbatif.

Quand elles arrivèrent devant la maison de l'habilleuse, elles aperçurent Caroline s'y engouffrer, le fameux sac à la main. Elles échangèrent un regard entendu : c'était à Elena de jouer !

— Je descends aussi, annonça Bonnie à tante Judith.

Elle attendrait dehors avec Meredith jusqu'à ce qu'Elena vienne leur dire où se trouvait le journal.

Mme Grimesby vint leur ouvrir. Elle ne jouait à l'habilleuse que pour la circonstance. En réalité, c'était la bibliothécaire de Fell's Church et les deux amies ne furent pas étonnées de découvrir en entrant des montagnes de livres un peu partout. La maison abritait également la petite collection d'objets historiques de la ville, dont plusieurs costumes d'époque sur lesquels elle veillait jalousement.

L'étage résonnait de voix d'enfants en train de s'habiller. Sans même avoir à le demander, Elena fut conduite dans la pièce où Caroline se préparait. Celle-ci, assise devant la coiffeuse en sous-vêtements de dentelle, lui décocha un regard mauvais, pour prendre ensuite un air faussement détaché.

Mme Grimesby alla chercher un vêtement sur le lit.

— Tiens, Elena. Je t'ai réservé notre plus belle pièce. Tout est d'époque, même les rubans, et elle est en excellent état. Cette robe aurait appartenu à Honoria Fell.

— Elle est magnifique, reconnut Elena tandis que la bibliothécaire en secouait les délicats jupons blancs. C'est quoi comme tissu ?

— Mousseline et gaze de soie. Et comme il ne fait pas chaud, tu mettras ça par-dessus, ajouta son interlocutrice en désignant une veste de velours vieux rose.

Elena glissa un regard à Caroline en se changeant. Le sac était là, à ses pieds. Si seulement Mme Grimesby se décidait à quitter la pièce ! Elle pourrait mettre la main dessus…

Au lieu de cela, Elena fut conduite devant le miroir. La robe était d'une grande simplicité, sobrement ornée de rubans roses, l'un qui ceinturait la poitrine, les autres nouant les manches bouffantes au niveau des coudes.

— Elle a vraiment appartenu à Honoria Fell ? demanda Elena en songeant, avec un frisson, au gisant de marbre.

— Parfaitement : elle l'évoque dans son journal intime.

— Elle tenait un journal ? s'étonna la jeune fille.

— Oui. Je le garde précieusement dans une vitrine du salon. Je te le montrerai en sortant, si tu veux. Et maintenant, la veste… Tiens, qu'est-ce que c'est ?

Un bout de papier violet s'était échappé du vêtement. Le cœur d'Elena fit un bond. Elle se précipita pour le ramasser. Le message ne comportait qu'une seule phrase. Elle se rappelait l'avoir écrite dans son journal le 4 septembre, le jour de la rentrée. Sauf qu'elle l'avait barrée. Mais sur le billet, elle était intacte et s'étalait en grandes lettres majuscules :

JE SENS QU'IL VA SE PASSER QUELQUE CHOSE D'HORRIBLE AUJOURD'HUI.

Elena eut beaucoup de mal à ne pas balancer le message au visage de Caroline. Ça aurait tout gâché. S'efforçant de garder son calme, elle se contenta de froisser le papier et de le jeter négligemment dans la corbeille.

— Juste une saleté, dit-elle en se tournant vers la bibliothécaire.

Son ennemi lui lança un regard triomphant. « Tu feras moins la maline une fois que j'aurai récupéré mon journal, pensa Elena. Quand je l'aurai brulé, toi et moi, on aura une petite conversation. »

— Je suis prête, déclara-t-elle.

— Moi aussi, dit Caroline d'un ton innocent.

Elena la toisa : sa robe vert pâle, avec sa large ceinture, était beaucoup moins belle que la sienne.

— Parfait, conclut Mme Grimesby. Vous pouvez y aller. Ah, oui, Caroline, n'oublie pas ton réticule.

— Pas de danger, répondit-elle avec un grand sourire en prenant le petit sac blanc.

Heureusement, elle ne vit pas l'air sidéré de sa rivale, sur lequel Mme Grimesby se méprit :

— Il s'agit d'un réticule, l'ancêtre de notre sac à main, expliqua-t-elle. Les femmes y mettaient leurs gants et leur éventail. Caroline est passée le prendre en début de semaine pour rattacher quelques perles décousues. Très serviable de sa part, n'est-ce pas ?

Elena marmonna une vague réponse. Elle devait immédiatement sortir de cette pièce ou, effectivement, quelque chose d'horrible allait se produire : elle allait piquer une crise de nerfs et mettre une baffe à Caroline…

— J'ai besoin de prendre l'air, lâcha-t-elle en s'enfuyant.

Bonnie et Meredith l'attendaient dans la voiture de cette dernière.

— Cette garce de Caroline a pris ses précautions, leur souffla-t-elle. Le sac fait partie de son costume. Elle va le trimballer toute la journée.

Bonnie et Meredith ouvrirent des yeux ronds, puis échangèrent un regard consterné.

— Mais… qu'est-ce qu'on va faire ? se lamenta Bonnie.

— J'en sais rien. On est mal.

— Il faut continuer à la surveiller, proposa Meredith sans grande conviction. Elle posera peut-être son sac à un moment ou à un autre…

Mais les trois amies n'avaient plus guère d'espoir. C'était fichu.

Bonnie jeta un coup d'œil dans le rétroviseur.

— Voilà ton équipage.

Une calèche tirée par deux chevaux blancs s'avançait dans la rue. Les roues étaient ornées de guirlandes en crépon, et les sièges tapissés de fougères. Une banderole, sur le côté, portait cette inscription : « Voici l'esprit de Fell's Church ».

— Surveillez-la bien, murmura Elena en montant dans la calèche. Et, dès qu'elle sera seule…

Malheureusement, Caroline ne se trouva pas un instant à l'écart tout au long de cette interminable matinée. Comment aurait-il pu en être autrement ? Toute la ville assistait à la cérémonie.

Le défilé fut un véritable calvaire pour Elena. Assise dans la calèche aux côtés du maire et de sa femme, et rongée par l'angoisse, elle fut bien obligée de sourire à la foule.

Cette peste de Caroline devait se trouver quelque part devant elle, entre la fanfare et les majorettes. Mais sur quel char ? Peut-être sur celui où paradaient les écoliers en costumes. De toute façon, elle s'était sûrement arrangée pour être bien en vue…

Après le défilé, tout le monde se dirigea vers la cafétéria du lycée où avait lieu le déjeuner. Coincée à une table entre le maire et sa femme, Elena observait à distance Caroline et Tyler. Celui-ci avait passé un bras autour des épaules de sa voisine.

Vers le milieu du repas, Elena, le cœur battant, vit Stefan s'approcher comme prévu de la table de leurs ennemis. Lorsqu'il se pencha vers Caroline, Elena sentit son estomac se nouer. La jeune fille releva la tête, répondit quelque chose… et se remit à manger comme si de rien n'était. Mais le pire fut la réaction de Tyler : le poing brandi furieusement, il ordonna à Stefan de partir et ne se rassit que lorsque celui-ci tourna les talons.

Stefan et Elena échangèrent un regard grave. Tant que Tyler se trouverait dans les parages, les tentatives de persuasion de Stefan sur Caroline seraient vaines. Cette évidence plongea Elena dans la plus grande détresse. Elle resta pétrifiée sur sa chaise jusqu'à ce quelqu'un vienne l'avertir d'aller en coulisses.

Elle entendit d'une oreille distraite le discours de bienvenue du maire. Il évoqua les moments difficiles qu'avait connus la ville ces derniers mois, heureusement atténués par le formidable esprit de solidarité des habitants. Blablabla… On passa ensuite à la remise des prix. Matt reçut celui du Meilleur sportif masculin.

Puis les élèves de primaire montèrent sur scène : gloussant, trébuchant et oubliant leur texte à qui mieux mieux, ils mimèrent la fondation de Fell's Church sur fond de guerre de Sécession. Elena, qui avait l'impression de couver une grippe depuis la veille, ne prêta pas attention au spectacle. Son état s'était aggravé pendant le défilé, semblait-il, et à présent elle n'avait plus les idées claires. De toute façon, elle était tellement accablée par la situation qu'elle ne songeait pas à s'inquiéter des frissons qui la parcouraient...

Le spectacle fut conclu par une explosion de flashes et d'applaudissements. Lorsque le dernier petit soldat quitta la salle, le maire réclama le silence.

— Et maintenant, veuillez réserver un accueil triomphal aux lycéens choisis pour incarner les vertus de Fell's Church !

Les spectateurs s'exécutèrent avec un formidable enthousiasme. John Clifford, l'élève qui représentait l'esprit d'indépendance, se tenait entre Elena et Caroline. Celle-ci était resplendissante, le menton redressé, le regard et les joues enflammés par l'excitation du sale coup qu'elle mijotait. Elena avait perdu tout espoir.

John s'avança le premier vers le micro et le régla. Après avoir ajusté ses lunettes, il entreprit de lire un poème dans un gros ouvrage posé sur le lutrin. Officiellement, les élèves étaient libres de choisir leurs textes, mais dans la pratique, ils se rabattaient toujours sur les œuvres de M. C. Marsh, le seul poète que Fell's Church eût jamais produit.

Pendant la lecture de John, Caroline ne cessa d'attirer l'attention sur elle, adressant de grands sourires au public tout en se lissant les cheveux. De temps à autre, elle effleurait le sac accroché à sa ceinture, et Elena ne pouvait s'empêcher de suivre ce geste d'un air avide.

John finit par regagner sa place après avoir salué le public.

C'était au tour de Caroline : les épaules bien droites, elle ondula des hanches jusqu'au micro comme si elle défilait pour un grand couturier, provoquant des sifflets admiratifs. Mais elle les ignora royalement, arborant une mine grave de tragédienne. Elle attendit tranquillement que le silence se fasse dans l'assemblée.

— J'avais prévu de vous lire un poème de M. C. Marsh, annonça-t-elle à l'auditoire attentif, mais j'ai changé d'avis. Finalement, j'ai découvert un texte bien plus adapté aux circonstances dans un livre que j'ai trouvé.

« Volé, tu veux dire », songea Elena, écœurée. Elle scruta l'assistance à la recherche de Stefan. Il était encadré, dans le fond de la salle, par Bonnie et Meredith. Elle repéra aussi Tyler quelques mètres derrière lui. Il se trouvait avec Dick et plusieurs types costauds trop âgés pour être lycéens. Le genre gros bras. Elena en compta cinq.

« Pars, implora-t-elle Stefan du regard. Pars tout de suite avant la catastrophe ». Il secoua la tête d'un air buté.

Caroline jouait avec le cordon de son sac comme si elle résistait à l'envie de l'ouvrir sur-le-champ.

— Ce que je m'apprête à vous lire aborde l'histoire actuelle de Fell's Church, et non ce qui s'y est passé au XIXe siècle, expliqua-t-elle avec jubilation. Ça concerne quelqu'un qui vit parmi nous. Quelqu'un qui se trouve dans cette salle en ce moment.

Tyler avait dû lui écrire le texte : le style emphatique n'était pas sans rappeler le discours haineux qu'il avait tenu contre Stefan, peu après la mort de M. Tanner.

Caroline plongea alors la main dans son sac sous le regard tétanisé d'Elena.

— Vous allez vite comprendre, poursuivit-elle avec une joie sadique.

Elle sortit un petit livre à couverture de velours et le brandit d'un geste triomphant.

— Je crois que ceci expliquera les événements tragiques qui se sont produits dernièrement.

Elle observa un instant le public fasciné avant de poser les yeux sur le livre. Elena fut prise d'un tel vertige qu'elle faillit s'écrouler par terre. Des étoiles dansaient devant elle. Néanmoins, elle fit un effort gigantesque pour garder son attention fixée sur Caroline. Soudain, un détail attira son regard. C'était sûrement sa vue qui lui jouait un tour. Les spots et les flashes avaient dû l'éblouir, et l'état dans lequel elle se trouvait n'arrangeait rien.

Le journal lui paraissait non pas bleu, mais vert.

« Je deviens folle… ou je nage en plein rêve… ou bien c'est une illusion d'optique à cause des lumières », songea-t-elle. Mais la tête que faisait Caroline lui assura qu'elle ne se trompait pas.

Celle-ci contemplait le livre d'un air ébahi. Elle en avait complètement oublié le public. En proie à une agitation croissante, elle tourna et retourna l'objet entre ses mains, puis fouilla son sac avec fébrilité. En désespoir de cause, elle jeta des regards affolés par terre, comme si ce qu'elle cherchait avait pu tomber à son insu.

Des murmures impatients s'élevèrent de l'assistance. Le maire et le proviseur échangèrent des froncements de sourcils.

Caroline fixa de nouveau le carnet, mais, cette fois, on aurait dit qu'elle tenait un scorpion entre les mains. Elle l'ouvrit d'un geste brusque, sans doute dans l'espoir d'y trouver le texte d'Elena. En vain.

Caroline affronta enfin les regards rivés sur elle. Soudain, elle pivota sur ses talons hauts en poussant un cri de rage et quitta la scène comme une furie, balançant au passage le livre en direction d'Elena.

Celle-ci flottait sur un nuage. Elle se baissa pour ramasser le projectile qu'elle avait évité de justesse. Le journal de Caroline.

L'agitation était à son comble dans la salle. Elena chercha Stefan des yeux : il semblait aussi sidéré qu'elle, et extrêmement soulagé. C'était un vrai miracle !

Soudain une autre tête brune attira son attention. Damon ! Nonchalamment adossé contre un mur, il soutenait son regard, son habituel – et détestable – petit sourire aux lèvres.

Le maire ne laissa pas à Elena le temps de se remettre : il la poussa vers le micro, tentant inutilement de rétablir le silence. Elle s'efforça de se faire entendre au milieu du brouhaha général. Mais son poème n'intéressa personne. Sa lecture fut conclue par de maigres applaudissements, et le maire vint annoncer la suite des festivités. Enfin, Elena put s'échapper.

Elle se dirigea droit vers Damon sans bien savoir ce qu'elle faisait. Celui-ci disparut par la porte latérale. Elle le suivit dans la cour. Pour une fois, l'air froid lui parut délicieux, et les nuages pourtant menaçants lui semblèrent rayonner de reflets argentés. Damon l'attendait.

Elena se planta à un mètre de lui en le dévisageant longuement.

— Pourquoi est-ce que tu as fait ça ? demanda-t-elle enfin.

— Je pensais que le comment t'intéresserait davantage, répliqua-t-il en tapotant la poche de son blouson. Le hasard a voulu que je fasse une rencontre la semaine dernière, et je me suis retrouvé invité au petit déjeuner ce matin.

— Mais pourquoi ?

Damon haussa les épaules d'un air un peu désemparé. Lui-même semblait ignorer la cause de son geste. Ou alors, il ne voulait pas l'avouer.

— Les raisons ne concernent que moi, répondit-il évasivement.

— Oh que non ! répliqua violemment Elena.

Il y eut soudain de l'électricité dans l'air. Une lueur menaçante passa dans les yeux de Damon.

— N'insiste pas, Elena.

Loin de lui obéir, elle s'approcha de lui jusqu'à le frôler.

— J'ai pourtant très envie d'insister, lui souffla-t-elle au visage de façon provocante.

Elena ne sut jamais comment il s'apprêtait à réagir : à cet instant, une voix retentit derrière eux.

— Oh, mais vous êtes venu, finalement ! Quel plaisir de vous voir ! s'exclama tante Judith.

Elena eut l'impression de revenir brusquement sur terre. Elle cligna des yeux, tout étourdie.

— Alors, vous avez pu admirer Elena sur scène ? Tu as été très bien, ma chérie. Mais je ne sais pas ce qui a pris à Caroline. Les filles d'ici sont très étranges en ce moment… comme ensorcelées.

— Sans doute les nerfs, suggéra Damon avec une gravité feinte.

Elena faillit pouffer de rire tant elle trouva la remarque ridicule. Mais elle était surtout furieuse contre Damon. Il espérait sans doute la voir éperdue de reconnaissance ! C'était quand même lui la cause de tous leurs ennuis. Si seulement il s'était abstenu des crimes que Caroline avait tenté de mettre sur le dos de Stefan ! Aussitôt, elle chercha celui-ci des yeux et demanda :

— Où est Stefan ?

Tante Judith la regarda d'un air désapprobateur.

— Je ne l'ai pas vu.

Puis elle se tourna vers Damon avec un grand sourire :

— Et si vous veniez dîner avec nous, Damon ? Après, peut-être qu'Elena et vous…

— Arrête ! lança la jeune fille à Damon, qui afficha un étonnement poli.

— Pardon ? s'indigna tante Judith.

— Tu sais très bien ce que je veux dire ! cria Elena sans quitter Damon des yeux. Arrête ça tout de suite.

15.

— Elena ! Comment peux-tu être aussi mal élevée ! Tu as passé l'âge de pareils enfantillages !

Tante Judith se mettait rarement en colère, mais, là, elle était furieuse.

— Ce ne sont pas des enfantillages ! De toute façon, tu ne peux pas comprendre…

— Je comprends parfaitement. Tu as réagis de la même manière l'autre jour, quand Damon est venu dîner. Tu ne crois pas qu'un invité mérite davantage de considération ?

C'était mot pour mot ce qu'avait dit Damon ! Dans la bouche de sa tante ! C'était le bouquet !

— Arrête ton délire, tu ne sais même pas de quoi tu parles.

— Alors là, tu dépasses les bornes ! explosa sa tante. Tu es devenue infernale depuis que tu sors avec ce garçon !

— C'est ça ! ironisa Elena en foudroyant Damon du regard.

— Exactement ! Depuis qu'il t'a tourné la tête, tu n'es plus la même. Irresponsable, cachottière… et insolente ! Son influence sur toi est désastreuse. Il est temps de faire cesser tout ça !

— Ah, oui ? fit Elena en regardant tour à tour Damon et tante Judith. Eh bien, je suis désolée, mais il faudra que tu t'y fasses. Je ne laisserai jamais tomber Stefan ! Pour personne d'autre et encore moins pour *toi* !

Ces derniers mots s'adressaient à Damon, mais sa tante hoqueta d'indignation.

— Ça suffit ! intervint Robert, qui venait d'arriver avec Margaret. Si c'est comme ça que ce garçon t'encourage à parler à ta tante !

— Tu ne vas pas t'y mettre, toi aussi !

Elena eut soudain conscience des yeux braqués sur eux, tout autour. Mais ça lui était complètement égal. Ça faisait trop longtemps qu'elle refoulait son angoisse et sa colère… sans compter toutes les humiliations qu'elle subissait au lycée. À présent, toutes ces émotions remontaient en force à la surface : elle avait l'impression d'être sur le point d'exploser. Son cœur cognait comme un tambour, ses oreilles sifflaient. Elle n'avait qu'une idée : remettre à leur place ceux qui s'acharnaient contre elle.

— Ce garçon, comme tu dis, s'appelle Stefan, poursuivit-elle d'une voix glaciale. Il est le seul ici qui compte pour moi, et je suis heureuse de t'apprendre que nous sommes fiancés !

— Ne sois pas ridicule ! s'exclama Robert.

— Et ça, c'est ridicule ? cria-t-elle en lui fourrant sa bague sous le nez. On va se marier, que ça te plaise ou non !

— Y manquerait plus que ça ! hurla Robert, au bord de l'apoplexie.

Damon, l'air incrédule, lui saisit la main. Il lui suffit de voir l'anneau pour tourner les talons en écumant de rage. Tante Judith bafouilla d'indignation.

— Elena, je t'interdis de…

— Tu n'es pas ma mère ! lui balança Elena.

Les larmes lui obstruaient la vue. Elle en avait assez. Tout ce qu'elle voulait, c'était rejoindre Stefan. Il n'y avait que lui qui l'aimait.

Elle plongea brusquement dans la foule avec l'idée d'aller le retrouver à la pension. Elle fut soulagée que Bonnie et Meredith ne la suivent pas.

Le parking était quasi désert puisque la plupart des familles assistaient aux festivités de l'après-midi. Elle repéra Matt en train d'ouvrir sa portière.

— Matt ! Tu t'en vas ?

— Euh… non. Il faut que j'aide Lyman à ranger les tables. Je voulais juste me débarrasser de ce truc, répondit-il en posant son trophée à l'intérieur. Ça va, toi ? s'inquiéta-t-il devant son air traumatisé.

— Oui… en fait, non. Mais ça ira mieux quand je me

serai tirée d'ici. Tu peux me prêter ta voiture ? J'en ai pas pour longtemps.

— Euh, oui, mais… je peux te conduire, tu sais. Je vais dire à Lyman que….

— Non ! Excuse-moi, je voudrais être seule. S'il te plait…

Elle lui arracha le trousseau des mains.

— Je te la ramène très vite, promis. Ou Stefan. Si tu le vois, tu peux lui dire que je suis à la pension ? Merci !

Elle claqua la portière sans écouter ses protestations, et fit marche arrière dans un vrombissement de moteur, maltraitant au passage la boîte de vitesses. Matt la regarda partir avec impuissance.

Elena, pleurant à chaudes larmes, conduisait au radar. Une colère terrible la submergeait. Elle allait s'enfuir avec Stefan. Ils allaient voir, tous autant qu'ils étaient ! Elle ne remettrait plus jamais les pieds à Fell's Church ! Tante Judith s'en voudrait à mort, et Robert regretterait toutes les horreurs qu'il lui avait balancées. Mais elle ne leur pardonnerait jamais. Elle n'avait besoin de personne, encore moins de tous les gros nuls de ce sale lycée où, du jour au lendemain, elle était passée du statut de star à celui de paria, sous prétexte qu'elle n'aimait pas la bonne personne. Puisque c'était comme ça, elle se passerait de famille et d'amis…

Lorsqu'elle s'engagea enfin dans l'allée sinueuse qui menait à la pension, elle se calma un peu. Enfin… elle n'en voulait pas à tout le monde. Bonnie et Meredith ne lui avaient rien fait. Matt non plus. Elle fut soudain prise d'un rire nerveux. Pauvre Matt ! On voulait toujours lui emprunter sa poubelle ambulante ! Il devait les trouver bizarres, Stefan et elle.

Elle pleurait et riait en même temps, à présent. Et dire qu'elle était dans tous ses états alors qu'elle aurait dû être en train de fêter le fiasco monumental de Caroline ! La tête qu'elle avait faite ! Ce serait génial de revoir ça en vidéo !

Elena se remit peu à peu de ses émotions, et la fatigue lui tomba dessus d'un seul coup. Elle se gara et s'appuya contre le volant en essayant de ne plus penser à rien. Une fois ses esprits repris, elle descendit de la voiture. Elle allait attendre Stefan dans sa chambre. Ensuite, ils retourneraient au lycée pour essayer de réparer le mal qu'elle avait fait à tante Judith. La pauvre ! Elle s'en était pris plein la figure devant tout le monde…

« J'ai vraiment pété les plombs ! » se dit Elena. Mais elle avait encore les nerfs à fleur de peau. La preuve : quand elle trouva porte close et que personne ne répondit à ses coups de sonnette insistants, ses yeux s'embuèrent de nouveau. Mme Flowers devait elle aussi assister aux festivités. Avec le froid, elle n'avait aucune envie de poireauter sur le perron… Il ne lui restait plus qu'à attendre dans la voiture.

Elle jeta un coup d'œil au ciel. Le temps s'était considérablement dégradé depuis le matin : des nuages noirs s'amoncelaient dangereusement, et une épaisse brume montait des champs voisins. Le vent se renforçait de minute en minute, agitant violemment les branches des arbres. Bientôt les bourrasques plaintives se changèrent en hurlements.

Elena lança des regards inquiets autour d'elle. Avec la tempête qui s'était levée, elle percevait une pression anormale autour d'elle. C'était comme si une force mystérieuse avait empli l'atmosphère. Elle gagnait en puissance, s'approchait de plus en plus, et se refermerait bientôt sur elle...

Elena se retourna. Elle scruta les chênes qui se balançaient derrière la pension. Au-delà, il y avait la forêt, puis la rivière et le cimetière. Elle sentait sans la voir une présence au loin... quelque chose de maléfique.

— Oh, non..., murmura-t-elle, terrifiée.

Une silhouette invisible, gigantesque, se cabrait pour mieux fondre sur elle. C'était le mal en puissance, une créature animée d'une furie bestiale qui voulait la vider de son sang.

Un jour, Stefan lui avait parlé de cette soif irrépressible qu'il subissait malgré lui. À cet instant, elle comprit ce que cela voulait dire. Elle la ressentait... dirigée contre elle.

— Non !

La force malfaisante se dressait maintenant haut au-dessus de sa tête. Elena ne voyait toujours rien, mais c'était comme si des ailes gigantesques se déployaient de part et d'autre pour l'étouffer.

— Non !

La chose plongeait vers elle. Folle de terreur, Elena se précipita vers la voiture et s'acharna hystériquement sur la serrure tout en luttant contre les éléments. Le vent déchaîné lui perçait les tympans, et des bourrasques de neige lui brouillaient la vue. La clé finit par tourner dans la serrure. Elena se rua à l'intérieur et s'y barricada. Sauvée ! Elle se jeta ensuite en travers des sièges pour s'assurer que les portières arrière étaient hermétiquement fermées.

Mais la tempête grondait tel un océan en furie, ballottant la vieille voiture en tous sens.

— Arrête, Damon !

Son cri se perdit dans les mugissements du vent. Elle plaqua les mains sur le tableau de bord dans un effort dérisoire pour stabiliser la voiture. Les coups de boutoir redoublèrent de violence.

Soudain, à travers la vitre arrière qui s'embuait, elle distingua une silhouette. Elle était terrifiante. Les contours étaient flous, mais cela ressemblait à un immense oiseau de neige et de brume qui fondait sur elle !

— Démarre ! Vite ! s'ordonna-t-elle.

Par miracle, le véhicule asthmatique démarra du premier coup. Elena fit demi-tour dans un crissement de pneus. Elle avait la créature à ses trousses, de plus en plus gigantesque dans le rétroviseur. Il fallait absolument qu'elle retourne en ville : Stefan s'y trouvait forcément, et il était sa seule planche de salut.

À l'instant où Elena déboulait en trombe sur la route d'Old Creek, un éclair aveuglant déchira le ciel, accompagné d'un coup de tonnerre assourdissant. Dans un fracas épouvantable, un chêne s'abattit à quelques centimètres de son pare-chocs, lui barrant la route vers la ville. Elle était prise au piège. Impossible de s'en sortir… À moins que…

Stefan lui avait expliqué que l'eau était une puissante protection contre les forces maléfiques. Elle devait gagner la rivière. Elle fit demi-tour en brutalisant la boîte de vitesses et fonça à tombeau ouvert vers le pont Wickery, échappant de peu à un nouvel assaut de la monstrueuse créature.

Les éclairs redoublèrent en nombre et en intensité. Elle parvint par miracle à éviter les autres arbres qui s'effondrèrent devant elle. Le pont ne devait plus être très loin. Elle voyait l'eau scintiller sur la gauche. Une violente rafale de neige vint obscurcir le pare-brise. L'action des essuie-glaces lui permit néanmoins d'entrevoir une structure sombre devant elle. Elle avait réussi !

Elle négocia son virage au hasard. Elle n'avait pas le choix, de toute façon. La voiture dérapa sur les planches glissantes, et les roues se bloquèrent. Elena tenta de redresser le véhicule, mais elle n'y voyait rien et c'était si étroit…

Elle percuta de plein fouet le garde-fou, qui vola en éclats. Les planches pourries cédèrent, et, après une chute qui lui sembla interminable, la Ford s'enfonça dans l'eau.

Elena poussait des hurlements sans s'en rendre compte. Très vite, les flots tumultueux se refermèrent sur la carrosserie. Les vitres cédèrent une à une, laissant pénétrer en force l'eau glacée dans l'habitacle. Elena ne voyait plus rien, n'entendait plus rien. Et elle n'arrivait plus à respirer. Il lui fallait absolument de l'air... Elle ne pouvait pas mourir, c'était impossible.

« Stefan, au secours ! » voulut-elle crier. L'eau s'engouffra dans sa gorge, puis dans ses poumons. Elle se débattit jusqu'à l'épuisement. Ses forces l'abandonnèrent, ses mouvements se firent désordonnés, puis de plus en plus spasmodiques.

Enfin, tout fut fini.

Bonnie et Meredith inspectaient les abords du lycée avec une impatience croissante. Lorsqu'elles avaient vu Stefan sortir avec Tyler et ses copains, elles avaient d'abord voulu les suivre. Mais la scène d'Elena avait détourné leur attention. Matt leur avait ensuite annoncé qu'elle lui avait emprunté sa voiture. Quand elles étaient reparties à la recherche de Stefan, il n'y avait plus personne dehors.

— Et pour couronner le tout, l'orage va nous tomber dessus, bougonna Meredith. T'as vu ce vent ? On va pas tarder à recevoir une sacrée saucée !

— Ou carrément de la neige, avec ce froid, répliqua Bonnie en frissonnant. Mais où est-ce qu'ils sont passés à la fin ?

— On ferait mieux de s'abriter quelque part, suggéra Meredith avec lassitude. Tiens, qu'est-ce que je te disais...

Des gouttes glaciales se mirent à tomber. Meredith et Bonnie se précipitèrent vers le premier abri qu'elles trouvèrent : une baraque de chantier, dont la porte était entrouverte. Bonnie glissa le nez dans l'entrebâillement, et recula aussitôt.

— Tyler et sa bande ! souffla-t-elle à Meredith.

Ils barraient le passage à Stefan. Caroline se tenait dans un coin.

— C'est forcément lui qui me l'a piqué ! accusait-elle.

— Piquer quoi ? fit Meredith.

Toutes les têtes se tournèrent vers la porte. Caroline fit la grimace en les voyant sur le seuil.

— Dégagez toutes les deux, grogna Tyler, ou vous allez le regretter.

Meredith l'ignora royalement.

— Stefan, je voudrais te parler.

— Deux secondes. T'as entendu ? lança-t-il ensuite à Tyler. Elle t'a posé une question.

— T'inquiète, je vais y répondre, mais d'abord je vais m'occuper de ton cas, rétorqua celui-ci en frappant sa paume de son gros poing. Je vais te transformer en chair à saucisse, Salvatore.

Des ricanements s'élevèrent.

Bonnie n'avait qu'une envie : prendre ses jambes à son cou. Mais, alors qu'elle s'apprêtait à entraîner Meredith vers la sortie, une voix étrange jaillit de sa gorge :

— Le pont !

Tout le monde se tourna vers elle.

— Quoi ? fit Stefan.

— Le pont ! répéta-t-elle malgré elle, sans pouvoir contrôler les sons qui émanaient de sa bouche.

Elle écarquillait les yeux comme si elle était en proie à une affreuse vision.

— Elena... elle est près du pont ! s'affola-t-elle en retrouvant sa voix habituelle. Stefan, elle est en danger. Il faut y aller, vite !

— Qu'est-ce que tu racontes ? s'étonna celui-ci.

— C'est vrai ! Elle est en train de se noyer ! Vite !!!

Des étoiles dansaient devant ses yeux. Ce n'était pourtant pas le moment de tomber dans les pommes.

Stefan et Meredith échangèrent un coup d'œil indécis. Soudain, Stefan força le passage, et ils s'élancèrent tous les trois vers le parking. Tyler se jeta aussitôt à leur poursuite. Mais dehors, la violence de la tempête le découragea.

— Qu'est-ce qu'elle peut bien faire dehors avec un temps pareil ? cria Stefan en s'engouffrant dans la voiture de Meredith.

— Elle était furax, répondit celle-ci en reprenant son souffle. Matt nous a dit qu'elle avait emprunté sa voiture.

Bonnie eut à peine le temps de monter à l'arrière que Meredith faisait demi-tour sur les chapeaux de roue.

— Elle lui a dit qu'elle allait à la pension, reprit-elle en faisant face au vent.

— Non, elle est au pont ! intervint Bonnie. Plus vite, Meredith ! On va arriver trop tard...

Son visage ruisselant de larmes convainquit Meredith. Elle appuya à fond sur le champignon. La voiture, ballottée par d'énormes rafales, dérapait sur la chaussée glissante. Un vrai cauchemar. Et Bonnie qui n'arrêtait pas de sangloter, les mains crispées sur le dossier du siège avant.

— Attention, un arbre ! hurla Stefan.

Meredith écrasa la pédale de frein. La voiture partit en crabe et s'arrêta à quelques mètres d'un énorme tronc couché en travers de la route. Ils sortirent de la voiture et subirent aussitôt l'assaut des éléments déchaînés.

— Impossible de le déplacer, il est trop gros ! s'égosilla Stefan. Il faut continuer à pied !

« Sans blague ! » songea Bonnie en escaladant tant bien que mal les branchages. Mais de l'autre côté, les rafales glacées eurent tôt fait d'engourdir son cerveau. En quelques minutes, Meredith et elle furent transformées en glaçons. Et cette route qui n'en finissait pas…. Elles tentèrent d'accélérer leur marche en se soutenant, pensant pouvoir lutter plus facilement contre les coups de boutoir du vent. Mais c'est à peine si elles y voyaient, et sans Stefan pour guide, elles se seraient dirigées droit dans la rivière. Bonnie était sur le point de s'effondrer de fatigue quand Stefan poussa un cri.

Meredith l'enserra davantage et elles se mirent à courir tant bien que mal. Quand elles arrivèrent enfin au pont, elles s'arrêtèrent net.

— Oh mon Dieu ! hurla Bonnie.

Un spectacle apocalyptique se jouait devant eux. Le pont Wickery n'était plus qu'un tas de décombres. Le garde-fou était arraché d'un côté, et le plancher défoncé. Au-dessous, des poutres brisées et des bouts de bois épars étaient ballottés en tous sens par les eaux sombres.

Et, au milieu des débris, il y avait la vieille Ford de Matt. Seuls les phares dépassaient encore de l'eau.

— N'y vas pas ! Non, arrête ! hurla Meredith à Stefan qui dévalait la berge.

Il n'eut pas un coup d'œil en arrière et plongea dans les tourbillons de la rivière. Les flots se refermèrent sur lui.

Bonnie vécut l'heure qui suivit comme dans un songe, tant le choc et la fatigue l'avaient assommée. Elle se rappela avoir attendu désespérément, dans la tourmente de la tempête, que Stefan émerge de l'eau. Quand, au bout d'une éternité, sa silhouette courbée était enfin apparue sur la berge, elle avait à peine réagi. En apercevant le corps sans vie qu'il tenait dans ses bras, elle n'avait ressenti aucune horreur, seulement un immense chagrin.

L'expression de Stefan en train d'essayer de ranimer Elena avait été effrayante. Mais Bonnie avait eu du mal à reconnaître son amie tant elle ressemblait à une poupée de cire. Il lui avait paru impossible que cette forme inerte ait pu vivre un jour. C'était d'ailleurs stupide de se démener sur elle comme sur une noyée. On n'avait jamais vu de poupées se mettre à respirer…

Meredith avait tenté de l'arracher des bras de Stefan en hurlant. Bonnie l'avait entendue parler de séquelles irréversibles sans bien comprendre. Elle avait trouvé bizarre qu'ils puissent à la fois se disputer et pleurer toutes les larmes de leur corps.

Puis Stefan s'était calmé. Il était resté assis sur la route, sourd aux cris de Meredith, serrant contre lui le cadavre cireux d'Elena. Son air pétrifié était encore plus terrifiant que ses pleurs.

Bonnie fut soudain ramenée à la vie par une indicible terreur. Son instinct la prévenait d'un danger imminent.

Stefan avait lui aussi perçu la menace. Tous ses sens étaient aux aguets.

— Qu'est-ce qui t'arrive ? avait hurlé Meredith en le voyant se raidir.

— Vite !! Partez !!!! avait-il répondu sans lâcher son fardeau.

— Mais on ne peut pas te laisser..., protesta Meredith.

— Il faut partir, je te dis !! Bonnie, emmène-la, vite !

C'était la première fois qu'on avait demandé à Bonnie de prendre la situation en mains. Elle avait attrapé Meredith par le bras. Stefan avait raison. Elles devaient fuir sur-le-champ ou elles allaient y passer à leur tour.

Bonnie avait entraîné son amie en dépit de ses protestations.

— Je vais l'allonger sous les saules ! avait lancé Stefan.

Bonnie n'avait d'abord pas compris pourquoi il avait dit ça. Plus tard, lorsqu'elle reprit ses esprits, la réponse lui apparut. Il leur avait indiqué le lieu où il la laisserait, tout simplement parce qu'il ne serait plus là pour les aider à la retrouver.

16.

Cinq siècles auparavant, dans les ruelles sordides de Florence, Stefan, affamé et épuisé, avait fait un serment. Celui de ne jamais se servir de ses pouvoirs pour faire du mal aux créatures plus faibles que lui.

Il allait rompre sa promesse.

Il embrassa le front glacé d'Elena avant de l'étendre sous un arbre. Il reviendrait plus tard, s'il le pouvait.

La force maléfique avait dédaigné Bonnie et Meredith, comme prévu. C'était lui qu'elle voulait. Elle était tapie dans l'ombre à guetter ses mouvements, et il ne la ferait pas attendre très longtemps.

Il bondit sur la route balayée par le vent glacial en s'efforçant de chasser de son esprit l'image de la morte. Conscient qu'il devait d'abord retrouver ses forces avant de se battre, il se concentra pour localiser la proie qu'il convoitait.

Il ne mit que quelques minutes pour retrouver Tyler et ses copains, qui n'avaient pas bougé de la baraque de chantier. Avant qu'ils aient eu le temps de comprendre ce qui leur arrivait, la fenêtre vola en éclats.

Stefan était bien décidé à tuer. Il fondit sur Tyler et lui planta ses canines dans la gorge. Mais, dérangé par un des gros bras, il n'eut pas le temps de le vider de son sang. Stefan plaqua sa nouvelle victime au sol, refermant ses mâchoires sur son cou. Le goût ferreux du sang chaud le revigora en se diffusant en lui comme de la lave en fusion. Il lui en fallait encore. Il était avide de vie, et de pouvoir. Son festin avait décuplé ses forces : il assomma sans peine tous les autres avant de pomper leur précieux nectar jusqu'à la dernière goutte.

Il s'occupait de sa dernière victime, la bouche dégoulinante de sang, quand il aperçut Caroline, recroquevillée dans un coin. Son air hautain avait totalement disparu. Elle avait les yeux exorbités d'un cheval terrorisé et bafouillait des supplications inintelligibles.

Lorsque Stefan la souleva, elle poussa un gémissement d'effroi. Il lui attrapa les cheveux sans ménagement pour découvrir sa gorge. À l'instant où il dévoilait ses canines acérées comme des dagues, elle hurla de terreur et perdit connaissance.

Il la lâcha. De toute façon, il était déjà gavé de sang. C'était la première fois qu'il sentait une telle force bouillonner en lui.

À présent, il était en mesure d'affronter Damon. Il ressortit de la baraque sous la forme d'un faucon qui prit majestueusement son essor dans le ciel déchaîné. Cette nouvelle enveloppe était prodigieuse. Il était ivre de puissance… et de cruauté. Sa vue incroyablement perçante lui fit trouver sans mal l'endroit qu'il cherchait : une clairière perdue parmi les chênes.

Indifférent aux assauts du vent, il fondit sur son ennemi avec un cri féroce. Damon, surpris par l'attaque, eut beau se protéger le visage des deux bras, il ne parvint pas à empêcher le rapace de lui entailler la chair. Il hurla autant de douleur que de rage.

Stefan ponctua son offensive par une mise en garde muette. *Il n'y a plus de petit frère qui tienne. Je vais te vider de ton sang.*

La voix narquoise et haineuse de Damon l'atteignit en retour comme une onde de choc. *C'est comme ça que tu me remercies de vous avoir sauvés, Elena et toi ?*

Le faucon replia ses ailes et partit de nouveau en piqué avec un seul but : tuer. Il visa les yeux. Ses serres lacérèrent jusqu'au sang les joues de son frère. Le bâton dont ce dernier s'était armé siffla à quelques centimètres de lui.

Tu aurais mieux fait de nous tuer tous les deux, lança-t-il à Damon.

Je vais me faire le plaisir de corriger cette erreur, répliqua ce dernier en rassemblant ses pouvoirs, *même si je ne vois pas de qui tu parles. Qui suis-je censé avoir tué ?*

L'innocence que feignait son frère redoubla la rage de Stefan et il fondit sur sa proie avec une hargne inouïe. Mais cette fois, le bâton ne rata pas sa cible, et le faucon, l'aile pendante, s'abattit par terre, juste derrière Damon.

Stefan reprit aussitôt sa forme humaine. Son bras cassé le faisait à peine souffrir tant il suffoquait de colère. Avant que Damon n'ait eu le temps de se retourner, il se jeta sur lui et, de sa main valide, l'empoigna par le cou.

— Tu le sais bien. Elena, murmura-t-il en lui plantant ses dents dans la chair.

L'obscurité… un froid glacial… quelqu'un appelant à l'aide… une extrême fatigue…

Lorsqu'Elena battit des paupières, les ténèbres se dissipèrent, mais elle était toujours glacée jusqu'aux os. Le fait d'être allongée dans la neige n'était pas seul en cause. Quelque chose, dans son corps, avait changé.

Elle se redressa. Qu'est-ce qui s'était passé ? Elle s'était endormie dans son lit… non, il y avait eu cette commémoration. Elle se revit sur scène. Quelqu'un faisait une drôle de tête. Ça l'avait fait rire, mais elle ne se rappelait plus pourquoi. Tout s'embrouillait dans son cerveau. Des visages fantomatiques dansaient devant ses yeux, des fragments de phrases résonnaient à ses oreilles. Elle n'y comprenait rien.

Tout ce qu'elle voulait, c'était dormir. La neige et le froid lui étaient indifférents. Elle se rallongea, mais, aussitôt, les hurlements dans sa tête recommencèrent. Quelle étrange sensation ! Ce n'était pas son ouïe qui les captait. Non, ils résonnaient dans son esprit avec une clarté stupéfiante. C'étaient les cris de rage et de douleur d'un être à l'agonie.

Elle surprit soudain un mouvement furtif dans l'arbre. Un écureuil. Elle perçut distinctement son odeur subtile. Bizarre. C'était la première fois qu'elle arrivait à capter ce genre de choses. Il la fixa de son petit œil noir avant de s'élancer le long du tronc. La main d'Elena partit comme un éclair, ratant de peu sa proie, et ses ongles griffèrent l'écorce du saule.

Qu'est-ce qui lui avait pris d'essayer d'attraper cette pauvre bête ? Elle tenta d'y voir plus clair dans son esprit, puis se rallongea, épuisée.

Les cris continuaient. Elle se boucha les oreilles. En vain. Quelqu'un était blessé, et en mauvaise posture. Il se battait. Un combat. C'était donc ça ! Elle pouvait se rendormir, à présent. Mais elle n'y parvint pas. Une force irrésistible lui ordonnait de se lever.

Bon, d'accord, elle devait y aller. Et après, elle retournerait se reposer. Quand elle l'aurait vu.

Ça y est ! Ça lui revenait ! C'était celui qui la comprenait, qui l'aimait. Celui avec qui elle voulait vivre pour toujours. Son visage lui apparut au milieu des brumes qui obscurcissaient son esprit. Elle le contempla avec amour, et se décida à affronter cet atroce blizzard. Elle devait trouver la clairière pour le rejoindre.

Elle sentait le feu qui brûlait en lui. Il ressemblait à celui qui couvait en elle. Mais ses appels désespérés étaient sans équivoque. Il était en danger. Elle les entendait vraiment à présent. Ils devenaient de plus en plus distincts à son oreille à mesure qu'elle progressait à travers la forêt.

Là-bas, sous le chêne centenaire. C'était bien lui. Elle reconnaissait son regard d'un noir profond et son sourire énigmatique.

Elena secoua les cristaux de glace accrochés à ses cheveux et s'avança dans la clairière.

DÉCOUVREZ TOUT DE SUITE UN EXTRAIT DE *JOURNAL D'UN VAMPIRE – TOME 2*

1.

Lorsque Elena pénétra dans la clairière, la nuit était tombée, et l'orage s'éloignait.

Insensible au froid, elle avançait droit devant, faisant crisser les feuilles mortes dans la neige fondue. L'obscurité non plus ne la gênait pas : ses pupilles, dilatées à l'extrême comme celles d'un animal nocturne, parvenaient à capter d'infimes particules de lumière. Et elle distinguait parfaitement les deux garçons qui s'affrontaient sous le grand chêne.

L'un, légèrement plus grand que son adversaire, avait d'abondants cheveux noirs emmêlés par le vent. Elena n'eut pas besoin de distinguer son visage pour deviner qu'il avait les yeux verts. D'où lui venait cette certitude ? Elle l'ignorait. L'autre arborait la même chevelure brune, mais, moins épaisse et sans boucles, ressemblant davantage au pelage luisant d'un animal. Ses lèvres étaient hargneusement retroussées sur ses dents, et son corps à la grâce féline ramassé dans une posture de prédateur. Il avait les yeux noirs.

Elena les observa d'abord un moment, immobile. La tête vide de souvenirs, elle se demandait ce qu'elle était venue faire là. Pourquoi les bruits de leur lutte l'avaient-ils attirée ? À cette distance réduite, elle percevait au centuple leur rage, leur haine et leur souffrance. Couverts tous deux de sang, ils étaient visiblement engagés dans un combat à mort, dont l'issue était imprévisible.

Le plus grand propulsa soudain son adversaire contre un tronc, et ce malgré son bras gauche qui pendait de façon anormale. Ses forces étaient décuplées par une telle fureur qu'Elena en perçut le goût et l'odeur.

Alors, brusquement, elle se souvint. Comment avait-elle pu oublier ? Elle avait su qu'il était blessé : ses cris de haine et de douleur l'avaient guidée jusqu'à lui. Et elle était venue parce qu'elle lui appartenait.

Les deux adversaires luttaient maintenant à même le sol gelé, grondant comme des loups. D'un mouvement preste et silencieux, Elena s'approcha. Celui aux yeux verts – Stephan, souffla une voix dans sa tête – avait les doigts serrés autour de la gorge de l'autre.

À cette vue, une rage folle la submergea, et elle se jeta sur lui pour le séparer de sa victime. Il ne lui vint pas à l'esprit qu'elle n'était pas de taille à le battre. Elle se sentait invincible. Se propulsant sur lui de toute sa masse, elle parvint à lui faire lâcher prise. Elle s'appuya ensuite violemment sur son bras blessé pour le clouer face contre terre, dans la neige mêlée de boue, et entreprit de l'étrangler.

Malgré l'effet de surprise, il était loin d'être vaincu. De sa main valide, il atteignit la gorge de son assaillante et lui enfonça durement le pouce dans la trachée. Elena, guidée par un instinct sauvage, lui déchira le bras d'un coup de dents.

Pourtant, la force du garçon était bien supérieure à la sienne. D'un mouvement brusque des épaules, il se dégagea pour se ruer sur elle. Son visage déformé par une rage bestiale la surplombait. Elena tenta de lui enfoncer les ongles dans les yeux. En vain. Même blessé, il allait la tuer… Ses lèvres retroussées dévoilaient des dents teintées de sang. Dressé comme un cobra, il s'apprêtait à lui assener le coup fatal.

Tout à coup, son expression se métamorphosa : ses yeux verts, quelques secondes plus tôt obscurcis par la haine, s'écarquillèrent. Pourquoi la fixait-il ainsi ? Qu'est-ce qui l'empêchait de l'achever ? Sa main d'acier lui lâcha l'épaule. Son air féroce avait laissé place à la stupeur et à l'émerveillement ; il s'écarta d'elle, s'assit, puis, sans la quitter du regard, l'aida à se redresser.

— Elena…, murmura t-il d'une voix étranglée. Elena, c'est toi !

« Elena ? C'est mon nom, Elena ? » s'étonna-t-elle.

Mais cela lui était bien égal… Elle jeta un coup d'œil vers le grand chêne. Il était toujours là, adossé à l'arbre, le souffle court, et l'observait de ses yeux infiniment noirs, les sourcils froncés. « Ne t'inquiète pas, pensa-t-elle. Je vais lui régler son compte, à ce pauvre type. » Et elle s'élança de nouveau sur son adversaire pour le faire tomber en arrière.

— Elena ! cria ce dernier en la repoussant de sa main valide. Elena ! Regarde-moi ! C'est moi, Stefan !

Elle fixa enfin ses yeux sur lui. Et tout ce qu'elle voyait, c'était la peau nue de son cou. Elle découvrit ses crocs dans un rugissement qui le fit tressaillir de tout son corps ; son regard devint trouble et son visage aussi blême que s'il venait de recevoir un coup de poing dans le ventre.

— Oh, non... ! murmura-t-il.

Il voulut lui caresser la joue ; elle tenta aussitôt de lui mordre la main.

— Oh ! Elena...

Il la contemplait maintenant d'un air hagard, plein d'une immense détresse.

Elena en profita pour chercher à atteindre sa gorge. Il leva son bras dans un réflexe de défense, mais le laissa aussitôt retomber, cessant toute résistance.

Gisant sur le sol glacé, des feuilles mortes plein les cheveux, il fixait à présent le ciel noir au-dessus d'Elena. « Achève-moi... » Elle capta sa pensée aussi clairement que s'il s'était exprimé à voix haute.

Elle hésita ; quelque chose dans les yeux de sa victime réveillait en elle de vagues souvenirs. Une nuit de pleine lune, dans une chambre mansardée... Mais ces images étaient trop floues, et essayer de les faire ressurgir lui donnait des maux de tête. De toute façon, ce type-là, Stefan, devait mourir. Il avait blessé l'autre, celui auquel Elena était destinée depuis sa naissance. Personne ne pouvait s'attaquer à lui et continuer à vivre.

Elle lui planta les dents dans le cou, et comprit aussitôt qu'elle s'y prenait mal, fouillant en vain la chair à la recherche d'une veine : le sang coulait à peine. Furieuse d'être à ce point inexpérimentée, elle tenta un nouvel assaut. Il eut un violent soubresaut ;

Elena était tombée juste, cette fois. Sourde aux gémissements de sa victime, elle s'employa à lui déchiqueter la gorge. Elle allait toucher au but lorsque des mains la tirèrent en arrière.

Elle émit un rugissement furieux. Un bras lui encercla la taille, des doigts lui saisirent les cheveux. Mais ses dents et ses ongles restèrent obstinément enfoncés dans la chair de sa proie.

Écarte-toi ! Laisse-le tranquille ! lui ordonna une voix impérieuse qu'Elena reconnut aussitôt. Elle cessa de se débattre, et fut remise d'aplomb. Lorsqu'elle leva les yeux pour le regarder, un nom lui vint à l'esprit. Damon. Il s'appelait Damon. Elle lui jeta un regard de reproche, puis baissa la tête, en signe de soumission.

Stefan se redressait, le cou et la chemise maculés de sang. À cette vue, Elena se passa la langue sur les lèvres. Une faim terrible lui tordait le ventre. Elle se sentit défaillir.

— Je croyais qu'elle était morte… C'est pas ce que tu m'as dit ? railla Damon.

Le visage exsangue de Stefan reflétait un immense désespoir.

— Elle est vivante… mais dans quel état !

Il n'eut pas la force d'en dire plus.

Damon souleva le menton d'Elena pour planter son regard dans le sien. Il effleura ses lèvres, puis les écarta et lui glissa les doigts dans la bouche. Instinctivement, Elena y planta les dents. Sans grande force, toutefois. Damon tâta la courbe acérée d'une canine, et Elena enfonça un peu plus profondément ses crocs.

Damon resta de marbre.

— Sais-tu où tu te trouves en ce moment ? demanda-t-il.

Elena jeta un coup d'œil autour d'elle. Elle ne voyait que des arbres.

— Dans la forêt, répondit-elle judicieusement.

— Qui est-ce ? demanda ensuite Damon en pointant le doigt vers son ennemi.

— Stefan, ton frère, dit-elle avec indifférence.

— Et moi, qui suis-je ?

— Tu es Damon, et je t'aime.

Composition MCP – Groupe JOUVE – 45770 Saran
N° 314553Z

Impression réalisée par
CPI BRODARD ET TAUPIN
La Flèche
en août 2009

« Pour l'éditeur, le principe est d'utiliser des papiers composés de fibres naturelles, renouvelables, recyclables et fabriquées à partir de bois issus de forêts qui adoptent un système d'aménagement durable. En outre, l'éditeur attend de ses fournisseurs de papier qu'ils s'inscrivent dans une démarche de certification environnementale reconnue. »

N° d'impression : 54151
20.19.1764.8/10 – ISBN 978-2-01-201764-1

Loi n° 49-956 du 16 juillet 1949 sur les publications destinées à la jeunesse.

Dépôt légal : juin 2009